智能财会丛书

会计数智化

AI与Python在会计中的应用

毛华扬　编著

中国人民大学出版社
·北京·

图书在版编目（CIP）数据

会计数智化：AI 与 Python 在会计中的应用/ 毛华扬编著. --北京：中国人民大学出版社，2025. 8.
（智能财会丛书）. --ISBN 978-7-300-34273-3
Ⅰ. F232
中国国家版本馆 CIP 数据核字第 2025VF6502 号

智能财会丛书
会计数智化——AI 与 Python 在会计中的应用
毛华扬　编著
Kuaiji Shuzhihua——AI yu Python zai Kuaiji Zhong de Yingyong

出版发行	中国人民大学出版社		
社　　址	北京中关村大街 31 号	**邮政编码**	100080
电　　话	010－62511242（总编室）		010－62511770（质管部）
	010－82501766（邮购部）		010－62514148（门市部）
	010－62511173（发行公司）		010－62515275（盗版举报）
网　　址	http://www.crup.com.cn		
经　　销	新华书店		
印　　刷	大厂回族自治县彩虹印刷有限公司		
开　　本	787 mm×1092 mm　1/16	**版　　次**	2025 年 8 月第 1 版
印　　张	23.75 插页 1	**印　　次**	2025 年 8 月第 1 次印刷
字　　数	438 000	**定　　价**	52.00 元

前　言

本书围绕会计数智化展开，主要包括会计数智化概论、AI 会计工作方法、会计数据获取处理、Excel 数据处理、会计业务处理、会计数据分析、管理会计应用等内容，致力于培养学习者在人工智能时代的会计数智化工作能力。

在技术应用方面，本书主要借助 Python 及 pandas 等库来实现数据处理，以 Excel 作为主要数据源，Python 程序通过提示词在文心一言（yiyan.baidu.com）、豆包（www.doubao.com）、腾讯元宝（yuanbao.tencent.com）、DeepSeek（chat.deepseek.com）等 AI 平台来生成，本书将这些 AI 平台统称为 AI 助手，本书使用的全部是 AI 助手免费版生成的程序。

本书旨在通过介绍编写提示词的技巧，辅助学习者撰写会计日常工作文档，并助力学习者编写 Python 程序以及学习技术知识，有效降低 Python 的应用难度。学习者通过 Python 程序逻辑训练，能够进一步提升提示词撰写能力，从而将其广泛应用于实际工作，提高工作效率和工作能力。

建议学习者预先学习和了解 Python 语法及解决实际问题的基本方法，特别是 pandas 库的主要应用方法。因为 Python 编程的逻辑思维和分解复杂问题的技巧，对编写提示词十分有帮助，二者在逻辑表达上具有共通性。

在教学中，教师应鼓励学习者探索创新，以业务处理效果为评判标准，激励学习者利用提示词进行广泛的探索，对书中的提示词、案例、方法进行大胆质疑和创新，鼓励学习者自选项目来训练，提升使用 AI 的水平。

本书可作为大学本科会计、财务管理、审计等专业和高职相关专业会计数智化、财务分析等课程的教材，也可供在职工作人员自学使用。本书内容或有不足之处，欢迎反馈意见至 landmao@126.com。教师可加入 QQ 群（229187202）获取相关教学辅助参考资料（加群时请注明姓名及院校）。通用性问题解答及后续相关补充资料会在“茅草根信息化杂谈”公众号发布。

欢迎大家贡献经典案例和程序，我会选择部分发布在公众号，让更多的人受益。在AI时代，让我们共同跃升，为推动会计数智化走向深入而努力。

公众号

毛华扬

目　录

第1章

会计数智化概论

1.1　会计数智化技术基础

1.2　基于AI助手的学习方法

1.3　Python应用基础

1.4　AI助手拓展学习

1.1 会计数智化技术基础

1.1.1 会计数智化

1. 会计数智化的定义

会计数智化是综合运用大数据、人工智能（AI）、云计算、区块链等前沿现代信息技术，对传统会计业务流程、数据处理模式以及财务管理体系展开深度变革与全面数智化转型的过程。其根本目的在于构建一套高效、精准且智能的现代化会计工作体系。凭借数智化技术，企业能够实时采集、高效处理和深度分析海量财务数据，迅速生成精准的财务报告以及极具洞察性的分析报告。这不仅极大地提升了会计工作的效率与准确性，更为企业战略规划的制定和决策的执行提供了全面、深入且极具价值的数据支撑。会计数智化的发展，正深刻重塑会计行业的职能与价值，为企业发展注入全新的活力与动力。

2. 会计数智化的主要体现

（1）会计核算数智化。传统的手工记账以及纸质凭证录入方式，已被财务软件系统所取代。企业借助专业的财务软件，能够快速、精准地记录每一笔经济业务，并依据预设的会计准则和会计科目体系，自动生成记账凭证、明细账、总账以及各类财务报表。以用友、金蝶等主流财务软件为例，会计人员只需输入原始业务数据，或通过电子化方式自动导入数据，系统便能自动完成核算处理工作。

（2）财务管理数智化。在实现财务管理数智化后，预算编制工作可借助数智化工具，依据历史数据、市场趋势等多维度信息，进行更为精准的预测与规划，制订科学合理的预算方案。同时，系统能够实时监控预算执行情况，一旦出现偏差，立即发出预警。在资金管理方面，通过数智化平台，企业能够实现对资金的实时调度，全面监控资金流向，从而优化资金使用效率，降低资金成本。

（3）财务分析数智化。借助大数据分析技术以及专业的财务分析软件，会计人员能够对海量的财务数据和非财务数据（如市场份额数据、客户满意度数据等）进行深度挖掘与分析，从中探寻潜在的规律与趋势。不再局限于依据报表数据进行简单的财务比率分析，而是通过数据建模、可视化展示等先进手段，深入分析企业经营中的优势与劣势，为管理层提供更具前瞻性和针对性的决策建议。例如，运用 Python 及相关数据可视化工具，可以将复杂的财务分析结果以直观的图表形式呈现，便于管理层理解与决策。

（4）会计日常事务工作数智化。会计工作不仅包含数据处理，还涉及大量文档性工作，如对内对外的汇报、总结、会议记录、检查报告、自查报告、方案策划等。这些工作需要结合实际工作情况和会计数据来完成，往往耗费会计人员大量的时间和精力。而借助 AI 技术实现会计日常事务工作数智化，能够显著提高工作效率与质量。AI 技术能够自动处理和分析会计数据，快速生成各类财务报告和分析图表。同时，AI 还能依据预设的模板和规则，自动生成工作报告的初稿，大大减轻了会计人员的工作负担。会计人员只需对 AI 生成的报告进行审核与修改，即可快速完成报告编写工作。此外，AI 技术还能提供建议和预测，帮助会计人员更好地理解和分析财务数据，为企业决策提供有力支持。例如，AI 可以通过分析历史数据和行业相关数据，预测未来的财务趋势和潜在风险，为企业战略规划提供数据支持。

3. 会计数智化的作用

（1）提高工作效率。大量重复性的手工操作被自动化流程所替代，如凭证的自动生成、报表的快速汇总等，极大地节省了会计人员的时间和精力，使他们能够将更多的精力投入数据分析、财务管理、参与决策等高附加值的工作中。

（2）提升数据准确性。减少了人为因素在数据记录、计算过程中可能出现的失误，系统按照既定的规则和算法进行处理，确保了财务数据的准确性和一致性，为企业决策提供了可靠的数据基础。

（3）增强决策支持能力。通过数智化分析手段，能够整合内外部多渠道的数据，从不同角度深入分析企业的财务状况和经营成果，帮助管理层及时、全面地了解企业情况，从而做出科学合理的决策，提升企业的竞争力。

4. 会计数智化面临的挑战

（1）技术更新换代快。新的信息技术不断涌现，如大数据处理技术的持续革新、人工智能的快速升级、区块链应用场景的不断拓展等，这就要求会计人员必须持续学习，及时掌握新的技术工具和应用方法，否则就可能面临技能过时的风险。

（2）数据安全与合规问题。会计数智化涉及大量企业核心财务数据，一旦数据泄露或被篡改，将给企业带来难以估量的损失。同时，企业需要严格遵循相关的会计准则、法规以及数据保护方面的法律法规，确保数智化会计工作符合法律法规要求，这对企业的数据管理和内部控制提出了更高的要求。

（3）系统集成难题。企业内部通常存在多个不同的业务系统（如销售系统、采购系统、生产系统等），要实现这些系统与财务系统之间数据的无缝对接和协同工作并非易事，可能会出现数据格式不一致、接口不兼容等问题，从而影响数智化整体效果。

1.1.2 会计数智化技术

1. 会计数智化技术的发展历程

会计数智化技术的演进是一个动态且持续的过程，与计算机技术、网络通信技术、数据库管理技术以及人工智能技术的进步紧密相连。回顾其发展轨迹，主要历经了以下几个关键阶段：

（1）电子化阶段。此阶段标志着会计工作从传统手工记账模式向电子设备辅助的转变。电子计算器和电子表格软件的应用，成为会计工作电子化的开端。这一转变旨在替代人工计算和纸质记录，显著提升数据处理的准确性和速度，减轻会计人员基础性计算工作的负担，为后续的发展奠定了基础。

（2）自动化阶段。随着个人计算机的普及以及财务软件的不断发展，会计工作逐步实现自动化。会计人员借助专门的财务软件，能够高效完成账务处理、工资核算、固定资产管理、采购与销售业务记录、库存管理、报表生成以及财务分析等一系列工作。这些软件依据预设规则，自动执行大量标准化会计流程，极大地减少了人工操作，提升了会计工作的效率和规范性。

（3）网络化阶段。互联网的兴起促使会计数智化步入网络化时代。财务软件开始支持网络功能，实现了会计数据在不同地理位置的实时共享与访问。企业资源计划（ERP）系统的广泛应用，将企业财务、人力资源、供应链管理等业务流程有机集成，打破了部门间的数据壁垒，促进了企业整体业务的协同运作和信息共享，提升了企业的运营效率。

（4）移动化阶段。云计算技术的出现，彻底改变了财务软件和数据的存储与使用模式。财务软件和数据存储在远程服务器上，用户通过互联网即可便捷访问，软件即服务（SaaS）模式大幅降低了企业信息化建设成本和维护难度。与此同时，移动计算技术的发展，让会计人员能够通过智能手机、平板电脑等移动设备随时随地进行会计业务操作，突破了时间和空间的限制，极大地提高了会计工作的灵活性和效率。

（5）智能化阶段。会计数智化正以前所未有的速度加速迈向一个全新的智能化纪元，其中，增强现实（AR）大模型、人工智能、大数据分析、区块链等前沿的技术深度融合于会计系统之中，共同塑造会计行业的未来面貌。这些先进技术的综合运用，赋予了会计工作前所未有的预测分析精度、实时风险评估能力、智能欺诈检测机制、高度自动化处理流程以及个性化的财务咨询服务。这不仅使得会计工作变得更加智能、高效，而且能够为企业提供更具前瞻性、深度和广度的财务洞察，帮助企业在日益复杂多变的市场环境中，更加科学、精准地制定战略决策，从而赢得竞争优势，实现可持续发展。

总体来看，会计数智化技术沿着从简单电子化到自动化、网络化、移动化，再到智能化的路径不断发展。这一历程不仅极大地提升了会计工作的效率和质量，也对会计人员的知识结构和专业技能提出了全新且更高的要求。

2. 会计数智化技术的应用

（1）云计算和大数据应用。云计算技术让财务软件和数据存储于云端，用户可通过互联网随时随地访问，实现了数据的实时共享与协同工作，显著提升了企业内部以及企业间的财务协作效率。大数据技术则赋予会计数智化强大的数据处理和分析能力，能够对海量的财务数据和非财务数据进行深度挖掘，为企业提供更具洞察力的财务分析结果和决策支持，帮助企业在复杂市场环境中把握机遇、应对挑战。

（2）区块链技术。区块链技术以其去中心化、不可篡改和高度透明的特性，为会计数智化构建了全新的安全与信任机制。通过区块链技术，会计记录分布式存储在多个节点，确保数据的真实性和完整性，极大降低了数据被篡改和欺诈行为发生的可能性，增强了财务信息的可信度和可靠性。

（3）人工智能。人工智能技术在会计业务中的应用范围日益广泛，涵盖机器学习、自然语言处理和深度学习等多个领域。AI 与财务软件结合能够实现会计业务的自动化处理，如自动记账、智能对账等，显著提高工作效率；通过智能分析大量数据，为企业提供决策支持，预测市场趋势，评估风险水平，甚至能精准检测欺诈行为，有效防范财务风险。在日常会计工作中，AI 的应用大幅提升了工作效率和质量。

（4）移动计算和物联网。移动计算技术使会计人员可借助移动设备随时随地进行会计操作，提高了会计工作的灵活性和实时性，能够及时响应业务需求。物联网技术则通过将各类日常物品连接到互联网，实现数据的自动收集和交换，为会计数智化提供了丰富的数据来源，并提高了实时监控能力，助力企业全面、准确掌握业务运营状况。

（5）自动化和机器人流程自动化。自动化技术，尤其是机器人流程自动化

(RPA)，正深刻变革传统会计工作方式。RPA软件机器人能够自动执行重复性高、规则性强的会计任务，如数据录入、报表编制、自动审计等，将会计人员从烦琐的基础工作中解放出来，使其能够专注于更具价值的财务分析和决策支持工作，推动会计职能的转型升级。

(6) 会计智能体。会计智能体本质是会计相关数据的智能化协同处理系统，它具备计算性、可扩展性、可连接性以及可交互性。通过集成人工智能、大数据分析、区块链等前沿技术，会计智能体能够实现自动化账务处理、智能财务分析与决策支持、风险管理与合规性检查、税务与审计以及数据挖掘与预测分析等多种功能，通过互动式交流实现业务的处理和信息的提供。

这些新技术的广泛应用，不仅显著提高了会计工作的效率和准确性，还促使会计角色从传统的账务处理者向企业战略顾问和深度融入业务上下游的财务支持伙伴转变。随着技术的不断进步，会计数智化将持续朝着更高效、更智能的方向发展。

3. 人工智能对会计数智化的推动

人工智能可以从以下几方面推动会计数智化。

(1) 自动化和流程优化。AI能够自动执行众多重复性、标准化的会计任务，如数据录入、账目核对、发票处理和报告生成等。通过将RPA与智能体相结合，AI可以模拟人类用户的操作行为，对会计工作流程进行优化，有效提高工作效率和准确性，减少人为错误的发生。

(2) 预测分析和决策支持。AI的机器学习模型具备强大的数据分析能力，能够对历史数据进行深入挖掘和分析，从而预测未来的市场趋势、销售业绩和财务状况。这些预测分析结果为管理层提供了重要的决策依据，有助于企业制定更加科学合理的规划、预算和战略，提升企业的市场竞争力。

(3) 风险评估和管理。AI可以协助会计和审计专业人员更精准地评估和管理风险。通过对大量内外部数据的综合分析，AI能够识别潜在的财务风险和异常情况，及时发出预警信号，帮助企业提前采取措施进行风险防范和应对，降低风险损失。

(4) 欺诈检测。AI系统能够实时监控企业的交易和财务活动，通过学习和识别正常与异常的行为模式，精准检测潜在的欺诈行为。这种实时监测和预警能力对于预防和减少企业的财务损失至关重要，能够有效维护企业的财务安全。

(5) 个性化财务服务。AI可以根据个人或企业的财务状况、投资偏好和风险承受能力，提供个性化的财务规划和投资建议。这种定制化服务能够满足不同客户的多样化需求，增强客户体验，提高客户满意度，促进企业与客户之间的长期稳定合作。

（6）情感分析和市场研究。AI 可以通过分析社交媒体、新闻报道和其他公开来源的数据，洞察市场情绪和公众对企业及其产品的看法。这些情感分析结果为会计和财务决策提供了额外的参考依据，帮助企业更好地了解市场动态和客户需求，及时调整经营策略。

（7）自然语言处理和报告生成。AI 的自然语言处理能力可用于自动生成财务报告和相关文档。AI 能够解析大量的财务数据，构建相应的知识图谱，并以通俗易懂的格式生成报告，为非专业人士提供清晰、准确的财务信息，促进财务信息的有效传播和利用。

（8）审计和合规性。AI 可以帮助审计人员更高效地执行审计程序，通过对大量交易数据的快速分析，精准识别违规行为或错误，提高审计工作的效率和准确性。同时，AI 还能协助企业确保财务报告符合法规要求，降低非合规风险，保障企业合法合规经营。

随着技术的不断进步，AI 在会计业务中的应用将更加深入和广泛，为会计数智化带来更多的创新机遇和效率提升，推动会计行业的持续变革与发展。

4. 人工智能时代会计人员需具备的能力

尽管当前 AI 发展迅速，但仍处于初级阶段，在智慧层面与人类存在较大差距。在创新领域，AI 主要起辅助作用，人类才是创意的核心来源。AI 基于过往知识学习和既定算法运行，思维模式相对固定，受限于已有数据和规则。而人类思维具有独特的跳跃性和创造性，能够突破常规，产生创新性想法。例如在财务决策中，面对复杂多变的市场环境和企业战略调整，会计人员凭借自身经验、直觉和对行业的深刻洞察，能够提出创新性财务策略，这是 AI 难以独立完成的。会计人员需熟练运用 Python 等数据分析工具，在借助 AI 技术的同时，充分发挥自身创新优势，为企业提供更具前瞻性和创造性的财务解决方案。

（1）技术赋能与工具运用能力。

① 编程基础与自动化驾驭。熟练掌握 Python 等广泛应用于数据处理和自动化流程的编程语言，已成为人工智能时代会计人员的必备技能。Python 简洁而强大的语法结构，使其能够与各类 AI 工具和自动化技术无缝对接。会计人员借助 Python 编写程序，可实现数据的批量处理、特殊报表的自动生成以及与财务系统的高效集成，大幅提升工作效率，减少人工操作可能引发的失误。

② 数据分析工具的熟练掌握。精通数据分析和处理工具是会计人员在数据

驱动时代的核心竞争力之一。pandas 和 numpy 作为支持 Python 的重要模块（库），为处理和分析结构化数据提供了强大功能。pandas 能够便捷地进行数据读取、清洗、转换和重塑，而 numpy 专注于数值计算和数组操作，二者相互配合，可帮助会计人员高效处理海量财务及相关数据，从数据中挖掘有价值的信息。

（2）深度数据分析与洞察能力。

① 海量数据中的趋势挖掘。在人工智能时代，会计人员面对呈爆炸式增长的财务数据量，具备从海量数据中敏锐发现趋势的能力至关重要。通过运用数据分析技术，会计人员可以深入挖掘财务数据背后隐藏的信息，如行业发展趋势、成本变动规律、收入增长模式以及费用结构的变化等，为企业降低成本、提高盈利能力提供有价值的建议。

② 可视化呈现与决策助力。熟练使用数据可视化工具不仅是一种技能，更是一种将数据分析结果有效传达给决策者的艺术。众多数据可视化工具提供了丰富的可视化选项，会计人员可根据数据特点和分析目的选择合适的图表类型（如折线图、柱状图、饼图、散点图等），将复杂的数据关系以直观、生动的方式呈现出来。通过制作交互式数据仪表板，决策者可以轻松探索财务数据的各个维度，实时获取关键指标的变化情况，从而做出更加科学的决策。可视化呈现能够使财务数据“说话”，让非财务专业人员能快速理解数据内涵，促进跨部门沟通与协作，提升企业整体运营效率。

在人工智能时代，会计人员不仅需要具备扎实的传统财务技能，还需掌握新技术、提升数据分析能力、培养战略思维，以更好地适应行业发展变化。通过不断学习和提升自身能力，会计人员将能够充分利用 AI 技术，为管理层提供有价值的财务决策支持。无论面对何种技术冲击，都能迎接未知挑战，持续创新，推动社会进步。

1.1.3 会计数智化技术的发展趋势

在数智化浪潮汹涌澎湃的当下，会计领域正经历着深刻变革，数智化技术的融入为会计领域带来前所未有的发展机遇与转型挑战。下面从大数据会计、智能会计、智慧会计三个关键维度，深入剖析会计数智化技术的发展趋势。

1. 大数据会计

传统会计主要围绕货币价值展开，通过记录、核算等手段呈现业务管理的过程与结果。货币计量虽能统一经济活动的衡量标准，却在一定程度上忽视了非货币信息的重要价值。随着企业运营环境日益复杂，内外部影响因素层出不穷，单纯依赖货币维度对经济活动进行分析与预测，不仅难以全面把握经济活动的真实状况，还可能因信息片面而导致决策失误。例如，在评估一家新兴的科技创业公司时，若仅关注财务报表上的货币数据，而忽略其用户增长速度、技术创新能力等非货币信息，就无法准确判断其市场潜力与发展前景。

大数据会计的兴起，为解决传统会计的局限性提供了新的思路。大数据技术凭借其强大的数据处理能力，能够高效处理海量数据，挖掘数据间的潜在关联，并基于历史数据预测未来发展趋势。利用大数据进行预测分析，能够为企业提供多维度的决策支持，助力企业在复杂多变的市场环境中把握机遇、应对挑战。

从传统会计迈向大数据会计，首先要解决的是数据源采集与数据价值观念转变问题。传统会计数据经过规范化处理，以记账凭证为基础进行存储与展示；而大数据会计强调采集更广泛的原始数据，涵盖与业务相关的各类非货币信息。具体而言，一是要采集企业内部数据，对于涉及的每个业务对象和事务，不仅要收集其自身数据，还要收集关联数据和前端数据，尽可能广泛地获取所有可利用的数据，以挖掘其中潜在的价值。例如，在分析企业生产成本时，除了传统的成本数据，还可以收集生产设备的运行数据、原材料的采购渠道与价格波动数据等，为成本控制提供更全面的视角。二是要采集外部行业和公开渠道的数据，通过将企业内部数据与公共数据进行关联分析，探究影响企业发展的因素与行业趋势。比如，电商企业通过分析消费者的浏览行为、购买偏好等外部数据，结合自身销售数据，能够更精准地制定营销策略，优化产品布局。

为了充分发挥大数据的价值，还需要建立以多维度数据源与价值为基础的评价模型。传统会计主要关注直接的货币价值数据，而大数据会计则需引入对关联数据元素的相关价值评估、相对价值评估和隐含价值评估。这些非货币数据虽然不直接反映在财务报表中，但对企业的经济活动有着深远的影响。例如，企业的品牌声誉、员工满意度等非货币数据，会间接影响企业的市场竞争力和未来发展，进而影响企业的价值。因此，需要依据不同的数据类型和数据链构建价值评估模型，并在此基础上建立综合价值评估模型，使会计工作在保证货币精确核算的同时，探索基于大数据的非精确核算模型，将数据转化为有价值的资产，为企业提供更全面、准确的价值评估。

此外，大数据会计的发展还需要构建新的理论与方法体系。这包括重新定义会计数据的范围和内涵，探索非货币数据的价值化理论与方法，构建适用于大数据会计的主要数据处理模型理论，以及明确大数据会计报告的内容与形式。基于大数据的会计理论和方法，将助力会计更好地满足大数据时代的需求，实现从传统会计向大数据会计的转型，为企业经济活动提供更全面、深入的分析与支持，帮助企业做出更科学的决策。

2. 智能会计

智能会计是借助人工智能、大数据分析等先进技术，实现财务数据自动化处理、数据挖掘与分析、预测分析等智能化功能的会计工作模式。它通过自动化处理重复性、规律性的财务业务流程，极大地提高了会计工作的效率和准确性，并借助深入的数据分析与预测，为企业决策提供更为精准的信息支持。

在自动化数据处理方面，智能会计利用人工智能和大数据分析技术，能够自动收集、整理、分类和处理财务数据，减少人工操作，从而大幅提高数据处理的效率和准确性。例如，智能会计系统可以自动识别和读取各类电子发票、报销单等原始凭证中的数据，并按照预设的会计规则进行分类和记账，大大节省了会计人员的时间和精力，同时降低了人为错误发生的概率。

实时财务分析是智能会计的一个重要功能。通过大数据分析和云计算技术，智能会计能够实现对财务数据的实时分析，使企业能够及时了解财务状况，做出更加准确的决策。企业管理者可以通过智能会计系统实时查看关键财务指标的变化情况，如收入、成本、利润等，并根据这些数据及时调整经营策略。例如，当发现某个产品的成本突然上升时，管理者可以迅速通过智能会计系统分析成本上升的原因，如原材料价格上涨、生产效率下降等，并采取相应的措施进行调整。

预测性分析是智能会计的核心优势之一。利用大数据和人工智能技术，智能会计可以对财务数据进行预测性分析，帮助企业预测未来的财务趋势和风险，为企业的战略决策提供数据支持。例如，智能会计系统可以根据历史销售数据、市场趋势、宏观经济环境等，预测企业未来的销售收入和利润情况，并对可能出现的财务风险进行预警。企业管理者可以根据这些预测结果提前制定应对策略，降低风险损失。

数据安全和隐私保护是智能会计发展过程中不容忽视的问题。智能会计利用物联网和云计算技术，加强财务数据的安全性和隐私保护，防止数据泄露和损坏，确保企业信息的安全。智能会计系统采用加密技术对数据进行加密存储和传输，设置严格的访问权限，只有授权人员才能访问敏感数据。同时，系统还会定期进行数据备份，以防止数据丢失。例如，当发生自然灾害或系统故障时，企业可以通过备份数据快速恢复财务信息，保证业务的正常运转。

个性化服务也是智能会计的一大特色。智能会计可以根据企业的具体需求定制解决方案，提供个性化的服务，满足企业特定的财务管理需求，帮助企业实现财务管理的个性化发展。不同行业、不同规模的企业在财务管理方面有着不同的需求，智能会计系统可以根据企业的特点和需求，为企业提供定制化的功能模块和报表模板。例如，对于制造业企业，智能会计系统可以提供成本核算、库存管理等功能模块；对于金融企业，智能会计系统可以提供风险管理、资金流动性分析等功能模块。

智能会计的发展是会计信息技术的重要趋势，它将传统的会计工作推向了一个新的高度，为企业的财务管理提供了更多的可能性。随着技术的不断进步，智能会计将在未来的企业财务管理中扮演越来越重要的角色。

3. 智慧会计

通用人工智能（AGI）到来后，将逐步引领会计行业迈向智慧会计的新纪元。AGI 具有广泛的认知能力，包括推理、学习、计划及自然语言理解等，能在多种任务与环境中展现出类拔萃的智能行为。随着 AGI 与量子计算等尖端技术的融合，会计领域将经历深刻变革。

智慧会计的核心特征在于自动化与智能化。智慧会计能够高效处理财务数据，执行复杂计算与分析，减少人为错误，提供精准实时的财务分析。这不仅重塑了会计流程，还为企业决策提供了强大的数据支撑，助力企业应对市场挑战。

智慧会计还体现在高效决策支持、个性化服务、实时监控与预警，以及数据安全与隐私保护等多个方面。通过数据分析，智慧会计为管理层提供财务预测，助力企业制定战略规划与投资决策。同时，根据企业的特点，智慧会计可以提供定制化财务管理方案，满足企业的个性化需求。实时监控与预警功能可以帮助企业及时发现潜在风险，确保财务安全。在数据安全方面，智慧会计系统采用加密技术、访问控制、安全审计等手段，全方位保护企业的财务数据。

然而，智慧会计并不意味着会计人员被边缘化。相反，会计人员与智慧会计将形成互补关系。会计人员将专注于财务战略规划、风险评估等高级工作，而智慧会计则负责处理烦琐的基础数据。这种合作模式将共同推动会计行业的发展。

在智慧会计系统中，数据安全至关重要。为确保财务数据的安全，需采取加密技术、访问控制、安全审计等措施。同时，定期进行安全审计、数据备份、安全培训、系统更新等，以应对潜在的安全威胁。此外，遵守数据保护法规、部署安全监控、确保物理安全及进行第三方安全评估等，也是保障数据安全的关键。

智慧会计时代，数字员工成为会计业务的重要组成部分。它们能够承担大量重复性、规律性的基础工作，提高工作效率和准确性。然而，会计人员的角色依然不可或缺。他们凭借专业知识和实践经验，在财务决策支持、跨部门沟通协调及法规遵守等方面发挥着关键作用。

综上所述，智慧会计作为会计数智化技术的发展方向，正不断推动会计工作的创新与变革。它将为企业提供更高效、更智能的财务管理服务，助力企业在数智化时代实现可持续发展。

1.2 基于 AI 助手的学习方法

1.2.1 AI 助手的作用

1. 探索知识的利器

在学习会计数智化知识时，难免会遇到难题。此时，AI 助手就像专业的学术导师，随时准备答疑解惑。无论是 Python 在会计数据挖掘、预测分析中的应用技巧，还是复杂会计政策背后的深层逻辑，又或是财务报告中晦涩的专业表述，只要精准提问，AI 助手就能凭借其庞大的知识库和强大的运算能力，迅速给出详尽、有条理的解答。例如，对于复杂的金融工具会计，AI 助手可通过具体案例，深入浅出地讲解金融资产分类、计量及相关会计处理，帮助学习者突破知识难点。

2. 拓展知识的桥梁

AI 助手不仅能解答疑惑，还能精准推荐学习资源，助力学习者拓宽知识边界。在会计领域，当学习者希望深入探究某一前沿专题，如人工智能在税务筹划中的应用时，AI 助手就像资深的学术顾问，根据学习者的需求和兴趣，推荐相关的权威学术论文、行业深度研究报告以及优质的线上课程等。这些资源能帮助学习者紧跟行业发展动态，深入了解学术前沿。同时，AI 助手还能依据学习者的学习进度、兴趣偏好和知识储备，量身定制个性化的学习路径，引导学习者在会计数智化的知识海洋中稳步前行。

3. 提升技能的帮手

在会计数智化领域，实操技能至关重要，如利用 Python 进行会计数据处理、开发智能财务分析模型等，在这些方面 AI 助手能成为得力的帮手。它能根据学习者的学习阶段和目标，设计极具针对性的练习题或提供具有实践价值的项目建议。AI 助手能够根据业务要求生成 Python 程序，在学习者使用 Python 编写会计数据处理程序遇到代码错误时，AI 助手能迅速定位问题并给出优化建议。在撰写财务报告时，AI 助手可以敏锐地发现语法错误、逻辑漏洞，并提供切实可行的改进方案，全方位提升学习者的实操能力。

1.2.2　基于 AI 助手的基本学习方法

1. 综合比较

豆包、文心一言 、腾讯元宝等众多 AI 助手不断进化，为学习者的学习、工作提供了强大助力。不同 AI 助手在知识储备、理解能力和回答风格上各有优势，建议选择几款表现出色的 AI 助手同时使用。针对同一问题向它们分别提问，综合比较答案，取其精华进行整合，能获得更全面、精准的解答。

2. 设定专属标题

AI 助手具备记忆功能，在学习时，为同一类问题设定专属标题，在该标题下持续交流，它便能依据过往对话，更准确地理解需求，给出更贴合实际的回答。

3. 明确目标与内容

利用 AI 助手学习，首先要明确自己的学习目标与学习内容。AI 助手虽能提供分析思路和丰富的信息，但最终的学习方向需学习者自行把控。无论是钻研会计专业课程，如高级财务会计、管理会计，还是掌握会计数智化所需的新技术，如 Python 在会计数据处理中的应用，学习者都要依据自身知识短板和发展需求，有针对性地逐步深入。与 AI 助手沟通时，编写逻辑清晰、准确恰当的提示词至关重要，这直接影响回答质量。熟悉 Python 等计算机语言的学习者，因具备编程逻辑思维，往往能更好地契合 AI 助手的思维模式，从而更高效地获取知识。在后续会计数智化学习中，本书将 Python 知识技能的学习与 AI 助手的运用紧密结合，以提升学习效果。

4. 甄别信息

尽管 AI 助手功能强大，但学习者在使用过程中务必保持批判性思维和独立思考。由于知识更新换代迅速，AI 助手提供的信息可能并非最新，甚至可能存在错误。因此，学习者在获取信息后，要积极通过权威会计教材、专业学术期刊、官方政策发布平台等渠道，验证信息的真实性和可靠性，不能盲目依赖AI助手的回答。应将AI助手的回答作为思考的起点，通过深入研究和分析，形成自己的见解。只有这样，才能在借助AI助手学习的过程中，实现知识与思维的双重成长，避免陷入思维误区。

1.2.3 基于AI助手的学习方式

在数智化时代，AI技术为Python编程与会计知识的学习赋予了全新的活力，提供了多种高效的学习方式，助力学习者更深入、系统地掌握知识与技能，为会计数智化实践奠定坚实基础。

1. 提问式学习

在学习Python与会计知识时，将感到困惑和想深入探究的知识点转化为精准、清晰的问题极为关键。在Python学习中，若对数据分析库的运用有疑问，可向AI助手提问："如何运用pandas库对包含大量缺失值和异常值的财务交易流水数据进行数据清洗、预处理，以满足会计核算和财务分析的要求?"针对同一主题从多个维度提问，有助于构建全面、深入的知识体系。当AI助手对初始问题给出回答后，学习者应顺着回答深入挖掘细节信息。

2. 对话式学习

(1) 模拟研讨。把AI助手当作学习伙伴，围绕特定主题展开深入的对话交流。例如，在学习关于Python编程的某本教材时，可与AI助手分享心得："我觉得这本书在函数式编程部分讲解得很透彻，通过大量实例让我快速上手，但在模块导入的示例上不够丰富，很多实际项目中的复杂导入场景没有涉及[你的观点]，你对此怎么看?"

(2) 角色扮演。设定特定角色情景，让AI助手扮演相应角色进行对话，从而加深对知识的理解与应用。

(3) 辩论式交流。提出具有争议性的话题，与AI助手分别持不同观点展开辩论，拓宽思维视野。例如，探讨"Python在会计业务中的应用是否会完全取代传统的财务软件"。

3. 总结归纳式学习

(1) 精准概括文本。选取与Python编程技巧、会计理论研究或财务案例分析相关的文章、书籍章节或课程内容，交给 AI 助手进行概括提炼。

（2）系统梳理知识。要求 AI 助手对特定知识领域进行系统性梳理，清晰呈现关键知识点、重要概念及其内在逻辑关系。例如在 Python 的 pandas 部分，要求 AI 助手列出基本函数，如 read_csv、groupby 函数等的应用场景。

（3）对比总结要点。借助 AI 助手对相似的编程概念、会计处理方法或不同的学术观点进行对比分析与总结归纳。

4. 创意启发式学习

（1）激发创新灵感。在 Python 学习中，当面临项目开发、算法设计或代码优化等需要创新思路的任务时，积极向 AI 助手寻求灵感启发。

（2）假设情景分析。提出假设性的情景问题，让 AI 助手分析可能的结果与应对策略。

5. 巩固式学习

（1）全面回顾知识点。在完成 Python 或会计知识的阶段性学习后，借助 AI 助手以提问的方式对所学知识点进行系统回顾。

（2）深入剖析错题。当在会计习题演练中出现错误时，将错题及自己的解答过程提供给 AI 助手，让其深入分析错误根源并给出正确的解题思路与方法。

（3）精准总结复习要点。基于已完成的学习内容，请 AI 助手协助总结复习要点与重点知识模块。

1.3 Python 应用基础

1.3.1 Python 概述

1. Python 简介

Python 已成为全球范围内广泛使用的高级编程语言。它以简洁、直观的语法和丰富的功能库而受到开发者的青睐，其适用于软件开发、数据科学、人工智能、网络编程等多个领域。

综合来看，Python 以其功能丰富、编程语言易学易用，以及丰富的库支持和庞大的社区支持，成为会计业务处理和数据分析的重要工具之一。无论是进行数据处理、统计分析、数据可视化还是机器学习建模，Python 都能够提供强大的支持，帮助用户更好地理解和利用财务数据，从而做出更准确的决策。

> **AI助手探秘**
>
> Python的起源、特点及优势。

2. Python的开发应用环境

Python的应用广泛，支持的开发环境较多。对于初学者来说，推荐下载Anaconda。

Anaconda是一个流行的Python应用环境，主要用于数据科学和机器学习领域。它包含Python解释器以及大量常用的数据科学和分析库。Python库是一组预先编写好的代码和功能，它们被组织在一起以便在其他程序或项目中重复使用。这些库预先安装在Anaconda环境中，方便直接使用，无须逐个安装和配置，这可以为初学者减少学习障碍。

还有其他基于Python的开发平台和低代码平台，已经发展得越来越智能，功能和效率越来越高，开发也越来越容易，用户可根据个人需求和喜好进行选择。

1.3.2 Anaconda应用环境准备

1. Anaconda安装

Anaconda预装了大量的科学计算和数据科学库，如numpy、pandas、matplotlib、scipy等，以及spyder、jupyter notebook等常用的Python调试运行集成器。这些库和工具可以满足大部分常规需求，无须用户手动安装和配置。

同时，Anaconda提供了一个名为conda的环境管理器，可以创建和管理多个独立的Python环境。每个环境可以拥有不同的Python版本和库，这样可以避免不同项目之间的依赖冲突。conda还可以方便地安装、更新和删除库，使得项目的环境配置更加灵活和可控。

Anaconda安装步骤如下：

（1）下载Anaconda安装程序。访问Anaconda官方网站www.anaconda.com，下载适用于Windows操作系统的Anaconda安装程序（具体下载界面或有变化），如图1-1所示。

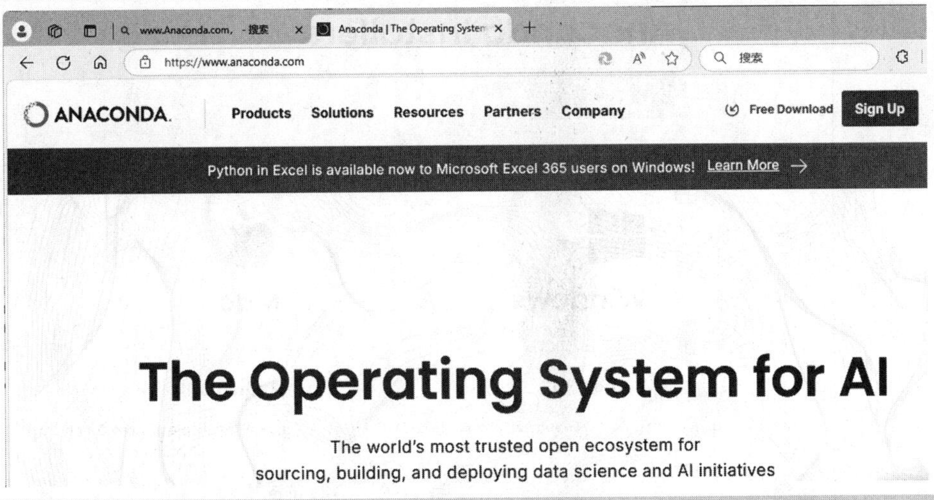

图 1-1 Anaconda 官方网站

选择右上角的“Free Download”进入注册页面，如图 1-2 所示。

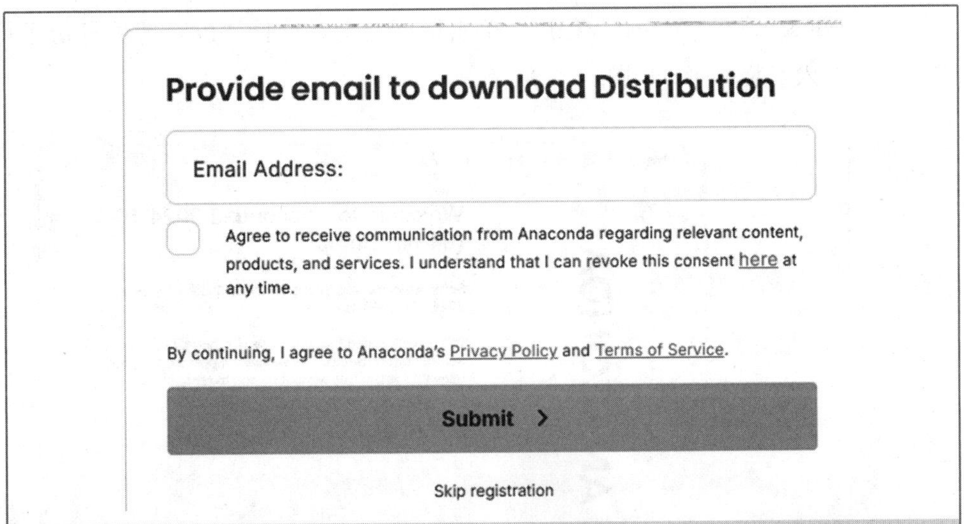

图 1-2 注册页面

这里可以不进行注册，选择“Skip registration”，跳过注册页面，进入下载页面，如图 1-3 所示。

Anaconda 提供了 Windows、MacOS 和 Linux 环境的安装程序。这里选择 Windows 环境的程序下载，版本是 Python 3.12（有新版时会更新版本号），点击下载链接进行下载，不同时间发布的版本有日期识别，这里下载的文件名是 Anaconda3 2024.10-1-Windows-x86_64.exe。

图 1-3　下载页面

（2）运行安装程序。下载完成后，运行 Anaconda 安装程序（如果曾经安装过其他版本，需要先卸载，然后重新启动 Windows）。选择“Anaconda3 2024.10-1-Windows-x86_64.exe”程序，单击鼠标右键，选择“以管理员身份运行”安装，进入安装页面，如图 1-4 所示。

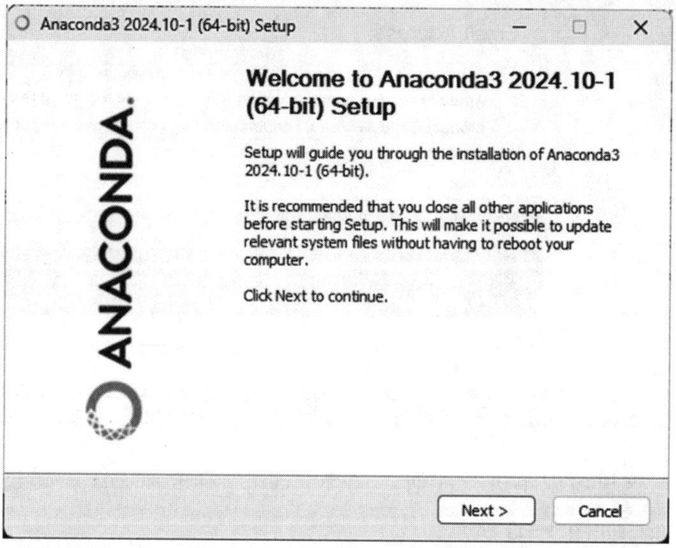

图 1-4　Anaconda 安装页面

选择“Next”，在授权页选择“I Agree”，进入安装类型选择，如图 1-5 所示。

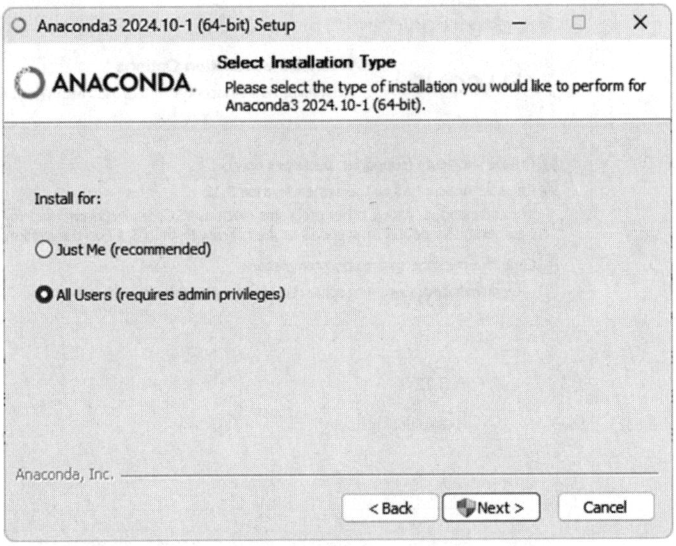

图 1-5　安装类型选择

选择“All Users (requires admin privileges)”后再选择“Next”，进入下一步，选择安装目录，如图 1-6 所示。

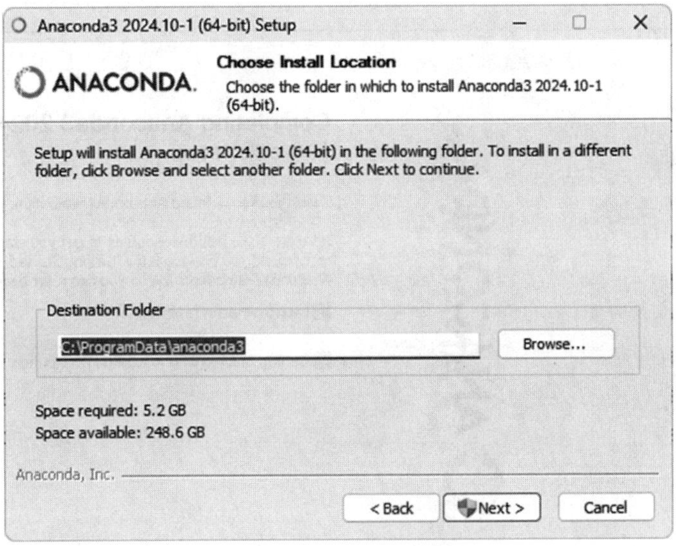

图 1-6　选择安装目录

具体安装目录可以选择默认目录（ProgramData 是隐藏目录，在 Windows 的文件查看中选择“查看”|“显示”|“隐藏的项目”后才能看到），也可以自己建立新的目录进行安装。

选择“Next”，进入安装前的选项选择，如图 1-7 所示。

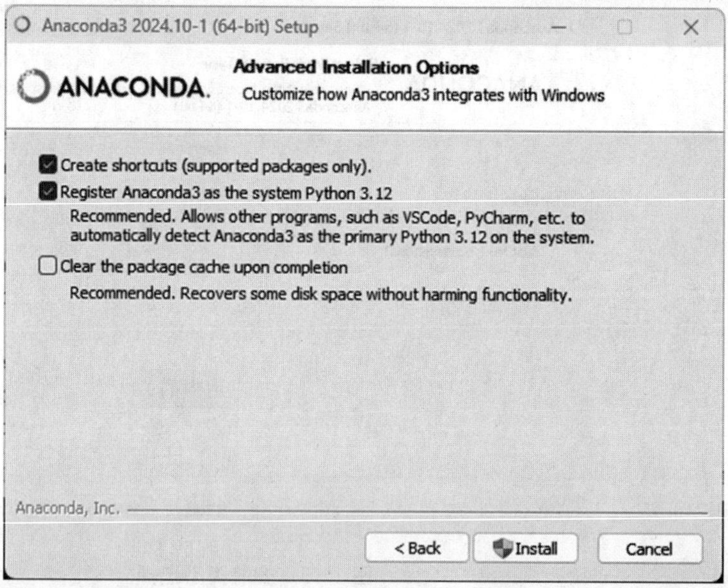

图 1-7　安装选项

选择“Install”，进行安装。安装完成，选择“Next”进入下一界面，如图 1-8 所示。

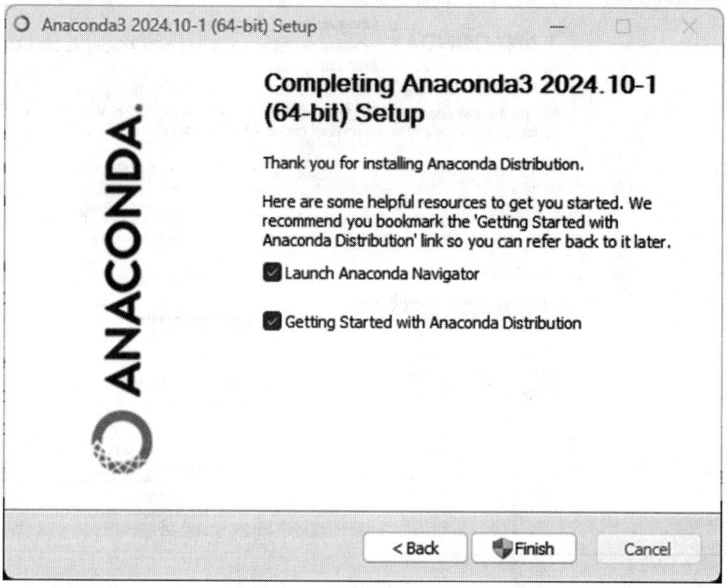

图 1-8　安装完成后的界面

取消上面的选择，选择“Fnish”完成安装。完成后在 Windows 应用中显示的已经安装的程序如图 1-9 所示。

图 1-9　Windows 应用中的 Anaconda

其中，Anaconda Navigator 是用于管理工具包和环境的图形用户界面。Anaconda Prompt 是一个基于命令行的交互式环境，它提供了一系列用于管理和操作 Anaconda 环境的命令，比如创建、激活和删除环境，安装和卸载包等，它的命令语法与 Windows 系统默认的命令行解释器相同。Anaconda PowerShell Prompt 则是使用 Windows PowerShell 作为命令行解释器的环境。Jupyter Notebook 是基于 Web 的交互式计算环境，可以编辑易于阅读的文档，用于展示程序执行过程。Spyder 是一个使用 Python 语言的、跨平台的、科学运算的集成开发环境。本书主要采用 Spyder 来编辑和运行 Python 程序。

在 Windows 应用中，直接选择 Spyder 进入集成开发环境。

2. Spyder 的基本应用方法

（1）Spyder 简介。Spyder 是基于 Python 语言的集成调试环境，与 Anaconda 无缝集成。Spyder 提供了一个直观的界面，使开发人员能够高效地编写、调试和管理代码。它支持各种 Python 库和框架，如 numpy、scipy、pandas、matplotlib 和 tensorflow 等，提供了广泛的工具和功能。Spyder 内置了调试器，支持断点设置、变量查看、步进和步出等调试功能。

① 内置工具。内置交互式数据可视化和统计工具，如散点图、柱状图、直方图等。它还提供了统计分析函数，方便用户进行数据分析。

② 集成开发环境管理。包括包管理器和虚拟环境管理器。可以使用这些功能来安装和管理各种包，并创建和管理自己的虚拟环境，以适应不同的项目需求。

AI 助手探秘

请介绍在 Python 中 tensorflow 的基本应用方法。

用其他关键词替换“tensorflow”，可以询问相关问题。

（2）Spyder 基本应用方法。

① 启动 Spyder。在 Windows 应用中 Anaconda 菜单下，选择“Spyder”。进入如图 1－10 所示的界面。

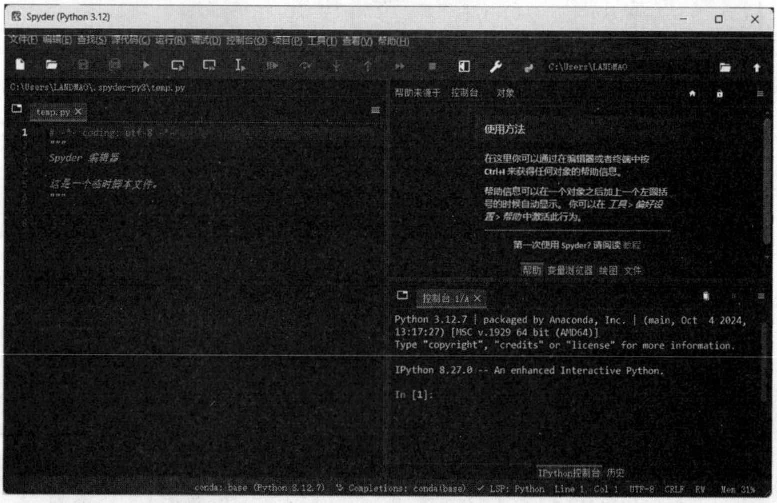

图 1－10　Spyder 界面

左边是代码编写区，右上角是辅助区，右下角是 Python 控制台区。左上角显示的 Python 3.12 表示目前运行的 Python 版本号。

② 显示界面设置。选择“工具”|“偏好”，选择左边的“外观”，界面主题设置为“浅色”，语法高亮主题选择“Spyder”，具体可以按照自己的喜好设置，如图 1－11 所示。

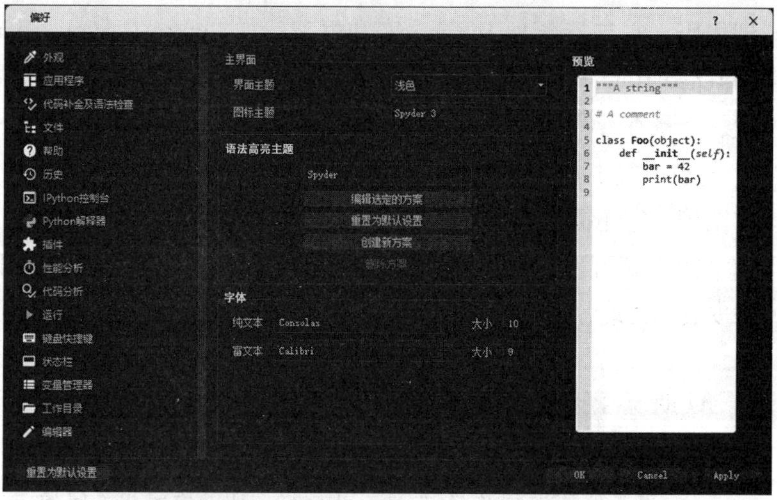

图 1－11　外观设置

选择左边的"运行"，将工作文件夹的"指定目录"设置为 C 盘的"Python 会计应用"（先建立好该文件夹，也可以建立其他名称的目录），用于保存编写的 Python 程序，如图 1－12 所示。

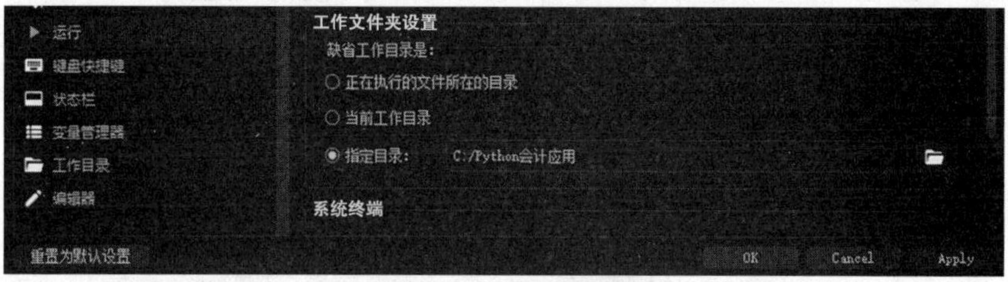

图 1－12　运行设置

选择左边的"工作目录"，将指定目录也设置为 C 盘的"Python 会计应用"，如图 1－13 所示。

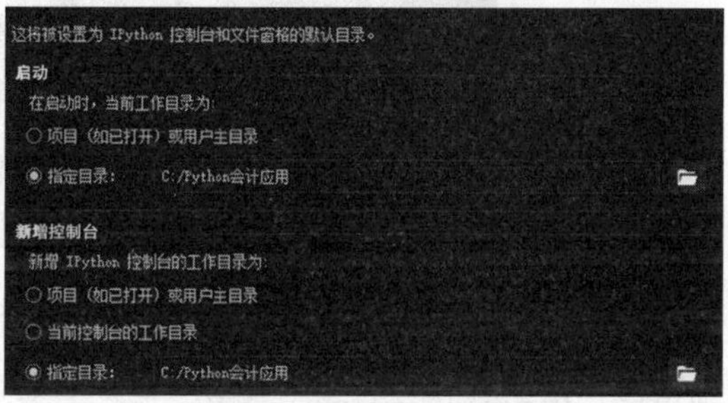

图 1－13　工作目录设置

编辑器可以根据自己的喜好设置。设置完成的界面如图 1－14 所示。

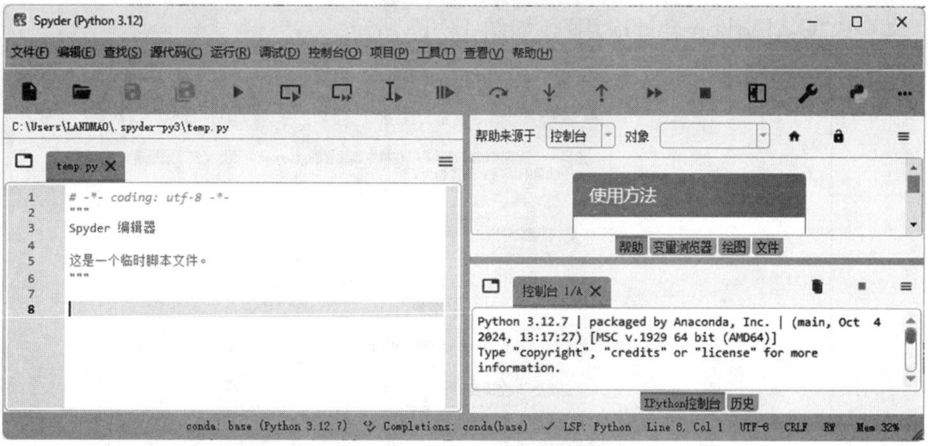

图 1－14　设置完成的界面

③ 手动升级 Spyder。进入 Spyder 时，如果有升级版本会提示安装。如果安装失败，可以试试手动安装。步骤如下：

退出 Spyder 的运行状态，重新启动 Windows。

在 Windows 应用中启动 Anaconda Prompt。选择“Anaconda Prompt”|“更多”|“以管理员身份运行”，如图 1-15 所示。

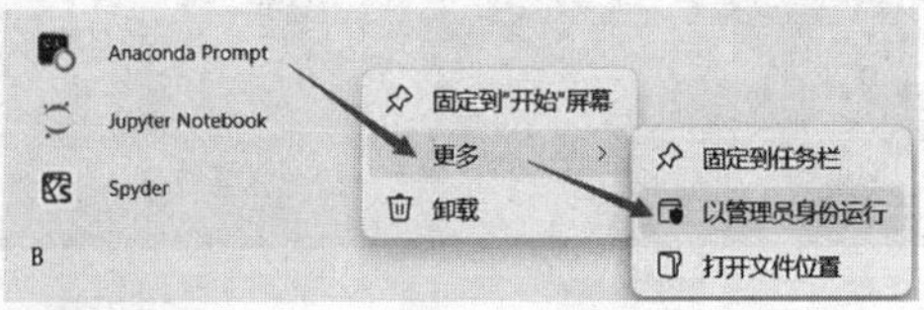

图 1-15　运行 Anaconda Prompt

输入“conda update spyder”，按回车键，然后进入升级，如图 1-16 所示。

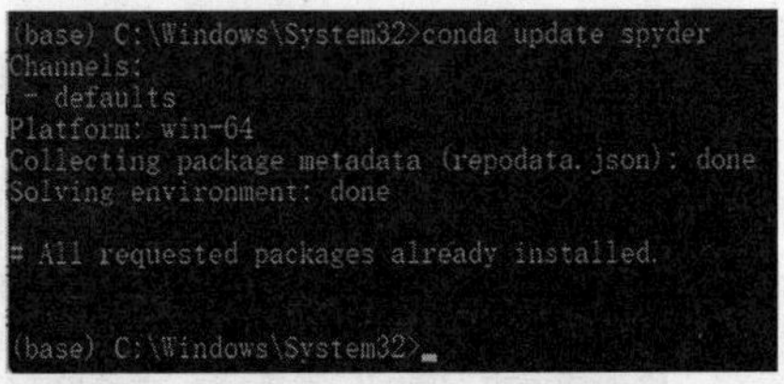

图 1-16　升级 Spyder

若遇到提示“Proceed([y]/n)”，输入“y”后按回车键继续执行。不升级不影响基本应用。

在运行 Anaconda Prompt 时，都选择以管理员身份运行。

④ 新建项目。选择“项目”|“新建项目”，选择“现有文件夹”，位置选择“C:\Python 会计应用”，如图 1-17 所示。

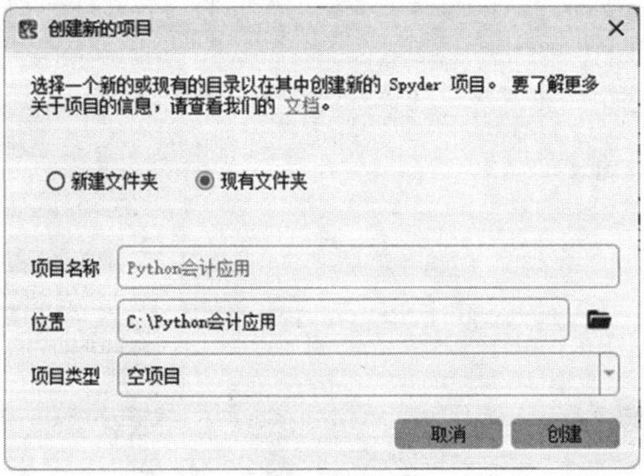

图 1-17　新建项目

选择“创建”，这时会在目录中建立“.spyproject”，生成项目有关的文件。

(3) 程序运行举例。

AI 助手提示词

基于 Python 编程，显示“AI 是未来的趋势”。

在文心一言、DeepSeek、豆包等 AI 助手中输入提示词生成程序。

生成的程序可能是这样（也可能存在细微差异）：

```
# 简单的 Python 程序来显示"AI 是未来的趋势"
print("AI 是未来的趋势")
```

注意：Python 程序对字母大小写是敏感的，比如 print 写为 Print 就会出错。对于注释和引号中的内容没有大小写限制。

启动 Spyder，将 Python 程序粘贴到 Spyder 的代码编写区，然后选择“▶”运行，如果弹出配置窗口，选择“使用默认配置运行文件”。程序运行界面如图 1－18 所示。

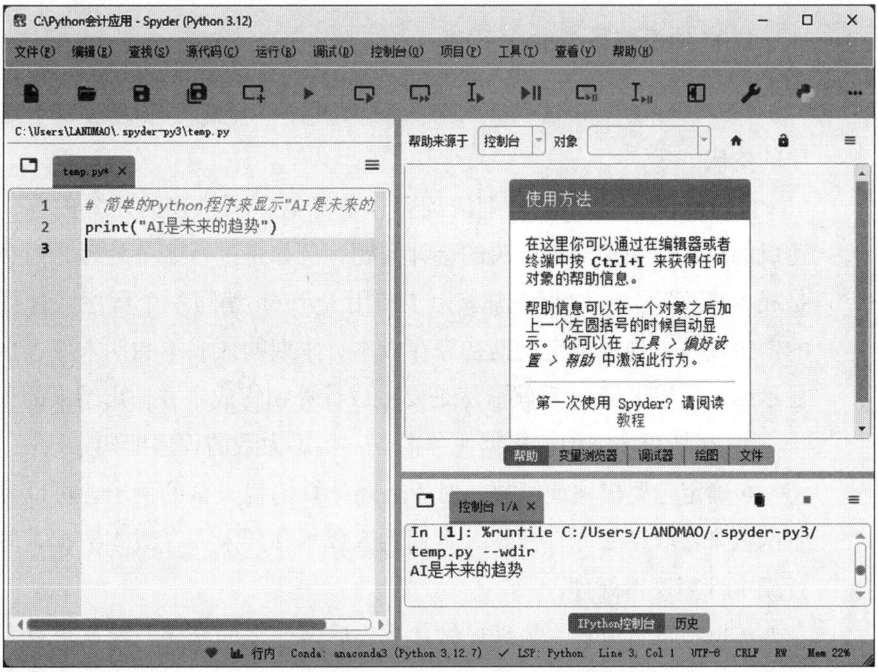

图 1－18　程序运行界面

在右下角的控制台区显示运行结果，temp.py 是临时文件名。

① 运行代码方式。

● 运行整个程序脚本。在 Spyder 的界面中，可以通过点击工具栏中的“ ”运行按钮来运行整个 Python 程序脚本。能够快速地执行代码并查看输出结果。

● 运行选中代码块。除了运行整个脚本，Spyder 还允许选择运行代码文件中的一部分代码。可以选中想要运行的代码块（通过鼠标拖动），然后通过“ ”键或按“F9”键来运行选中的代码。这种方式在调试部分代码或者测试某个函数时非常方便。

② 临时学习程序运行。在学习中会验证程序的运行，对于临时性的学习训练，可以删除代码编写区的临时程序（按“Ctrl＋A”键选择全部，按“Delete”键删除），然后再将代码粘贴上去调试运行。

③ 如果是编写具体的业务应用程序，就要选择“文件”|“新建文件”，来测试和保存程序文件，保存时选择“文件”|“另存为”，用合适的文件名保存，以便后续调用。

1.3.3 Python 基础应用

1. AI 助手编写 Python 程序

（1）程序的生成过程。当输入提示词后，AI 助手会经过以下过程来完成程序的生成。

① 理解业务需求。仔细研读会计业务需求所描述的任务内容、要求及期望达成的目标。明确需要解决的会计问题，例如是进行账务处理、财务报表编制还是成本核算等。比如业务需求为“使用 Python 编写一个程序，计算某企业当月的销售成本，根据给定的期初库存成本、本期购入成本和期末库存成本来计算并显示结果”，那 AI 助手就清楚是要生成计算销售成本并输出结果的程序。

② 规划程序结构。根据业务需求，构思大致的程序框架。

● 确定主要模块或函数。对于上述计算销售成本的例子，可以考虑定义一个主函数来接收期初库存成本、本期购入成本和期末库存成本数据，并在函数内进行成本计算逻辑处理。

● 思考逻辑流程。梳理先做什么、后做什么的顺序。像这里就是先确保输入的数据格式正确，然后根据公式（销售成本＝期初库存成本＋本期购入成本－期末库存成本）进行计算，最后输出销售成本的结果，如“该企业当月的销售成本是［X］元”。

③ 选择合适的数据结构和内置函数。

● 选择数据结构。如果涉及存储多个相关数据，要考虑用列表、字典、集合等合适的数据结构。如果要处理多个产品的成本数据，可能需要列表来存储。但如果只是简单计算单个企业的销售成本，可能就不需要复杂的数据结构。

● 内置函数运用。Python 有很多与会计业务处理相关的内置函数或模块能助力编程。比如进行数值计算可以直接使用基本的算术运算符，数据处理可能会用到 sum() 函数等，如果涉及数据输入可能会用到 input() 函数来获取相关成本数据。

④ 编写代码。按照规划好的结构和选定的数据结构、函数生成代码。

(2) 代码框架构建。根据任务确定基本的程序框架。对于计算平均值的程序，可能的框架是：首先获取用户输入的数字，然后进行计算，最后输出结果。在 Python 中，这可能涉及使用 input() 函数获取用户输入的数据，使用变量来存储数据，以及使用 print() 函数输出结果。

AI 助手提示词

编写 Python 计算平均值的程序。先输入数字的个数，然后计算，最后显示平均值。

生成的程序：

```
# 获取用户输入数字的个数
n = int(input("请输入数字的个数: "))
sum_num = 0
# 循环获取每个数字并累加
fori in range(n):
    num = float(input(f"请输入第{i + 1}个数字: "))
sum_num + = num
# 计算平均值
average = sum_num/n
print(f"这组数字的平均值是: {average}")
```

可以将这段程序粘贴到 Spyder 中运行，观察一下运行的结果。也可以用提示词在 AI 助手中提问，然后将回答粘贴到 Spyder 中运行。

(3) 代码验证与优化。

① 代码功能验证。AI 助手会模拟程序运行环境，对生成的代码进行初步验

证。检查代码能否正确运行，是否符合提示词的要求。对于涉及输入、输出的程序，会检查输入是否被正确处理，输出是否符合预期。

② 代码优化建议。根据代码的复杂程度和性能要求，提供优化建议。这可能包括优化算法、减少不必要的计算、合理使用数据结构等。

(4) AI问答助力知识理解。在学习Python的过程中，会遇到各种各样的问题，如语法规则、库的使用、编程逻辑等。AI助手像一位随时待命的Python专家，实时回答问题。

除了回答基本问题，AI助手还可以提供相关知识点的拓展内容。当询问关于Python的某个内置函数（如sum()函数）的用法时，它还会介绍与之相关的适用场景，帮助学习者构建更完整的知识体系。

AI助手提示词

请用Python编写程序，具体使用sum()函数来实现。

生成的程序：

```
def calculate_average():
    # 输入数字的个数
    n = int(input("请输入数字的个数: "))
    # 输入数字,并将其转换为列表
    numbers = list(map(float,input("请输入数字,用空格分隔: ").split()))
    # 检查输入的数字个数是否正确
    iflen(numbers) ! = n:
        print("输入的数字个数与要求不符!")
        return
    # 使用sum()函数计算总和,然后计算平均值
    total = sum(numbers)  # 计算总和
    average = total / n  # 计算平均值
    # 输出结果
    print(f"这些数字的总和是: {total}")
    print(f"这些数字的平均值是: {average}")
# 调用函数
calculate_average()
```

(5) 实例应用。先用 Excel 建立一个简易的工资表，如图 1－19 所示，存储路径为“C:\PYEXCEL\工资表 A. xlsx”。

	A	B	C	D	E	F	G	H
1	编号	姓名	部门	基础工资	补贴	应发工资	扣款	实发工资
2	101	夏天海	办公室	4500	1200		500	
3	102	文之昌	办公室	4500	1200			
4	201	吴　玉	财务部	4600	1000			
5	202	周东风	财务部	4600	1000			
6	301	陈大江	销售部	3000	5000		300	
7	302	王飞虹	销售部	3000	3000			
8	303	林文文	销售部	3000	4500			

图 1－19　工资表

要求：使用 Python 编程，打开该文件并显示。

AI 助手提示词

工资表存储在“C:\PYEXCEL\工资表 A. xlsx”中，请编写 Python 程序，读取并显示表的内容。

生成的程序：

```
import pandas as pd
#Excel 文件路径
file_path = 'C:\\PYEXCEL\\工资表 A. xlsx'
# 使用 pandas 的 read_excel()函数读取 Excel 文件
# 注意:如果 Excel 文件中有多个工作表,可以通过 sheet_name 参数指定
工作表名称或索引
df = pd. read_excel(file_path)
# 显示 DataFrame 的前几行(默认为 5 行),以查看内容
print(df. head())
# 如果想查看整个 DataFrame 的内容,可以使用
# print(df)
```

将生成的程序粘贴到 Spyder 的代码编写区中，然后单击“▶”运行，运行后的结果如图 1－20 所示。

本章所讲的 Python 相关内容是基础部分，建议在学习本书的基础上，阅读专门的 Python 教材或资料，这样才能充分理解 AI 生成的程序，并在必要时进行

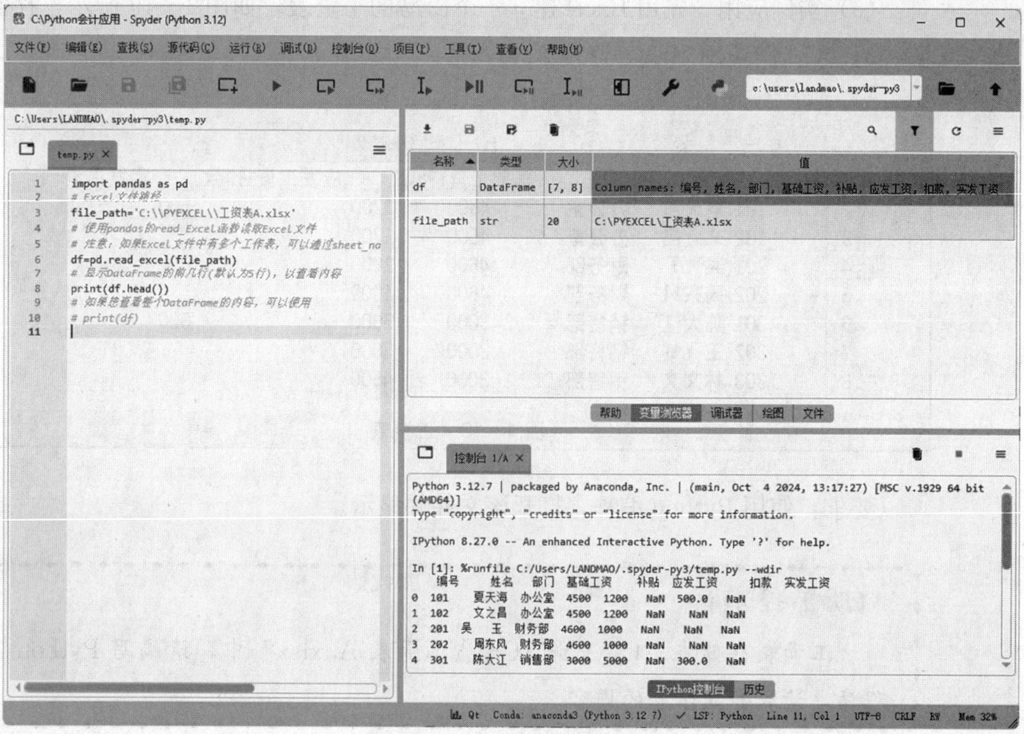

图 1-20　程序运行结果

修改和调整，以满足实际需求。

对于程序中的语句、语法等内容，若不理解，可以编写提示词继续追问 AI 助手。要多用提示词，慢慢总结使用的技巧和方法，以达到应用自如。

（6）利用 AI 助手编写程序的一些技巧。

① 利用 AI 助手修改程序。

● 程序中有文件的存放路径，可以通过提示词让 AI 助手一并更改。

提示词：请修改后面的程序，相关文件均存放在 C 盘的 PYEXCEL 目录中：[粘贴已经有的程序]。

● 增加某方面的功能。

提示词：在后面的 Python 程序中添加设置显示图形时的中文显示字体：[粘贴程序]。

● 增加程序的注释。

提示词：请对后面所附的程序增加注释：[粘贴程序]。

② 利用 AI 助手更换业务内容。

● 看到一段程序不是自己需要的实现方式，可以让 AI 助手改编为自己所需要的。

提示词：请将后面的程序改编为与会计相关的Python程序：[粘贴程序]。

③ 限定用哪些库和函数实现程序。

提示词1：请基于某一个或某几个函数，编写一个与会计业务相关的程序。

提示词2：请说明某函数的使用方法，并编写与会计业务相关的程序。

④ 任务分解后分段实现。按照任务分解，每一个提示词体现一个单一的功能块，多个功能块组合起来实现目标任务。

⑤ 修改完善程序。程序中可能会存在不严密的地方，如用户输入出错、文件不存在等不完善的地方。

⑥ 通过已经有的程序，让AI助手生成提示词。例如：编写这样的提示词"根据后面所附的程序，写出生成该程序的提示词：[粘贴程序]"。

2. Python语法特点

(1) 注释。在Python中，注释用于添加代码的说明和解释。Python支持单行注释和多行注释。

① 单行注释。在Python中，以#符号开头的行会被解释器忽略，即不被执行。单行注释可以出现在代码的任何地方，只要以#开始，就是注释。例如：

```
# 这是一个单行注释
x = 318  # 这是另一个单行注释
```

② 多行注释。Python使用三个连续的单引号 ''' 或三个连续的双引号 """ 来创建多行注释。多行注释可以跨越多行，但必须成对出现，即开始的多行注释必须有对应结束的多行注释。例如：

```
'''
这是一个多行注释
可以跨越多行
'''
"""
这也是一个多行注释
可以使用双引号
"""
```

这两种注释方式在Python代码中都非常常见，用于为代码添加说明，帮助开发者理解代码的功能。在编写Python代码时，合理使用注释可以提高代码的可读性和可维护性。

(2) 代码缩进。Python使用代码缩进来表示代码块，缩进的一致性对于代码的正确性至关重要。不一致的缩进会导致语法错误，Python解释器将无法识别代码块的结构。

① 缩进的作用。在Python中，缩进用于区分代码块的结构。例如，if语句和随后的elif或else语句需要缩进来表示它们是同一个代码块的一部分。

② 缩进的空格数。Python没有规定缩进必须使用多少个空格或制表符(Tab键)。通常建议使用四个空格作为缩进单位，这已成为一个广泛接受的约定。一些编辑器和集成开发环境还允许设置是否将Tab键转换为空格，以确保代码在不同的环境中保持一致的缩进。

③ 不正确的缩进示例：

```
# 假设这里的x代表某笔账目金额,单位为元,budget代表预算金额,这里假设预算金额为5000元
budget = 5000
x = float(input("请输入这笔账目的金额:"))  # 获取用户输入的账目金额
if x > budget:
print("这笔账目金额大于预算金额。")
else:
print("这笔账目金额小于等于预算金额。")
```

程序需要缩进，正确的如下：

```
# 假设这里的x代表某笔账目金额,单位为元,budget代表预算金额,这里假设预算金额为5000元
budget = 5000
x = float(input("请输入这笔账目的金额:"))  # 获取用户输入的账目金额
if x > budget:
    print("这笔账目金额大于预算金额。")
else:
    print("这笔账目金额小于等于预算金额。")
```

(3) 转义符。在Python中，转义符用于表示那些不能直接表示的字符。它

们通常以反斜杠（\）开始，后跟一个或多个字符来表示一个特殊的字符或指令。以下是一些常用的转义符：

① 换行符（\n）。在字符串中插入一个换行符。例如：

print（"你好，\n 会计人"）

② 回车符（\r）。在字符串中插入一个回车符。例如：

print（"你好，\r 智能助手"）

③ 制表符（\t）。在字符串中插入一个制表符，通常用于创建表格或增加水平空间。例如：

print（"基础工资\t 补贴"）

④ 反斜杠（\\）。由于反斜杠被用作转义字符的开头，因此如果要在字符串中表示一个反斜杠，需要使用双反斜杠（\\）。例如：

print（"C:\\PythonExcel\\成本分析表.xlsx"）

⑤ 单引号（\'）和双引号（\"）。用于在字符串中包含单引号或双引号。当在单引号内的字符串内部需要表示单引号时，可以使用\'来转义。双引号类似。

⑥ 其他转义序列。

响铃：\a；退格：\b；换页：\f；垂直制表符：\v；八进制转义字符，例如\101；十六进制转义字符，例如\x41。

⑦ 原始字符串。在字符串前加上 r 或 R 来创建一个原始字符串，Python 不会对反斜杠后面的字符进行转义。例如：

```
path=r"C:\Python 会计应用"
print(path)
```

AI 助手探秘

请解释 Python 命令：print("你好，\r 智能助手")

如果需要了解其他的命令说明，可以采用类似的提示词。

（4）程序中的大小写规则。

① 变量和函数名的命名规则。在 Python 中，变量和函数名是区分大小写的。这意味着 sea 和 Sea 被视为两个不同的变量。按照惯例，变量名通常采用小写字母开头的单词组合，单词之间用下划线分隔，例如 user_name、product_price。函数名的命名规则与变量名相似，也是采用小写字母开头，例如 def calculate_sum():。

② 类名的命名规则。类名同样是区分大小写的。类名通常采用大写字母开头的单词组合，每个单词的首字母都大写，这种命名方式被称为“驼峰命名法”，

例如 class MyClass:。

③ 关键字的命名规则。Python 的关键字全部是小写的，例如 if、else、while、for、def、class 等。这些关键字是语言的一部分，用于构建程序的逻辑结构，不能用作变量名、函数名或类名。

④ 模块和包名的命名规则。模块和包名也是区分大小写的。在导入模块或包时，需要按照正确的大小写来引用。模块和包名通常采用小写字母，单词之间可以用下划线分隔。

3. 变量

在 Python 中，变量是用于存储数据值的名称。这些值可以是数字、字符串、列表、字典等各种数据类型。Python 是一种动态类型的语言，这意味着不需要在声明变量时指定其类型，Python 解释器会在赋值时自动推断出变量的类型。

(1) 变量的定义与使用。在 Python 中定义变量是通过将变量名赋值给一个值来实现的。变量名通常应该是描述性的，以便自己和他人能够理解变量所代表的含义。

```
# 定义变量并赋值
x = 888
name = "重庆"
is_student = True
```

在上面的例子中，定义了三个变量：x、name 和 is_student，并分别赋予了整数值、字符串值和布尔值。

可以随时更改变量的值，Python 会根据新的赋值自动更新变量的类型。

```
x = 66   # 更新变量 x 的值为 66
name = "北京"   # 更新变量 name 的值为"北京"
is_student = False   # 更新变量 is_student 的值为 False
```

可以使用已定义的变量来执行操作、传递给函数或进行其他操作。

```
# 使用变量进行操作
y = x + 6
print("你好:" + name)
if not is_student:
    print("不是一个学生。")
```

（2）变量作用域。在 Python 中，变量可以根据其作用域分为全局变量和局部变量两类。

① 全局变量。这类变量在整个程序范围内都是可见的，可以被模块内的所有函数访问和修改。

② 局部变量。这类变量仅在定义该函数或代码块内部可见。它们的作用域局限于定义它的函数或代码块。

如需在函数内部访问或修改全局变量，可以使用 global 关键字。通过声明 global 关键字，Python 在函数内部使用的变量是全局变量，从而允许在函数内部对其进行访问和修改。

（3）变量命名规范。不能使用 Python 的关键字作为变量名。不能使用 Python 标准库中已有的函数名和变量名作为自己的变量名，以避免潜在的冲突。

（4）基本数据类型。在 Python 中，有几种常见的基本数据类型，包括数字类型、字符串类型和布尔类型。此外，Python 还提供了数据类型转换功能，可以在不同数据类型之间进行转换。除了这些基本数据类型，Python 还支持列表（list）、元组（tuple）、集合（set）、字典（dict）等复合数据类型。

① 数字类型。

● 整数（int）：用于表示没有小数部分的整数，可以为正、负、零。

● 浮点数（float）：用于表示有小数部分的实数，可以是有限小数或无限小数。

● 复数（complex）：形式为 a＋bj，其中 a 是实部，b 是虚部，j 是虚数单位（在 Python 中通常用 j 表示）。例如，3＋4j，－2－3j。

② 字符串类型（str）。在单引号、双引号或三引号中的文本。字符串是不可变的，一旦创建就不能修改。

③ 布尔类型（bool）。只有两个值：True（真）和 False（假）。用于表示真或假的状态。

④ 类型转换。数据类型转换是通过内置函数实现的，常见的数据类型转换包括：

int()：将字符串或数字转换为整数。

float()：将字符串或数字转换为浮点数。

str()：将任何数据类型转换为字符串。

bool()：将任何数据类型转换为布尔值。

例如：

```
# 整数转字符串
int_to_str = str(999)
print("整数 999 转换为字符串的结果是:",int_to_str)
# 浮点数转整数
float_to_int = int(3.14)
print("浮点数 3.14 转换为整数的结果是:",float_to_int)
# 布尔值转整数
bool_to_int = int(True)
print("布尔值 True 转换为整数的结果是:",bool_to_int)
# 字符串转布尔值
str_to_bool = bool("True")
print("字符串 'True' 转换为布尔值的结果是:",str_to_bool)
```

4. 运算符

Python 作为一种应用广泛的编程语言，其中的运算符起着至关重要的作用。它能够执行各类操作，如加、减、乘、除等数学运算可实现数值的精准计算；逻辑运算符用于判断真假情况；比较运算符能对数据大小等关系进行判别；赋值运算符能将值赋予变量，从而高效地处理各种编程任务。

(1) 算数运算符。

+：加法

-：减法

*：乘法

/：除法

//：整数除法

%：取模（余数）

**：幂运算（乘方）

(2) 比较运算符。

==：等于

!=：不等于

>：大于

<：小于

>=：大于或等于

<=：小于或等于

(3) 逻辑运算符。

and：逻辑与

or：逻辑或

not：逻辑非

(4) 赋值运算符。

=：赋值

+=：加法赋值

-=：减法赋值

*=：乘法赋值

/=：除法赋值

//=：整数除法赋值

%=：取模赋值

**=：幂运算赋值

(5) 成员运算符。

in：检查一个元素是否存在于一个序列中

not in：检查一个元素是否不存在于一个序列中

(6) 身份运算符。

is：检查两个对象是否是同一个对象

is not：检查两个对象是否不是同一个对象

(7) 运算符优先级。

Python 中的运算符优先级与大多数其他编程语言类似。

括号内的表达式首先计算，然后是幂运算、正负号、乘除和取模、加减、位运算、比较运算、身份运算，最后是逻辑运算。

AI助手探秘

请用 Python 编写后面所附运算符的案例的程序，尽量简明。[可从上面的运算符中选择部分]。

5. 流程控制

程序的流程控制有三种，即顺序、判断（也称为条件）、循环，基本流程控制结构如图 1-21 所示。

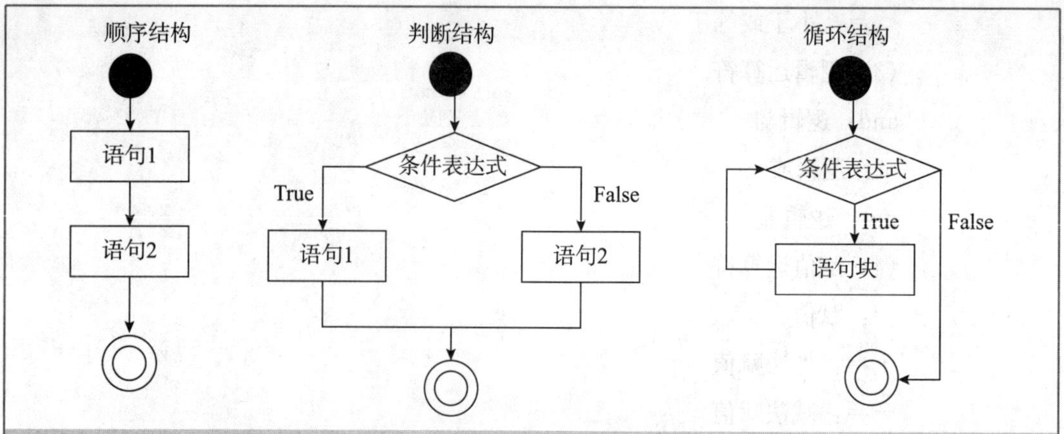

图 1-21 基本流程控制结构

这三种基本流程控制结构是编程的基础，它们相互结合使用，可以构建出功能丰富、逻辑复杂的 Python 程序。无论是处理简单的输入输出任务，还是实现复杂的算法和数据处理逻辑，都离不开这三种基本流程控制结构的支持。

(1) 顺序结构。顺序结构是程序中最基本、最简单的执行流程，它按照代码的书写顺序从上到下依次执行每一条语句。顺序结构不涉及任何条件判断或循环控制，只是简单地按照语句的顺序执行。顺序结构涉及的程序语句非常广泛，基本上包括了所有语句类型，在这里主要关注几种常见的类型：

① 赋值语句。用于给变量赋值。例如：x=33；y=99。

② 输入输出语句。使用 print() 函数输出信息，使用 input() 函数接收用户输入的信息。例如：

name=input（"请输入姓名："）

print（"姓名是："，name）

③ 函数调用语句。调用自定义函数或内置函数执行特定任务。

④ 控制语句（在顺序结构中的角色）。虽然 if、for、while 等控制语句主要用于条件判断和循环控制，但在顺序结构中，它们也作为顺序执行的一部分。

⑤ 复合语句（代码块）。使用缩进来定义代码块，虽然它本身不是一条单独的语句，但在顺序结构中，复合语句内的所有语句都将按顺序执行。

AI 助手探秘

请用 Python 编写后面所附顺序结构案例的程序：[在上面的内容中选择部分或全部]。

(2) 判断结构。判断结构允许程序根据条件表达式的值来决定执行哪一段代码。Python 中使用 if、elif（else if 的缩写）和 else 语句来实现选择。

判断结构是一种基本且非常重要的控制结构，它允许程序根据一定的条件来执行不同的代码块，但基本思想是一致的。以下是几种常见的判断结构及其涉及的程序语句和使用方法。

① if 语句。应用举例：

```
# 假设应收账款账龄天数为 30 天
account_receivable_age = 30
if account_receivable_age > 60:
    print("该应收账款已逾期")
```

② if...else 语句。应用举例：

```
# 假设企业当期利润为 100000 元
profit = 100000
if profit > 200000:
    print("企业经营状况良好,利润较高")
else:
    print("企业经营状况一般,利润未达较高水平")
```

③ if...elif...else 语句。if...elif...else 语句用于处理多个条件，它相当于多个 if...else 语句的链式组合，但更加简洁和易读。应用举例：

```
# 假设企业资产负债率为 60%
asset_liability_ratio = 60
if asset_liability_ratio > 80:
    print("企业财务风险极高")
elif asset_liability_ratio >= 60 and asset_liability_ratio <= 80:
    print("企业财务风险中等")
else:
    print("企业财务风险较低")
```

（3）循环结构。循环结构是编程中用于重复执行一段代码直到满足特定条件的控制结构。Python 中的循环结构允许重复执行一段代码多次，直到满足特定的条件为止。Python 提供了两种基本的循环结构：for 循环和 while 循环。

① for 循环：用于遍历任何序列（如列表、元组、字符串）或其他可迭代对象。语法格式如下：

```
for item in iterable:
    # 循环体,可使用 item 进行操作
    Statement
```

工作原理：for 循环通常用于遍历一个可迭代对象（如列表、元组、字符串、字典、集合等）。iterable 是一个可迭代的对象，item 是每次迭代时从 iterable 中取出的元素。循环将迭代 iterable 中的每个元素，直到元素全部遍历完，循环结束。

应用举例：

```
# 假设以下是某企业 2024 年上半年各月的销售收入列表(单位:万元)
monthly_sales = [10,12,8,15,13,11]
# 遍历销售收入列表,输出每个月的销售收入情况
for index,sales_amount in enumerate(monthly_sales):
    month = index + 1
    print(f"2024 年第{month}月的销售收入为:{sales_amount}万元")
# 假设某企业 2019—2023 年的资产总额数据(单位:亿元)
asset_amounts = [5,6,7,8,9]
# 遍历年份范围(从 2019 年开始,对应索引为 0,到 2023 年,索引为 4)
for year in range(len(asset_amounts)):
    current_year = 2019 + year
    print(f"{current_year}年的资产总额为:{asset_amounts[year]}亿元")
```

② while 循环：在给定的条件为真时重复执行一段代码块。语法格式如下：

```
while condition:
    # 循环体
    Statement
```

工作原理：while 循环会在 condition（条件）为 True 的情况下持续执行循环体中的代码。在每次执行循环体之前都会检查 condition，如果 condition 为 True，则执行循环体，然后再次检查 condition，直到 condition 为 False 时循环结束。

应用举例：

```
# 假设企业每年的利润额(单位:万元),初始利润为 0
annual_profit = 0
year_count = 2024
# 目标利润设定为 100 万元
target_profit = 100
while annual_profit < target_profit:
    # 假设每年利润增长 15 万元(这里可根据实际情况替换为更合理的增长逻辑)
    annual_profit + = 15
    print(f"{year_count}年的累计利润达到:{annual_profit}万元")
    year_count + = 1
```

③ 使用场景：

for 循环：当确切知道需要迭代的次数或需要遍历一个可迭代对象时使用。

while 循环：当需要在满足某个条件的情况下重复执行某些操作，且不确定具体迭代次数时使用。

④ 终止条件：

for 循环：在迭代完可迭代对象的元素后自动终止。

while 循环：需要在循环体内部更新 condition 使其最终为 False 来终止循环，否则可能导致无限循环。

6. 元组

元组（tuple）在 Python 编程中独具特性，作为不可变序列类型，虽与列表结构相似，但其元素在创建后就无法修改或增添新成员。其显著标志是使用圆括号（）界定，并且具有强大的包容性，能够涵盖诸如数字、字符串、列表等任意类型的元素，在数据处理中有着特定的应用场景。

（1）创建元组。使用圆括号（）来创建元组，元素之间用逗号分隔。在会计中，可以用元组来记录一些固定的财务数据组合。例如用元组来表示某企业一个季度内各月的主营业务收入情况。

```
# 创建表示各月主营业务收入的元组(单位:万元)
quarterly_income = (100,120,110)
```

(2) 访问元素。

① 通过索引访问。元组中的元素可以通过索引（整数位置）来访问，索引从 0 开始。例如：

```
my_tuple = (10,20,30)
element = my_tuple[0]  # 访问第一个元素,值为 10
```

② 通过切片访问。使用切片来获取元组的一个子序列。例如：

```
my_tuple = (10,20,30,40,50)
subtuple = my_tuple[1:3]  # 获取第二个到第三个元素(不包括第四个),值为(20,30)
```

③ 通过负索引访问。负索引用于从元组的末尾开始计数。例如：

```
my_tuple = (10,20,30,40,50)
last_element = my_tuple[-1]  # 访问最后一个元素,值为 50
```

④ 使用 enumerate() 函数遍历元组元素。例如：有一个元组存储了会计科目编码（如 1001、1002、1012），需要同时获取编码及其索引。

```
accounting_codes = (1001,1002,1012)
for index,code in enumerate(accounting_codes):
    print(f"索引为{index}的会计科目编码是{code}")
```

(3) 元组切片。切片（slicing）是一种用于从序列（如列表、元组、字符串等）中提取部分元素的操作。元组也可以进行切片操作。语法格式为元组名 [起始索引：结束索引：步长]。例如，对于元组 nums＝（1，2，3，4，5），nums [1:4] 会返回一个包含 nums [1]、nums [2] 和 nums [3] 的元组，即（2，3，4）。

如果省略起始索引，切片会从元组开头开始；如果省略结束索引，切片会到元组末尾结束；如果省略步长，步长默认为 1。例如，nums [:3] 返回（1，2，3），nums [::2] 返回（1，3，5）。

AI 助手探秘

请基于元组的常用方法，采用会计案例的方式，用 Python 编写程序说明。

7. 列表

(1) 创建列表。列表（list）是一种用于存储多个元素的有序集合，这些元素可以是不同的数据类型。列表是 Python 中最常用的数据类型之一，它是一种有序的可变序列。可以将不同类型的数据（如整数、浮点数、字符串，甚至其他列表等）组合在一起。

① 使用方括号 [] 来创建列表，将元素放在方括号内，用逗号分隔。

```
# 创建一个空列表
empty_list = []
print(empty_list)  # 输出:[]
# 创建一个包含元素的列表
fruits = ['apple','banana','cherry']
print(fruits)  # 输出:['apple','banana','cherry']
# 创建一个包含不同数据类型元素的列表
mixed_list = [1,'大家好',3.14,True]
print(mixed_list)  # 输出:[1,'大家好',3.14,True]
```

② 使用 list() 函数创建列表。

```
# 基于可迭代对象(如字符串、元组、集合)创建列表
string_list = list("hello")
print(string_list)  # 输出:['h','e','l','l','o']
tuple_list = list((1,2,3))
print(tuple_list)  # 输出:[1,2,3]
set_list = list({1,2,3})
print(set_list)  # 输出:[1,2,3]
```

AI 助手探秘

Python 中列表的创建语法及其在会计业务中应用的举例。

(2) 访问列表元素。访问列表元素的基本语法是使用方括号 [] 并在其中放入元素的索引值。列表中的每个元素都有一个索引，索引从 0 开始。

在会计业务中，可以将列表类比为财务报表中的各项数据集合。比如，一份资

产负债表中的数据，可以看作一个列表。以“流动资产”相关数据为例，若列表为current_assets=["货币资金","应收账款","存货"]，这里的每个元素代表一种流动资产类别。通过索引访问，current_assets[0]返回“货币资金”，这就如同在财务分析中精准定位到资产项目中的货币资金部分；current_assets[1]返回“应收账款”，有助于快速获取该项目的具体数据；使用负数索引，current_assets[-1]返回“存货”，从列表末尾进行反向查询，这种方式在处理一些需要从后往前梳理数据的会计场景中非常实用，比如检查报表数据的录入顺序或者对特定项目进行反向追溯分析时，能够高效地定位到所需的资产项目信息，为财务分析和数据核对提供了便利。

(3) 列表切片。列表切片的基本语法是 list [start: stop: step]。其中，list是要进行切片操作的列表，start表示切片的起始索引（包含该索引对应的元素），stop表示切片的结束索引（不包含该索引对应的元素），step表示切片的步长，即每隔多少个元素取一个。例如：

```
#模拟季度主营业务收入数据,这里假设有四个季度的数据,每个季度包含三个月的收入情况
quarterly_income = [
    [10,12,15], # 第一季度各月收入
    [18,20,22], # 第二季度各月收入
    [25,28,30], # 第三季度各月收入
    [32,35,38]  # 第四季度各月收入
]
#遍历每个季度的数据
for quarter_index,quarter_data in enumerate(quarterly_income):
    #获取索引为1(第二个月)的元素,切片[1:2]返回包含起始索引,不包含结束索引的元素,所以正好获取到第二个月的数据
    sub_income = quarter_data[1:2]
    for income insub_income:
        print(f"第{quarter_index + 1}季度第二个月的主营业务收入为:{income}万元")
```

(4) 列表长度。列表长度的基本语法是 len (object)。其中，object就是要获取长度的对象，在讨论列表长度获取的场景下，这里的object就是具体的列表。例如，有一个列表my_list=[1, 2, 3, 4, 5]，想要知道这个列表包含多少

个元素（也就是获取它的长度），可以使用以下代码实现。

```
my_list = [1,2,3,4,5]
length = len(my_list)
print(length)   #显示结果为:5
```

（5）列表遍历。遍历列表是一个常见的操作，通过逐个访问列表中的元素，对它们进行所需要的处理。遍历列表常用的方法包括：

① 使用 for 循环遍历列表。

```
# 创建一个列表
my_list = [10,20,30,40,50]
# 使用 for 循环遍历列表
for element in my_list:
    print(element)
```

② 使用 for 循环和 enumerate（）函数遍历列表。

```
# 创建一个列表
my_list = [10,20,30,40,50]
# 使用 for 循环和 enumerate()函数遍历列表
for index,element in enumerate(my_list):
    print(f"索引 {index}: {element}")
```

③ 使用 while 循环遍历列表。

```
# 创建一个列表
my_list = [10,20,30,40,50]
# 使用 while 循环遍历列表
index = 0
while index <len(my_list):
    print(my_list[index])
    index + = 1
```

AI 助手探秘

基于 Python 列表遍历，结合会计业务进行应用举例。

8. 字典

字典（dictionary）是一种内置的数据结构，它以键值对的形式存储数据。键（key）必须是唯一的，并且不可变（例如整数、浮点数、字符串或元组），而值（value）则可以是任何数据类型。字典功能非常丰富，允许存储、检索、更新和删除键值对。

（1）创建字典。创建字典可以通过直接使用花括号 {} 包裹键值对来实现，其中键值对之间用逗号“,”分隔。每个键值对应的键和值之间用冒号“:”分隔。此外，还可以使用 dict() 函数从其他类型的数据（如元组、列表等）中创建字典。例如：

```
# 创建一个字典来记录会计科目(键)及其对应的余额(值)(单位:元)
account_balances = {
    '库存现金': 1000.00,
    '银行存款': 50000.00,
    '应收账款': 15000.00,
    '库存商品': 20000.00
}
```

（2）访问字典中的值。访问字典中的值是通过指定键来完成的。字典是一种将键映射到值的数据结构，每个键都是唯一的，并且与某个值相关联。访问字典中的值可以使用方括号 [] 语法；还可以使用 get() 方法。

```
dictionary.get(key,default = None)
```

key 是要查找的键。default 是一个可选参数，如果键存在于字典中，get () 方法将返回该键对应的值；如果键不存在，get () 方法将返回 default 所指定的值。如果不提供 default 参数，并且键不存在，将返回 None。例如：

```
# 假设一个会计科目及其对应的余额的字典
account_balances = {
    '库存现金': 10000.00,
    '应收账款': 5000.00,
    '应付账款': 3000.00,
    '主营业务收入': 20000.00,
```

```
    '主营业务成本': 12000.00
}
# 使用方括号[]访问值
# 例如,访问"库存现金"科目的余额
cash_balance = account_balances['库存现金']
print(f"库存现金科目的余额为: {cash_balance} 元")
# 使用 get() 方法访问值
# 例如,访问"应收账款"科目的余额
receivable_balance = account_balances.get('应收账款')
print(f"应收账款科目的余额为: {receivable_balance} 元")
# 使用 get() 方法访问不存在的科目,并返回默认值
# 例如,访问"预付款项"科目,如果不存在则返回默认值 0
prepaid_balance = account_balances.get('预付款项',0)
print(f"预付款项科目的余额为: {prepaid_balance} 元")
```

(3) 更新字典。

① 直接赋值。直接向字典中添加新的键值对或修改已存在的键值对。例如(续前):

```
# 更新字典
account_balances = {
    '库存现金': 10000.00,
    '应收账款': 5000.00,
    '应付账款': 3000.00,
    '主营业务收入': 20000.00,
    '主营业务成本': 12000.00
}
# 收到一笔应收账款,更新"应收账款"科目的余额
account_balances['应收账款'] = account_balances['应收账款'] + 5000.00
# 新增一个会计科目"固定资产"及其初始余额
account_balances['固定资产'] = 80000.00
print(account_balances)
```

②使用 update() 方法。update() 方法用于将一个字典中的键值对更新到另

一个字典中。如果两个字典中存在相同的键，则目标字典中该键对应的值会被新字典中的值覆盖。update() 方法可以接受另一个字典或键值对序列（例如，由元组组成的列表）作为参数。例如（续前）：

```
# 假设初始的会计科目及其余额
account_balances = {
    '库存现金': 10000.00,
    '应收账款': 5000.00,
    '应付账款': 3000.00,
    '主营业务收入': 20000.00,
    '主营业务成本': 12000.00
}
# 使用update()方法更新“应收账款”科目的余额,相当于在原余额基础上
增加5000.00
if '应收账款' inaccount_balances:
    account_balances.update({'应收账款': account_balances['应收账款'] +
5000.00})
else:
    print("警告:'应收账款'科目不存在,无法更新余额。")
# 使用update()方法新增一个会计科目'固定资产'及其初始余额
account_balances.update({'固定资产': 80000.00})

# 输出更新后的会计科目及其余额
print("更新后的会计科目及其余额:")
print(account_balances)
```

（4）删除字典中的元素。

① 使用 del 语句。通过键来删除字典中的元素。如果键不存在，会提示“KeyError”。例如：

```
# 删除字典中的元素
# 假设库存商品已全部销售出去,删除“库存商品”科目记录
del account_balances['库存商品']
print(account_balances)
```

② 使用 pop() 方法。通过键来删除字典中的元素，并返回该键对应的值。如果键不存在，可以指定一个默认值来避免提示“KeyError”。例如：

```
# 使用pop()方法删除“库存商品”科目记录,可以获取被删除的键对应的值(这里暂不使用这个返回值,也可以按需进行处理)
removed_value = account_balances.pop('库存商品',None)
print(account_balances)
```

③ 使用 popitem() 方法。删除字典中的最后一个元素，并返回这个键值对（作为一个元组）。如果字典为空，会提示 KeyError。例如：

```
# 使用popitem()方法删除字典中的最后一个元素(假设“库存商品”刚好是最后一个元素)
key,value = account_balances.popitem()
print(account_balances)
```

④ 使用 clear() 方法。例如：

```
# 使用clear()方法删除字典中的所有元素,使字典变为空字典
account_balances.clear()
print(account_balances)
```

(5) 遍历字典。使用 for...in...遍历字典的键。例如：

```
# 遍历字典
# 遍历所有会计科目及余额并输出结果
for account,balance in account_balances.items():
    print(f"{account 的余额为:{balance}元")
```

(6) 字典的其他操作。例如：

```
# 获取当前记录的会计科目数量
print(len(account_balances))
# 检查是否存在“应付账款”这个会计科目
print('应付账款' inaccount_balances)
# 复制一份会计科目余额字典
new_account_balances = account_balances.copy()
```

（7）应用举例。

AI助手提示词

请设计一个会计业务案例，使用Python的字典来实现，包含创建字典、访问字典中的值、更新字典、删除字典中的元素、遍历字典等相关操作，程序中的信息用中文表示。每个功能用独立的函数来完成。设计一个统一的界面来调用各功能。

生成的程序：

```
def 创建字典():
    会计业务 = {
        "收入": {"销售收入": 0,"利息收入": 0},
        "支出": {"工资支出": 0,"租金支出": 0,"其他支出": 0},
        "资产": {"库存现金": 10000,"银行存款": 0,"应收账款": 0},
        "负债": {"应付账款": 0}
    }
    return 会计业务
def 访问字典中的值(会计业务,类别,项目):
    return 会计业务.get(类别,{}).get(项目,"该项目不存在")
def 更新字典(会计业务,类别,项目,金额):
    if 类别 in 会计业务:
        if 项目 in 会计业务[类别]:
            会计业务[类别][项目] + = 金额
        else:
            会计业务[类别][项目] = 金额
    else:
        print(f"类别 '{类别}' 不存在")
def 删除字典中的元素(会计业务,类别,项目):
    if 类别 in 会计业务 and 项目 in 会计业务[类别]:
        del 会计业务[类别][项目]
    else:
        print(f"项目 '{项目}' 在类别 '{类别}' 中不存在")
def 遍历字典(会计业务):
    for 类别,项目列表 in 会计业务.items():
```

```
        print(f"\n{类别}:")
        for 项目,金额 in 项目列表.items():
            print(f"{项目}: {金额}")
def 主界面():
    会计业务 = 创建字典()
    while True:
        print("\n 会计业务管理系统")
        print("1. 查看值")
        print("2. 更新值")
        print("3. 删除项目")
        print("4. 遍历字典")
        print("5. 退出")
        选择 = input("请选择操作: ")
        if 选择 = = '1':
            类别 = input("请输入类别 (收入/支出/资产/负债): ")
            项目 = input("请输入项目: ")
            值 = 访问字典中的值(会计业务,类别,项目)
            print(f"{类别} 中的 {项目}: {值}")
        elif 选择 = = '2':
            类别 = input("请输入类别 (收入/支出/资产/负债): ")
            项目 = input("请输入项目: ")
            金额 = float(input("请输入金额: "))
            更新字典(会计业务,类别,项目,金额)
        elif 选择 = = '3':
            类别 = input("请输入类别 (收入/支出/资产/负债): ")
            项目 = input("请输入项目: ")
            删除字典中的元素(会计业务,类别,项目)
        elif 选择 = = '4':
            遍历字典(会计业务)
        elif 选择 = = '5':
            print("退出系统")
            break
        else:
            print("无效选择,请重新输入")
if __name__ = = "__main__":
    主界面()
```

9. 函数

函数是一段组织好的、可重复使用的、用来实现单一或相关联功能的代码块。函数能提高应用的模块性和代码的重复利用率。Python 提供了许多内置函数，如 print ()、len () 等，也可以根据需要自己定义函数。

(1) 内置函数。Python 内置函数非常丰富，涵盖了多种不同的功能领域。虽然没有官方的、严格的分类标准，但可以根据它们的主要用途或功能特性来进行大致分类。以下是一些常见的分类方式及对应的内置函数说明。

① 数学与数值处理。

abs(x)：返回 x 的绝对值。

divmod(a,b)：返回 a 除以 b 的商和余数。

float(x)：将 x 转换为一个浮点数。

int(x[,base])：将 x 转换为一个整数，可选参数 base 表示原数 x 的进制（默认为 10）。

max(iterable, *[,key,default])：返回可迭代对象中的最大值，可选参数 key 用于指定一个函数，该函数会在每个元素上被调用，然后根据其返回值来比较。

min(iterable, *[,key,default])：类似于 max，但返回最小值。

pow(x,y[,z])：返回 x 的 y 次幂，如果提供了 z，则计算 x 的 y 次幂后对 z 取模。

round(number[,ndigits])：将浮点数四舍五入到指定的小数位数。

sum(iterable[,start])：返回可迭代对象中所有元素的总和，可选参数 start 表示累加的起始值。

AI助手探秘

详细说明 Python 中，后面所列函数的语法和使用方法，并举例说明：[上面的函数]。

基于上面的函数，用 Python 编写与会计业务相关的应用实例：[上面的函数]。

说明：后面的每类函数均可以用这个提示词，也可以只选择自己需要了解的部分函数。

② 序列与迭代。

all(iterable)：如果可迭代对象的所有元素都为 True（或可迭代对象为空），则返回 True。

any(iterable)：如果可迭代对象的任何元素为 True，则返回 True。

enumerate(iterable,start=0)：将一个可遍历的数据对象（如列表、元组、字符串）组合为一个索引序列，同时列出数据和数据下标。

filter(function,iterable)：创建一个迭代器，用于过滤掉那些不满足函数 function 条件的元素。

iter()：获取一个迭代器对象。

len(s)：返回对象（如列表、元组、字符串等）的长度或项目数。

list(iterable)：将可迭代对象转换为列表。

map(function,iterable,...)：对可迭代对象的每个元素应用指定的函数。

next(iterator[,default])：返回迭代器的下一个元素，如果迭代器耗尽，则返回 default 的值。

range(start,stop[,step])：生成一个整数序列。

reversed(seq)：返回一个反转的迭代器。

sorted(iterable, * ,key=None,reverse=False)：对可迭代对象进行排序，并返回一个新的列表。

tuple(iterable)：将可迭代对象转换为元组。

zip(* iterables)：将多个迭代器中对应的元素打包成一个个元组，然后返回由这些元组组成的迭代器。

AI助手探秘

请解释 Python 的迭代器（iterator）。

③ 字符串与字节处理。

ascii(object)：返回对象的“可输出”表示形式，作为字符串。

bin(x)：将整数 x 转换为二进制字符串。

bytes([source[,encoding[,errors]]])：返回一个新的不可变字节序列。

bytearray([source[,encoding[,errors]]])：返回一个新的字节数组。

chr(i)：返回表示 Unicode 字符的字符串，该字符由给定的整数 i（从 0 开始）指定。

hex(x)：将整数 x 转换为十六进制字符串。

oct(x)：将整数 x 转换为八进制字符串。

ord(c)：返回表示 Unicode 字符 c 的整数。

str(object='')：返回对象的字符串表示。

④ 反射与自省。

callable(object)：检查对象是否可调用（即是否是一个函数、方法，或者实现了__call__() 方法的对象）。

dir([object])：返回对象的属性列表（包括其方法、属性等）。

globals()：返回表示当前全局符号表的字典。

hasattr(object,name)：检查对象是否具有名为 name 的属性。

id(object)：返回对象的唯一标识符，是一个整数。

isinstance(object,classinfo)：检查对象是否是 classinfo 的实例或其子类的一个实例。

issubclass(class,classinfo)：检查 class 是否是 classinfo 的子类。

locals()：返回表示当前局部符号表的字典。

type(object)：返回对象的类型。

⑤ 输入、输出与文件操作。

input([prompt])：读取一行输入，可选参数 prompt 是提示信息。

open(file,mode='r',...)：打开文件，并返回文件对象。mode 参数指定打开文件的模式（如只读'r'，只写'w'，追加'a'等）。

print(*objects,sep=' ',end='\n',...)：将对象输出到标准输出设备（通常是屏幕），可选参数 sep 和 end 用于指定分隔符和结束符。

⑥ 高级功能。

compile(source,filename,mode,...)：编译源代码字符串，返回一个代码对象。

eval(expression,globals=None,locals=None)：执行一个字符串表达式，并返回表达式的值。

exec(object[,globals[,locals]])：动态执行 Python 代码对象或字符串形式的代码。

help([object])：调用内建的帮助系统，如果提供了对象，则返回该对象的帮助信息。

memoryview(obj)：返回给定参数的“内存视图”对象，它允许在不复制内容的情况下操作同一个内存区域。

staticmethod(function)：返回一个静态方法。

super()：返回代理对象，该对象会将方法调用委托给类的一个父类（包括兄弟类，通过多重继承）。

⑦ 应用举例。

应用 1：会计科目余额处理（数学与数值处理相关内置函数）。

```
# 假设以下是几个会计科目的余额(单位:元)
account_balances = [-1000,5000,3000,-2000]
# 计算各科目余额的绝对值
absolute_balances = [abs(x) for x in account_balances]
print("各会计科目余额的绝对值:",absolute_balances)
# 计算所有科目余额总和(使用 sum 函数)
total_balance = sum(account_balances)
print("所有会计科目余额总和:",total_balance)
#找出余额最高的科目(使用 max 函数)
highest_balance = max(account_balances)
print("余额最高的会计科目金额:",highest_balance)
# 对一些计算后的余额数据进行四舍五入(假设是经过计算得到的浮点数余额,这里简单示例)
rounded_balance = round(4567.891,2)
print("四舍五入后的余额:",rounded_balance)
```

应用 2：费用报销记录筛选（序列与迭代相关内置函数）。

```
# 假设以下是员工的费用报销记录列表,每个元素是一个包含员工姓名和报销金额(单位:元)的元组
expense_records = [("张三",500),("李四",300),("王五",800),("赵六",200)]
# 筛选出报销金额大于等于 500 元的报销记录(使用 filter()函数)
filtered_records = list(filter(lambda x: x[1] >= 500,expense_records))
print("报销金额大于等于 500 元的记录:",filtered_records)
# 给每个报销记录添加一个序号(使用 enumerate()函数)
enumerated_records = list(enumerate(expense_records,start = 1))
print("添加序号后的报销记录:",enumerated_records)
#按照报销金额对报销记录进行排序(使用 sorted()函数)
sorted_records = sorted(expense_records,key = lambda x: x[1])
print("按报销金额排序后的报销记录:",sorted_records)
```

应用 3：会计凭证编号处理（字符串与字节处理相关内置函数）。

```
# 假设会计凭证编号以整数形式存储,现需要转换为不同进制的字符串表示形式用于满足特定的记录和展示需求
voucher_number = 1234
# 将会计凭证编号转换为二进制字符串表示
binary_number = bin(voucher_number)
print("会计凭证编号的二进制表示:",binary_number)
# 将会计凭证编号转换为十六进制字符串表示
hex_number = hex(voucher_number)
print("会计凭证编号的十六进制表示:",hex_number)
# 将会计凭证编号转换为八进制字符串表示
oct_number = oct(voucher_number)
print("会计凭证编号的八进制表示:",oct_number)
```

应用 4：会计类实例检查（反射与自省相关内置函数）。

```
class Account:
    def __init__(self,balance):
        self.balance = balance
    def deposit(self,amount):
        self.balance + = amount
    def withdraw(self,amount):
        self.balance - = amount
# 创建一个会计类的实例
account = Account(1000)
# 检查 account 对象是否具有名为“balance”的属性(使用 hasattr()函数)
has_balance = hasattr(account,'balance')
print("account 对象是否有'balance'属性:",has_balance)
#检查 account 对象是否可调用(使用 callable()函数)
is_callable = callable(account)
print("account 对象是否可调用:",is_callable)
# 获取 account 对象的类型(使用 type()函数)
obj_type = type(account)
print("account 对象的类型:",obj_type)
```

应用 5：会计数据输入与展示（输入、输出与文件操作相关内置函数）。

```
#从用户输入内容中获取一个会计科目名称(使用 input()函数)
account_name = input("请输入会计科目名称：")
print("你输入的会计科目名称是:",account_name)
#将一些会计数据写入文件(使用 open()和 print()函数,这里简单示例写入一行数据)
data_to_write = "这是一条会计记录示例"
with open('account_data.txt','w') as file:
    print(data_to_write,file = file)
```

AI 助手探秘

请介绍 Python 中［某函数，如 enumerate()］函数的语法格式和各参数的使用说明，按照 Python 语言的规范列举各种应用示例。然后再基于此函数在会计业务中的应用先进行案例设计，再用会计业务的方式实现本函数的多种使用方法。

通过提示词来深度学习和了解相关函数的应用。还可以提出具体的目标来调整提示词。

（2）自定义函数。

① 函数定义。

● 语法格式：

```
def 函数名(参数 1,参数 2,…,参数 n):
    """
    函数文档字符串(可选)
    """
    # 函数体
    return 返回值   # 可选
```

● 函数说明：可以使用 def 关键字来定义函数，在 def 后添加函数名和圆括号()。圆括号中可以包括多个变量名，用于存储传入函数的值，称为参数。函数的第一行语句可以选择性地使用注释来描述函数的作用。函数体紧跟在冒号和一个缩进块之后。

● 函数名：函数名应该是描述性的，能够清晰地表达函数的功能。使用小写字母和下划线分隔单词命名。避免使用 Python 内置函数名或关键字作为函数名，以避免命名冲突。

● 参数列表：函数可以有零个或多个参数，参数通过参数列表传递给函数。可以定义默认参数值，这样调用函数时可不传递该参数。

● 函数体：函数体内部的代码应该缩进，通常是四个空格或一个制表符。使用合适的空格和换行来提高代码的可读性。

● 返回值：可以使用 return 语句从函数中返回值。如果没有 return 语句，则函数将默认返回 None。

② 函数的使用。

● 局部变量：函数内部定义的变量默认是局部变量，只在函数内部可见。

● 全局变量：全局变量可以在函数内部访问，但如果要修改全局变量的值，需要使用 global 关键字声明。

● 函数调用：在定义之后才能调用函数，否则会提示“NameError”。函数可以作为其他函数的参数传递。可以在函数内部定义其他函数，形成嵌套函数结构。

函数定义应用举例：

```
# 定义函数用于计算会计科目余额在发生收支变动后的金额
def update_account_balance(account_name,amount_change):
    """
    根据收支变动金额更新会计科目余额
    :param account_name: 会计科目名称
    :param amount_change: 收支变动金额,正数表示收入增加,负数表示
支出减少
    :return: 更新后的余额
    """
    account_balances = {
        '库存现金': 1000.00,
        '银行存款': 50000.00,
        '应收账款': 15000.00,
        '库存商品': 20000.00
    }
```

```
    if account_name in account_balances:
        new_balance = account_balances[account_name] + amount_change
        return new_balance
    else:
        return None
# 调用函数计算“银行存款”科目在增加 5000 元后的余额
new_bank_balance = update_account_balance('银行存款',5000)
if new_bank_balance is not None:
    print(f"银行存款更新后的余额为: {new_bank_balance} 元")
else:
    print("指定的会计科目不存在。")
```

函数参数应用举例：

函数可以没有参数，也可以有一个或多个参数。可以设置默认值，这样调用函数时如果没有提供该参数，就会使用默认值。

```
# 定义函数用于根据收入金额和税率(税率有默认值)计算应纳税额
def calculate_tax(income,tax_rate = 0.2):
    """
    根据收入金额和税率计算应纳税额,税率默认为 0.2
    :param income: 收入金额
    :param tax_rate: 税率,默认值为 0.2
    :return: 应纳税额
    """
    return income * tax_rate
# 调用函数计算收入为 10000 元时的应纳税额,使用默认税率
tax_amount = calculate_tax(10000)
print(f"应纳税额为: {tax_amount} 元")
# 调用函数计算收入为 8000 元,税率为 0.15 时的应纳税额
tax_amount_custom_rate = calculate_tax(8000,0.15)
print(f"按自定义税率计算的应纳税额为: {tax_amount_custom_rate} 元")
```

函数应用返回值举例：

函数可以使用 return 语句返回一个值。如果没有 return 语句，函数会隐式

地返回 None。

```
# 全局变量,存储会计科目及其余额的字典
account_balances = {
    '库存现金': 1000.00,
    '银行存款': 50000.00,
    '应收账款': 15000.00,
    '库存商品': 20000.00
}
# 定义函数用于统计指定会计科目列表的余额总和
def sum_account_balances(account_list):
    """
    统计给定会计科目列表对应的余额总和
    :param account_list: 会计科目名称列表
    :return: 余额总和
    """
    total_balance = 0
    for account inaccount_list:
        if account in account_balances:
            total_balance + = account_balances[account]
    return total_balance
# 调用函数统计“库存现金”和“银行存款”科目的余额总和
selected_accounts = ['库存现金','银行存款']
sum_balance = sum_account_balances(selected_accounts)
print(f"所选会计科目的余额总和为: {sum_balance} 元")
```

③ 局部变量与全局变量。在函数内部定义的变量是局部变量，只在函数内部有效。在函数外部定义的变量是全局变量，在程序的任何地方都可以访问。但是，在函数内部直接修改全局变量是不推荐的，可以使用 global 关键字来声明全局变量。

应用举例：

应用 1：全局变量用于存储公司总预算，局部变量用于计算各部门预算分配。

```
# 全局变量:公司总预算(单位:元)
```

```
total_budget = 1000000
def allocate_budget(department_name,percentage):
    """
    根据给定的部门名称和分配比例,计算该部门的预算分配金额
    :param department_name: 部门名称
    :param percentage: 分配比例(小数形式,如 0.2 表示 20%)
    """
    # 局部变量:该部门的预算分配金额
    department_budget = total_budget * percentage
    print(f"{department_name}部门的预算分配金额为: {department_budget} 元")
# 调用函数分配预算给不同部门
allocate_budget("销售",0.3)
allocate_budget("研发",0.4)
allocate_budget("行政",0.3)
# 在函数外部依然可以访问全局变量 total_budget
print(f"公司总预算为: {total_budget} 元")
# 尝试在函数外部访问局部变量 department_budget,会报错,因为它只在函数内部有效
# print(department_budget)
```

应用 2：通过 global 关键字在函数内部修改全局变量（模拟利润更新情况）。

```
# 全局变量:公司当前利润(单位:元)
company_profit = 50000
def update_profit(amount):
    """
    根据给定的金额更新公司的利润,正数表示盈利增加,负数表示盈利减少
    :param amount: 利润变动金额
    """
    global company_profit
    company_profit + = amount
    print(f"更新后的公司利润为: {company_profit} 元")
```

```
# 调用函数更新利润
update_profit(10000)
update_profit(-5000)
# 在函数外部查看更新后的全局变量 company_profit
print(f"最终公司利润为: {company_profit} 元")
```

应用 3：局部变量和全局变量在成本计算中的应用。

```
# 全局变量:产品的固定成本(单位:元)
fixed_cost = 10000
def calculate_product_cost(quantity):
    """
    根据生产数量计算产品的总成本,包含固定成本和变动成本(这里假设变动成本为每单位 50 元)
    :param quantity: 生产数量
    """
    # 局部变量:单位变动成本(元/单位)
    unit_variable_cost = 50
    # 局部变量:产品的总成本
    total_cost = fixed_cost + unit_variable_cost * quantity
    print(f"生产 {quantity} 件产品的总成本为: {total_cost} 元")
# 调用函数计算不同生产数量下的产品总成本
calculate_product_cost(100)
calculate_product_cost(200)
# 在函数外部无法访问函数内部的局部变量 unit_variable_cost 和 total_cost
# print(unit_variable_cost)
# print(total_cost)
# 可以访问全局变量 fixed_cost
print(f"产品的固定成本始终为: {fixed_cost} 元")
```

④ 匿名函数。匿名函数也称为 lambda () 函数。lambda () 函数可以用作任何需要函数对象的地方。它是用 lambda 关键字定义的，后面添加一个或多个参数，然后是冒号，最后是一个表达式。例如：

```
# 假设成本为 100 元,加成率为 0.3(30%),使用 lambda()函数快速计算售价
calculate_price = lambda cost,markup_rate:cost * (1 + markup_rate)
cost = 100
markup_rate = 0.3
price = calculate_price(cost,markup_rate)
print(f"成本为{cost}元,加成率为{markup_rate}时,售价为{price}元")
```

⑤ 递归函数。递归函数是一个调用函数。递归函数需要有一个明确的终止条件，否则会陷入无限递归的状态。例如：

```
# 定义函数使用直线法计算固定资产每年的折旧额(假设无残值),递归方式
def calculate_depreciation(year,initial_value,useful_life):
    """
    使用直线法递归计算固定资产每年的折旧额(假设无残值)
    :param year: 当前年份
    :param initial_value: 固定资产初始价值
    :param useful_life: 预计使用年限
    :return: 当前年份的折旧额
    """
    if year >useful_life:
        return 0
    annual_depreciation = initial_value / useful_life
    return annual_depreciation
# 调用函数计算一项初始价值为 10000 元、预计使用年限为 5 年的固定资产第 3 年的折旧额
year = 3
initial_value = 10000
useful_life = 5
depreciation_amount = calculate_depreciation(year, initial_value, useful_life)
print(f"第 {year} 年的固定资产折旧额为: {depreciation_amount} 元")
```

1.3.4 Python学习要达到的目标

学习者可依据自身的兴趣爱好和工作需求，合理确定Python学习目标，并通过持续学习逐步实现。无论是基础目标中的代码阅读能力，还是高级目标中的系统设计能力，Python都能为会计及相关领域的学生和从业者提供强大的技术支持。在AI时代，掌握Python能够帮助会计人员更好地顺应会计数智化的发展趋势，为企业创造更大的价值。

1. 基础目标

基本要求：能读懂Python程序。

在AI助手的辅助下，编写Python程序变得更加便捷，甚至仅需输入提示词，就能自动生成代码。当借助提示词生成用于解决特定会计问题的程序后，鉴于会计数据的高度敏感性和重要性，确保计算结果的绝对准确是重中之重。虽然可以借助其他智能工具进行协同验证，但能够读懂Python程序，精准把握具体的数据处理逻辑，依旧是验证数据正确性的关键，这也是学习Python需达到的基础目标。

2. 进阶目标

基本要求：调整与优化程序。

尽管AI助手能够编写程序，但有时会出现无法解决问题或达不到预期效果的情况，这通常是由于提示词不当，或者需求描述不够清晰。必要时，需要手动修改部分程序点。这种修改往往集中在简单的数据运算部分，或者是程序中少数显示效果不太符合要求的内容。要实现这一目标，可以通过大量阅读AI助手生成的程序，积累诸如pandas库等对数据处理的方法和使用技巧。通过不断实践，学习者能够逐步提升阅读和修改程序的能力。

3. 熟练目标

基本要求：独立编写简单程序。

经过长时间的学习与实践，在AI助手的协助下，学习者能够实现独立编写简单程序。具备这一能力后，学习者能够更高效地解决实际工作中的问题。如学习者可以编写有特殊需求的财务数据报表等。对于大多数会计人员而言，若能达到这一水平，已然能够在日常工作中发挥重要作用，提升工作效率，为企业的财务管理提供有力支持。

4. 高级目标

基本目标：全面系统规划与设计。

根据业务工作的实际需求，设计独立的小型业务系统，如特定目的的数据分析系统、自动化报表生成系统等，这是 Python 学习的高级目标。在会计数智化背景下，这样的系统能够实现财务数据的自动化处理、分析，以及报告生成，极大地提高工作效率和财务数据的准确性。要达成这一目标，除了深入学习 Python 之外，还需掌握软件工程方面的知识，包括系统架构设计、模块化开发、数据库管理等。

目前，基于 Python 的智能设计平台已逐步进入实用阶段，未来会更加成熟。在这类平台上，只需自行规划业务功能，清晰描述业务逻辑和要求，多数程序便能自动生成。因此，在掌握 Python 的基础上，学习一些架构设计原理，能更迅速地借助智能平台完成系统设计。

1.4　AI 助手拓展学习

(1) 阐释 AGI 的概念，结合技术现状与行业动态，分析其未来 5 到 10 年的发展趋势和对社会的影响。

(2) 简述会计特征工程的定义，详述数据清洗、特征提取、选择、变换等核心内容及在会计分析中的应用。

(3) 解释智能体的概念与原理，列举其在财务报表编制、核算辅助、风险预警等会计业务的应用场景。

(4) 依据 AI 时代的特点，规划会计数据处理知识学习路径，提供有关资源、方法和实践项目方面的建议。

(5) 编写企业接受外部审计的准备工作提纲，包含沟通协调、资料准备、内控评估等环节。

复习题

1. 思考题

(1) 论述会计智能化、会计数字化、会计信息化、会计电算化之间的区别和联系。

（2）基于 AI 的会计职业将会发生哪些变化？会计人员怎样应对？

2. 实验题

（1）安装 Anaconda 应用环境，并设置 Spyder 的界面，做好具体应用准备。

（2）选择 5 个适合会计业务处理的 Python 内部函数，设计会计业务数据，编写计算、汇总、显示结果的 Python 程序，内容均用中文，函数要注释基本功能。然后在 Spyder 上验证运行。

（3）提交 AI 生成的程序设计说明书。

3. 即测即评

扫码查看判断题、单项选择题、多项选择题。

第 1 章　即测即评

第 2 章

AI 会计工作方法

2.1 AI 助手应用于会计日常工作

2.1.1 AI 助手及提示词

1. AI 助手

人工智能技术正以迅猛之势蓬勃发展，其应用已广泛且深入地融入各行各业以及日常工作的各个环节，成为驱动社会发展与变革的核心力量。在会计日常工作范畴内，充分借助 AI 技术能够显著提升会计工作的效率与质量，在撰写财务报告、日常分析报告、对外报告、日常工作报告以及开展数据分析等方面，效果尤为显著。随着 AI 技术的持续创新与进步，针对特定行业和专业领域研发的 AI 助手和智能体将逐步迈向广泛应用的新阶段。基于 AI 驱动的会计软件也将在未来不断推陈出新，并持续优化升级，智能化程度会越来越高。

AI 助手，即人工智能助手，是一种基于人工智能技术开发的软件程序或应用系统，能够通过自然语言处理、机器学习、知识图谱等技术，理解和处理人类语言，并与人类进行交互，以提供各种信息和服务，帮助人们完成各项任务、解决问题或获取知识。这种交互模式打破了传统软件工具的局限性，使得会计人员能够以更加自然、便捷的方式借助 AI 助手完成复杂的会计工作。

目前，国内涌现出诸多依托 AI 大模型构建的 AI 助手，如豆包、文心一言、腾讯元宝、DeepSeek 等。在实际应用场景中，会计人员可根据具体工作需求灵活选用 AI 助手，也可同时使用多个 AI 助手以实现功能互补。随着 AI 技术在行业应用层面的不断深化拓展，更多专业性更强、与会计行业适配度更高的 AI 助手必将不断涌现。此外，AI 助手与日常工作系统的融合趋势日益明显，这种一体化的服务模式将进一步优化会计工作流程，提升工作效率。

AI 助手的功能不断丰富，涵盖信息查询与解答、文本创作、语言学习、生活服务、办公协助、创意启发、PPT 生成、文字生成图片、文字生成视频等多个领域。在会计与管理工作领域，AI 助手正发挥着日益关键的作用。它能够快速查询并准确解释各类财经法规、税收政策等信息，助力会计人员精准把握合规要求。在文本创作方面，可高效生成财务报告、预算方案等专业文档，生成的文档语言规范、条理清晰。在办公协作方面，能智能处理财务数据，自动完成数据录入、账目核对等烦琐的任务，大幅提高会计工作效率。在管理工作方面，它可以依据海量数据进行市场趋势分析、员工绩效评估等，为管理者提供决策依据，优化资源配置。

随着 AI 技术的持续发展，其在会计与管理工作中的智能程度将不断提升，精准度和处理复杂任务的能力也将日益增强，从而为企业运营、经济发展等方面创造更多价值，成为推动各行业进步的强大动力。

2. AI 助手通过提示词生成内容的基本原理

AI 助手依据提示词生成内容的过程涉及多个复杂且相互关联的环节，主要包括语义理解与意图分析、知识检索与匹配、回答生成策略以及回答优化与验证。深入剖析这些环节，有助于我们更全面、深入地理解 AI 助手的工作机制，从而更好地运用提示词获取精准、有效的信息。

（1）语义理解与意图分析。语义理解与意图分析是 AI 助手处理提示词的首要步骤，旨在准确解读提示词所表达的含义和用户的潜在意图，为后续的处理流程奠定基础。这一过程主要涵盖解析提示词的语义和识别用户意图两个关键部分。

① 解析提示词的语义。AI 助手借助自然语言处理技术，对输入的提示词依次进行词法分析、句法分析和语义理解。词法分析是将提示词分解为单个词汇，并精确识别每个词的词性，如名词、动词、形容词等。以“计算这个 Excel 文件中销售额的平均值”为例，AI 助手能够识别出“计算”为动词，“Excel 文件”“销售额”“平均值”为名词。句法分析则是确定这些词之间的语法关系，进而理解句子的整体结构。在此提示词中，“计算…… 平均值”构成主要的动作结构，“这个 Excel 文件中”用于限定范围，“销售额”则明确了计算对象。语义理解将词汇含义与语法结构相结合，使 AI 助手准确把握提示词的核心诉求，即对指定 Excel 文件中的销售额数据进行求平均值的操作。

② 识别用户意图。基于语义理解的结果，AI 助手会综合考量多种因素来推断用户的意图。上下文信息在意图识别中起着至关重要的作用。若之前的对话围绕数据分析展开，那么后续与之相关的提示词就更易被准确归类到数据分析这一意图范畴。在识别意图后，AI 助手可确定所需调用的功能模块，如数据处理和分析模块。其主要从以下几个维度进行意图推测判定。

● 语义理解与词汇关联。AI 通过词汇重叠和语义相似性来挖掘提示词之间的内在联系。在词汇重叠方面，AI 会自动搜寻前后提示词中的共同词汇或近义词。在会计领域，若前面的提示词提及“财务报表分析”，后续出现“资产负债表解读”，由于“财务报表”包含“资产负债表”，且“分析”与“解读”语义相近，AI 便能判定二者具有相关性。同理，“成本核算”和“成本控制”都围绕“成本”核心概念，AI 可据此推断它们属于同一主题范畴。在语义相似性方面，

AI会深入分析提示词的语义内涵。例如，“税务筹划”和“合理避税”虽然表述不同，但在语义上均涉及通过合法手段优化税务安排，AI基于对税务知识的理解，能够判断这两个提示词高度相关。在财务分析业务中，“偿债能力评估”和“债务风险分析”都聚焦企业偿还债务能力的研究，这种语义上的相似性有助于AI确定它们之间的关联性。

● 知识图谱与概念框架。AI助手预先构建了包含丰富会计知识的知识图谱，涵盖会计概念、流程、法规等知识节点及其关联关系。当输入提示词时，AI会将其映射到知识图谱的相应节点，并分析该节点与其他节点的连接情况。例如，“记账凭证”在知识图谱中与“账务处理”“会计分录”“原始凭证”等节点紧密相连。若后续提示词涉及“原始凭证审核”，AI依据知识图谱可判定它们相关，因为这些都属于账务处理流程。此外，会计业务存在不同的主题框架，如财务报表编制主题下包含资产负债表、利润表、现金流量表的编制等子主题。当提示词涉及财务报表编制，且后续出现与具体报表（如利润表）相关的内容时，AI会将其匹配到财务报表编制主题框架下的相应部分，从而确定它们的相关性。

● 上下文和任务流程关联。会计工作具有特定的流程顺序和业务场景逻辑，AI助手会充分利用这些信息来关联提示词。在会计日常工作流程中，如出现“采购业务发生”的提示词，后续出现“应付账款记账”，AI根据采购业务流程（采购产生应付账款，然后进行记账）能够判断这两个提示词紧密相关。同样，在销售业务流程中，“销售收入确认”与“应收账款核算”也遵循工作流程的先后顺序，具有紧密的关联性。对于完整的会计业务场景，如企业预算管理，当提示词涉及“预算编制”，后续出现“预算执行监控”或“预算差异分析”时，AI基于预算管理业务场景的连贯性，判定它们相关，因为这些环节是预算管理中不可或缺的步骤，共同服务于企业预算管理目标。此外，如果提问处于同一主题下，AI会参考前面的提问内容辅助判断提问者的关注范围。例如，前面的提问包含用Python编写程序的提示词，后续提问仅要求编写程序，AI可据此判定是用Python编写程序。

● 数据和信息关联。AI助手还会从数据来源和数据用途两个角度分析提示词的相关性。在数据来源一致性方面，如果前面提示词涉及从企业财务系统中提取“销售收入数据”，后续提示词围绕“销售收入数据分析”展开，AI可判定它们相关，因为二者均围绕销售收入这一数据对象，只是侧重不同，一个为数据获取，一个为数据分析。在数据用途关联方面，以税务申报为例，“应税收入计算”和“应纳税额计算”的提示词紧密相关，因为应税收入是计算应纳税额的基础数据，二者在数据用途上紧密相连，共同服务于准确完成税务申报的目标。

（2）知识检索与匹配。在完成语义理解与意图分析后，AI助手进入知识检索与匹配阶段，该阶段主要包括确定相关知识领域和在知识库中检索信息两个步骤，旨在从海量知识中获取与提示词相关的内容。

① 确定相关知识领域。基于对用户意图的分析结果，AI助手会精准定位到与之相关的知识领域。对于涉及数据统计的提示词，相关知识领域通常包括统计学知识、Excel数据处理知识以及编程语言相关知识等。这种领域定位为后续的知识检索提供了明确的方向。

② 在知识库中检索信息。AI助手会在其庞大的知识库中查找与提示词相关的各类知识，知识库涵盖概念解释、算法步骤、代码示例等丰富内容。以求平均值的提示词为例，AI助手不仅会检索到平均值的定义（总和除以数量），还会获取在Excel中使用AVERAGE函数或在Python的pandas库中使用mean()方法实现计算平均值的操作知识。同时，AI助手会根据提示词中的细节进行精准匹配，如针对提示词中的“Excel文件”这一细节，会重点检索与Excel相关的操作知识，以确保检索结果具有针对性和实用性。

（3）回答生成策略。在获取相关知识后，AI助手依据提示词的类型和用户需求，通过选择合适的回答形式和结合知识生成回答两个关键步骤，得出最终的回答内容。

① 选择合适的回答形式。AI助手会根据提示词的性质和用户期望的输出，选择最为合适的回答形式。若提示词是一个操作指令，AI助手可能会生成步骤式的回答。例如，对于“计算这个Excel文件中销售额的平均值”这一提示词，AI助手可能会回复：“你可以通过以下步骤计算这个Excel文件中销售额的平均值：1. 打开Excel文件；2. 选中包含销售额数据的单元格区域；3. 在公式栏中输入‘=AVERAGE()’，并将需要计算平均值的单元格区域作为参数放入括号内；4. 按下回车键，即可得到平均值。”若提示词是一个概念性问题，如“什么是平均值?”，AI助手则可能会生成定义式的回答：“平均值是一组数据的总和除以这组数据的个数，它可以反映这组数据的集中趋势。”

② 结合知识生成回答。AI助手会将检索到的知识按照选定的回答形式进行有机组合和组织。在回答过程中，为了确保用户能够理解，AI助手会尽量使用通俗易懂的语言，避免过于专业或复杂的表述（除非用户明确要求深入的专业解释）。例如，在解释如何用pandas计算平均值时，AI助手会详细说明代码的基本结构和每一步的作用：“在Python中使用pandas库计算Excel文件中销售额的平均值，首先要将Excel数据读取到pandas的DataFrame对象中，假设Excel文件名为‘data.xlsx’，数据在名为‘Sheet1’的工作表中，并且销售额列名为

'sales'，可以使用import pandas as pd和df=pd.read_excel('data.xlsx', sheet_name='Sheet1')来读取数据。然后使用average_sales=df['sales'].mean()来计算销售额的平均值。"

（4）回答优化与验证。为确保生成回答的质量，AI助手会进行回答优化与验证，主要包括回答的准确性和完整性检查以及回答风格和语言优化两个方面，以提供更优质、更符合用户需求的回答。

①回答的准确性和完整性检查。AI助手会对生成的回答进行严格检查，判断其是否准确回答了提示词中的问题，以及回答内容是否完整。对于操作步骤类的回答，AI助手会仔细检查步骤是否逻辑连贯，是否遗漏关键步骤。以Excel平均值计算的回答为例，AI助手会核查回答内容是否包含打开文件、选择数据、使用函数以及获取结果等关键步骤。对于知识解释类回答，会检查概念的定义是否准确，是否涵盖重要细节。若发现回答存在不准确或不完整的情况，AI助手会重新检索知识或调整回答策略，以提高回答质量。

②回答风格和语言优化。为了提升用户对回答的理解度，AI助手会对回答的风格和语言进行优化，包括调整句子结构，使句子更加通顺流畅；简化复杂的词汇和句子，增强文本的可读性；添加适当的示例、类比来帮助用户更好地理解。例如，在解释平均值的概念时，添加简单例子，"有一组数据2、4、6，它们的总和是12，个数是3，那么平均值就是12÷3=4"，能够使抽象概念更加直观。同时，AI助手会根据用户的反馈和使用习惯，不断优化回答风格，满足不同用户的需求，如针对喜欢简洁明了回答的用户和希望获得更详细解释的用户，提供个性化的回答。

通过深入了解AI助手的工作原理，在编写提示词时，应遵循其逻辑和处理方式，合理运用关键词、逻辑顺序、具体要求、输出风格等要素，从AI获取更符合需求的结果。具体而言，包括明确关键词，使提示词更具针对性；确保逻辑清晰，便于AI理解任务流程；提出具体要求，让回答更贴合实际需求；指定输出风格，满足个性化需求；分步骤提问，引导AI逐步深入解答；提供上下文，帮助AI更好地理解背景；限制输出格式，便于结果应用；迭代优化提示词，不断提升回答质量；避免歧义，确保信息准确传达；利用示例，让AI更直观地理解需求。

2.1.2 撰写提示词的一般方法

1. 基本流程和方法

（1）明确任务目标。在编写提示词时，必须精准且细致地界定任务的最终目标。由于会计业务的复杂性和多样性，清晰定义任务目标对于借助 AI 实现准确且有价值的输出至关重要。以财务报表分析任务为例，不仅要明确所需分析的报表种类，如资产负债表、利润表、现金流量表等，还需进一步细化分析的具体目标。这要求深入理解会计知识体系，并考虑到不同分析目标背后的经济意义和决策需求。

（2）指定输出格式。在涉及会计工作的文档生成中，明确期望的输出格式是保证信息规范性和可读性的重要步骤。精确的格式要求有助于提高会计信息的传递效率和理解程度，符合会计行业严谨、规范的工作要求。

（3）运用示例和类比。对于复杂的会计类概念或操作，通过示例辅助 AI 理解是一种有效的沟通方式。会计业务的知识体系庞大且复杂，示例和类比能够将抽象的概念和操作具象化，帮助 AI 更好地理解用户意图，提高输出的准确性和实用性。

例如，企业购入固定资产，价值 20 000 元，增值税税率为 13%，款项通过银行存款支付，相应会计分录为：

借：固定资产　　20 000

　　应交税费——应交增值税（进项税额）　　2 600

　贷：银行存款　　22 600

请依照此模式，为企业发生的无形资产购置业务编制会计分录。

通过给出具体的会计分录示例，AI 能够直观地学习到会计分录的编制规则和格式。

（4）界定术语和概念范围。鉴于会计业务专业术语繁多且含义精确，在提示词中明确术语含义可有效避免歧义，确保 AI 助手输出的内容符合专业要求。会计术语具有特定的内涵和外延，在不同的语境下可能有不同的含义，因此准确界定术语和概念范围至关重要。

（5）构建清晰的逻辑框架。按合理的逻辑顺序组织提示词内容，能够引导 AI 助手生成结构严谨、层次分明的输出内容，提高信息的可读性和可理解性。在会计业务中，逻辑清晰的报告和分析有助于准确传达财务信息，支持决策制定。

（6）反馈和迭代调整。当 AI 助手的回答未达预期时，及时给予反馈是优化 AI 助手回答的关键步骤。通过反馈，AI 助手可以学习到自身的不足，不断改进输出内容，提高服务质量。在会计工作中，准确的回答对于财务决策和报表编制至关重要。

（7）发挥关键词在提示词中的关键作用。关键词有助于 AI 助手聚焦任务核心，提高信息检索和处理的效率。在会计业务中，准确使用关键词能够引导 AI 助手快速定位相关知识和信息，提供更有针对性的回答。

2. 通过范例来探寻 AI 助手对提示词的要求

随着数字化与智能化蓬勃发展，会计业务积极借助 AI 助手来优化工作流程、提升工作效率和质量，通过会计范例提示词寻找规律成为重要方法之一。

（1）收集范例。收集一系列具有典型性的会计相关范例，这些范例囊括了会计工作的各个重要方面和不同类型的文档，诸如财务报表分析报告、成本核算案例、税务筹划方案、审计工作底稿以及会计制度编制说明等。

（2）将会计范例提供给 AI 助手。可以编写这样的提示词："根据后面所附的会计文档，写出生成该文档的提示词：[粘贴文档]。"在此过程中，AI 助手凭借其卓越的自然语言处理能力和先进的深度学习算法，对会计范例的结构框架、数据逻辑、专业内容以及表达风格等多个维度展开深入分析和精准拆解，然后生成提示词。

（3）持续优化提示词。通过持续不断地重复这一过程，运用多种不同类型的会计范例让 AI 助手生成提示词，便能逐步明晰 AI 助手对会计相关提示词的要求和偏好。

AI 助手探秘

会计业务常用的提示词有哪些？

3. 在会计工作中建立、收集与整理提示词

（1）建立提示词的策略。

① 基于工作流程建立。按照会计工作的日常流程，如账务处理、财务报表编制、财务分析、税务申报等环节来建立提示词。以账务处理为例，提示词可以是"请根据原始凭证，生成记账凭证的要点，包括借贷科目、金额及摘要，遵循企业会计准则"。

② 基于报告类型建立。根据会计工作中不同的报告需求，如财务报告、审计报告、预算报告等建立提示词。例如对于审计报告，提示词可以是"请根据审计底稿，生成审计发现问题的报告，包括问题描述、涉及金额、对财务报表的影响程度和整改建议"。

③ 基于会计法规和标准建立。会计工作受到众多法规和标准的约束，如会

计准则、审计准则、税法等。可以依据这些法规和标准来建立提示词。这样建立的提示词可以确保会计工作的合规性，让AI助手帮助会计人员更好地遵循相关法规和标准，降低合规风险。

（2）收集提示词的途径。深入挖掘企业内部已有的会计工作文档，如工作手册、操作指南、标准报告模板等。这些文档中包含了大量关于会计工作要求和规范的内容，可以从中提炼出合适的提示词。例如，从财务分析工作手册中提取出“请按照手册中规定的比率分析法，对公司的偿债能力、盈利能力和营运能力进行分析，并在报告中列出计算过程和分析结论”这样的提示词。

与同事进行沟通交流，特别是那些在会计工作中有丰富经验或者对AI助手应用比较熟练的同事。

有时可以修改非本领域的种子提示词中的部分关键词后转为己用。在提示词编写中，有时候也需要用头脑风暴法来畅想提示词，寻找更好的提示词。特别是遇到疑难问题时，需要采用不同的思路来寻找合适的提示词。

（3）整理提示词的方法。

① 分类整理。按照会计工作的主要领域进行分类，如财务会计、管理会计、税务会计等。在每个领域下，再根据具体的工作任务或报告类型进行细分。例如，在财务会计业务下，可以分为财务报表编制、账务处理、财务报告分析等。对于财务报表编制，可以将与资产负债表编制、利润表编制、现金流量表编制相关的提示词分别进行整理。

② 标签标注。为每个提示词添加标签，标签内容可以包括提示词的主要应用场景、涉及的会计科目或业务、关键要求等。例如，对于一个用于生成应收账款账龄分析报告的提示词，可以标注应收账款、账龄分析、财务分析报告等标签。

2.1.3　AI在会计工作报告写作中的主要应用

1. 会计工作报告写作的提示词模板

下面根据会计工作报告的内容来分别介绍提示词的撰写要点。

（1）报告基础信息。

① 报告日期。明确报告所涵盖的时间段，例如“20××年×月×日至20××年×月×日会计工作报告”。

② 报告人。写上自己的姓名或所属部门及岗位，如“报告人：［名字/部门—岗位名称］”。

例如，“以下是一些种子提示词，可以在这些种子提示词中加入需要列示和分析的数据或者外界变化的情况资料及你的主要想法。然后可以用提示词进行扩写，例如，根据目前的行业和区域情况，请将后面的内容扩写到 1 500 字：[粘贴种子提示词]。”

种子提示词是指在一些生成式（如文本生成、图像生成等）任务中，能够作为核心引导或起始点，用来触发一系列相关内容生成的关键提示词语或短语。

种子提示词法是从文本中提取关键概念或短语，以此为基础拓展和深化内容。

(2) 工作内容概述。

① 账务处理。完成［具体数量］笔日常经济业务的账务记录，包括收入、支出、资产购置与折旧、负债的核算等，确保财务数据的及时性和准确性。

对［列举一些重要的业务类型，如原材料采购、销售收款、员工薪酬发放等］业务进行详细的会计分录编制，遵循企业会计准则和公司内部的财务制度。

② 财务报表编制。成功编制［期间内的财务报表名称，如月度资产负债表、利润表、现金流量表］，并对报表数据进行初步审核和分析，保证报表的逻辑一致性和数据准确性。

在编制财务报表过程中，特别关注［提及一些关键数据或项目，如应收账款的账龄分析、存货的计价方法对成本的影响等］，并进行相应的调整和附注说明。

③ 税务处理。按时完成各项税款的计算、申报和缴纳工作，包括增值税、企业所得税、个人所得税等，准确计算应纳税额，避免税务风险。

积极关注税收政策的变化，对［具体税收政策变化点，如新出台的税收优惠政策、税率调整等］进行研究和分析，并及时调整公司的税务处理策略，为公司节省［具体金额］的税务支出。

④资金管理。监控公司的资金流动情况，每日更新资金余额表，确保公司资金的安全和合理使用。

协助完成［具体的资金管理工作，如资金预算的编制、资金调配方案的制定、银行贷款的申请与还款安排等］，提高公司资金的使用效率和效益。

AI 助手探秘

在用种子提示词来引导 AI 写作时，怎样更好地编写种子提示词？

(3) 工作成果与亮点。

① 成本控制成效。通过对成本费用的精细化核算和分析，发现并纠正了

［具体成本项目，如办公用品采购、差旅费报销等］中的不合理支出，本月成本费用较上月降低了［X］%，达到了［具体金额］的成本节约目标。

优化了成本核算方法，采用［新的成本核算方法名称，如作业成本法］对［特定产品或业务线］的成本进行核算，更准确地反映了产品的实际成本，为公司的定价决策提供了有力支持，预计该产品的毛利率将提高［X］个百分点。

② 财务分析贡献。深入开展财务分析工作，撰写了［具体数量］份财务分析报告，为管理层提供了有价值的决策建议。例如，通过对销售数据的分析，发现了［某地区或某产品的销售增长趋势或问题］，并提出了相应的市场拓展或营销策略调整建议，得到了管理层的采纳和好评。

建立了［具体的财务分析模型或指标体系，如杜邦分析体系的优化模型、关键绩效指标的财务指标分解等］，能够更全面、深入地评估公司的财务状况和经营成果，为公司的战略规划和目标设定提供了量化依据。

③ 流程优化与效率提升。对财务审批流程进行了梳理和优化，简化了［具体审批环节，如费用报销审批流程中的重复签字环节］，缩短了审批周期［X］天，提高了工作效率和员工满意度。

引入了［新的财务软件工具或自动化办公系统，如财务自动化报销系统、电子发票管理系统等］，实现了［具体业务流程，如报销流程、发票开具与认证流程等］的自动化处理，减少了人工操作错误，提升了财务工作的准确性和效率，每月可节省［具体人力成本或时间成本］。

AI助手探秘

会计工作成果应该从哪些方面总结？

（4）问题与挑战。

① 复杂业务的会计处理难度。在处理［具体复杂业务，如企业并购中的财务合并、金融衍生品的会计核算等］时，遇到了［具体的会计处理难题，如准则应用的模糊性、数据获取的困难等］，虽然通过查阅资料和咨询专家进行了初步解决，但仍需要进一步深入学习和研究，以确保处理的准确性和合规性。

随着公司业务的拓展和多元化发展，现有的会计核算体系在某些新兴业务领域的适应性不足，需要对会计科目设置和核算方法进行调整和完善，以更好地反映公司的业务实质和财务状况。

② 数据准确性与及时性的平衡。在财务数据处理过程中，发现部分业务部门提供的数据存在不及时、不准确的情况，影响了财务报表的编制和财务分析的

质量。尽管加强了与业务部门的沟通和协调，但仍需要建立更加有效的数据共享机制和数据质量控制体系，以确保财务数据的及时性和准确性。

由于数据量的不断增加和业务的复杂性，现有的财务数据处理工具在数据处理速度和数据分析能力方面面临一定的挑战，需要考虑升级或引入更先进的财务信息系统，以提高数据处理效率和分析深度。

③ 外部环境变化带来的压力。近期［宏观经济环境变化、行业政策调整等外部因素，如原材料价格上涨、税收政策收紧等］对公司的财务状况产生了一定的影响，增加了成本控制和税务筹划的难度。需要密切关注外部环境变化，及时调整财务策略，以应对潜在的财务风险。

随着市场竞争的加剧，公司对财务部门的支持和决策作用提出了更高的要求，需要财务人员不断提升自身的业务能力和综合素质，加强对市场动态和行业趋势的了解，为公司的发展提供更具前瞻性和针对性的财务建议和解决方案。

AI 助手探秘

会计工作中存在的问题应该从哪些方面进行分析？

(5) 解决方案。

① 专业技能提升计划。针对复杂业务的会计处理难题，制订详细的学习计划，包括参加专业培训课程、学习最新的会计准则和行业案例、与同行进行交流分享等，预计在［具体时间期限］内掌握相关业务的会计处理方法，并能够熟练应用于实际工作中。

为了提升财务数据处理和分析能力，计划学习并掌握［具体的数据分析工具或软件，如 Python 等］，利用业余时间参加线上课程和实际项目练习，争取在［具体时间节点］能够运用这些工具进行高效的数据处理和深度分析，为公司提供更有价值的财务决策支持。

② 完善内部沟通与协作机制。加强与业务部门的沟通与协作，定期组织跨部门会议，向业务部门讲解财务制度和流程，提高业务人员的财务意识和数据报送质量。同时，建立数据共享平台，实现财务数据与业务数据的实时对接和共享，确保数据的及时性和准确性。

优化财务审批流程，明确各部门的职责和权限，加强对审批环节的监督和管理，提高审批效率。同时，建立财务问题反馈机制，及时收集业务部门对财务工作的意见和建议，不断改进财务服务质量。

③ 应对外部环境变化的策略。密切关注宏观经济环境和行业政策变化，建

立风险预警机制，定期进行财务风险评估和分析。针对原材料价格上涨等成本压力，与采购部门合作，探索优化采购渠道和采购策略，降低采购成本；同时加强成本管理，通过内部优化和效率提升来消化部分成本增加。

针对税收政策调整，加强与税务机关的沟通与协调，及时了解政策动态和征管要求，积极争取税收优惠政策。同时，优化公司的税务筹划方案，合理安排业务布局和税务架构，降低税务成本和税务风险。

AI助手探秘

会计工作平时应该做好哪些方面的预案？

（6）未来工作展望。

① 财务目标设定。在接下来的［具体时间段］内，计划将公司的成本费用率控制在［X］%以内，通过优化成本结构和加强费用管控实现［具体金额］的成本节约目标；同时，努力提高公司的资金使用效率，将资金周转率提升［X］%，确保公司资金的稳健并实现效益最大化。

加强财务预算管理，提高预算的准确性和执行力度，确保公司各项经营指标的完成情况与预算目标的偏差控制在［X］%以内。通过预算分析和监控，及时发现经营过程中的问题和风险，并提出有效的解决方案和调整措施，为公司战略目标的实现提供有力保障。

② 业务支持与决策参与。积极参与公司的重大投资项目和业务决策，从财务角度提供专业的可行性分析和风险评估报告，为管理层的决策提供量化依据和决策建议。例如，在［具体投资项目或业务拓展计划］中，协助评估项目的投资回报率、投资回收期、现金流等关键财务指标，确保项目的经济效益和财务可行性。

深化与业务部门的合作，为业务部门提供更加精细化的财务支持和服务。通过建立财务业务一体化的管理模式，深入了解业务流程和业务需求，为业务部门提供定制化的财务解决方案，如成本核算模型、定价策略分析、绩效评价指标体系等，帮助业务部门提升经营管理水平和经济效益。

③ 团队建设与发展。注重团队成员的专业成长和能力提升，根据团队成员的技能水平和职业发展规划，制订个性化的培训和发展计划，包括内部培训、轮岗交流、外部进修等方式，提升团队整体的业务能力和综合素质。

加强团队文化建设，营造积极向上、团结协作、严谨务实的工作氛围，提高团队的凝聚力和执行力。通过建立有效的激励机制和绩效考核制度，充分调动团队成员的工作积极性和主动性，打造一支高效、专业、富有创新精神的财务团队，为公司的发展提供坚实的人才保障。

AI助手探秘

针对企业的持续运营，会计人员应该做好哪些方面的工作？

我们将进行一次与会计相关的会计法和企业所得税法培训，需通过这些资料来生成测验题（题型：判断题（正确或错误）—10题、单选题（A/B/C/D）—20题、多选题（A/B/C/D）—10题、简答题—5题），并包含答案和解析。

你是企业财务专家，请写一个半年财务工作总结提纲，提纲具体到三级，在提纲中写上种子提示词，并提供一个优秀的参考范例。

2. 上传文档脱敏

对上传数据和文档进行脱敏是保护敏感信息的重要手段，在数字化时代，数据安全愈发重要，一旦敏感信息泄露，就可能给个人、企业乃至社会带来不可估量的损失。

（1）数据脱敏方法。替换是一种较为直接的方式，用虚构数据替换真实数据，例如将具体的姓名替换为“张三”，这样能在一定程度上隐藏真实身份。屏蔽是隐藏部分信息，比如把身份证号显示为“110***********1234”，既保留了部分数据的识别性，又保护了关键隐私信息。加密是通过使用特定的加密算法来保护数据，只有获得授权的用户凭借正确的密钥才能解密，大大增强了数据的安全性。泛化操作是降低数据精度，例如把年龄“25”替换为“20～30”，减少了数据的敏感程度。删除是直接移除敏感字段，但这可能会影响数据的完整性，需要谨慎使用。扰乱是随机打乱数据顺序，像打乱电话号码的数字，使得原本有规律的敏感信息变得难以识别。

（2）文档脱敏方法。手动编辑依靠人工识别并删除或替换敏感信息，虽然耗时但准确性较高。自动化工具借助软件自动识别并脱敏敏感信息，效率较高。

（3）脱敏工具。有一些开源工具可以在线脱敏。也有提供云服务脱敏的平台，但不建议使用，任何数据只要传到网上，都可能是不安全的。

（4）脱敏策略。首先要准确识别敏感信息，明确需要脱敏的数据类型。然后根据实际需求制定替换、屏蔽等详细规则。完成脱敏后要进行测试验证，确保脱敏后的数据仍可用于正常分析，同时敏感信息也得到了妥善保护。注意定期审查脱敏策略，以应对不断出现的新威胁。

（5）注意事项。在进行脱敏时，要时刻关注数据可用性，保证脱敏后的数据仍能满足分析等业务需求。必要时要记录脱敏操作，以便日后审计查询。

2.1.4　AI辅助工作的缺陷和问题

1. AI提供的内容问题

在会计工作中运用AI获取内容时，必须充分认识到AI的不足，并采取有效的人工审核、数据更新、模型优化以及伦理法律规范等措施，以确保所获取的AI内容符合会计专业要求，真实、准确、完整且合规地反映企业的财务状况和经营成果，为企业的财务管理和决策提供可靠的支持和保障。在利用AI获取相关的内容时，需谨慎对待以下问题：

（1）内容质量问题。

① 缺乏深度和原创性。AI依据已有数据生成会计相关内容时，往往只是对既有模式的套用，难以展现出如资深会计人员般基于深入财务分析、长期经验积累以及对企业独特财务状况精准把握而产生的深刻见解和原创观点。例如，在编制复杂的财务分析报告时，AI可能只是机械地整合常规财务指标和通用分析模板，无法针对企业特定的成本结构优化、收入增长瓶颈突破等关键财务问题提出创新性的解决方案和针对性建议，致使生成的内容在战略决策支持层面显得较为浅薄，无法满足企业深层次的财务管理需求。

② 逻辑连贯性可能不足。尽管AI能够生成符合语法规范的会计语句，但在构建完整、连贯且逻辑性强的财务文本时容易出现缺陷。如在撰写一份涵盖企业多年财务数据对比分析以及未来财务规划的报告中，可能会出现各年度数据对比分析缺乏内在逻辑关联、财务规划与历史财务状况脱节、段落间过渡缺乏合理财务逻辑线索等情况。这是由于AI未能真正领悟财务数据背后的因果关系和业务逻辑，仅仅依照既定的程序和模式拼凑内容，从而影响了整个会计文本的可读性和实用性，可能误导财务信息使用者对企业财务状况的准确理解和判断。

③ 语义理解的局限性。AI对会计业务专业语义的理解存在一定偏差。在面对具有多重含义的财务术语、特定行业的财务隐喻以及因会计政策变更而产生的新术语时，容易产生误解。例如，对于“公允价值变动损益”这一术语，AI可能无法准确理解其在不同会计情境下的准确含义和计量方式，尤其是当企业涉及复杂金融工具的公允价值计量且存在特殊市场条件时，AI可能错误解读相关数据，进而导致生成的财务报表附注、财务分析等内容出现错误，影响财务信息的

质量和可靠性。

(2) 准确性与真实性问题。

① 数据更新滞后。AI的训练数据在会计业务中同样存在时效性问题。当企业面临新的会计准则实施、税收政策调整、金融市场波动引发的财务数据变化等情况时，AI可能无法及时获取最新信息，致使生成的财务报告、税务筹划方案、财务风险评估报告等内容包含过时或不准确的数据。例如，在新的收入确认准则全面推行后，AI若未能及时更新相应的核算规则和数据处理方式，在编制财务报表时就可能继续沿用旧准则下的方法，导致收入确认金额、时间等关键信息出现错误，严重影响财务报表的真实性和合规性，进而可能引发财务报告使用者的决策失误，导致企业面临潜在的财务风险和监管处罚。

② 缺乏事实核查能力。AI缺乏严谨的事实核查机制。在生成财务内容时，可能会出现看似合理但实际包含错误事实、数据或引用的情况。例如，在引用同行业财务数据进行对标分析时，AI可能无法核实数据来源的可靠性和准确性，从而引用了错误的行业平均利润率、资产负债率等关键指标，导致企业在进行财务决策时基于错误的信息基础，可能做出不恰当的成本控制策略、投资决策或融资计划，对企业的财务状况和经营业绩产生负面影响，同时降低企业财务信息的可信度和决策有用性。

(3) 风格和语气问题。

① 风格单一。AI生成的会计相关内容风格较为固定，难以适应多样化的会计应用场景需求。在撰写严谨正式的财务审计报告、通俗易懂的财务知识科普文章、与税务机关沟通的专业函件等不同类型的文件时，AI往往无法灵活调整语言风格。在财务审计报告中，可能缺乏必要的严谨性和专业性表达，而在面向非财务专业人员的财务知识科普文章里，又可能过于晦涩难懂，使用了过多专业术语和复杂句式，导致受众难以理解关键财务信息，影响财务信息的有效传递和沟通效果，无法满足不同受众对会计信息的特定需求，降低会计信息的实用性和可接受性。

② 语气不贴合实际需求。AI难以精准把握会计业务中不同沟通情境下所应表达的情感和语气。例如，在向企业管理层汇报财务状况时，需要采用客观、准确的语气，既要清晰呈现财务问题，又要提供合理的解决方案建议；而在回复税务机关的询问函时，则需要保持礼貌、专业且严谨的语气。然而，AI可能无法根据这些具体情境准确调整语气，可能导致生成的内容过于生硬冷漠，缺乏必要的沟通技巧和情感温度，或者过于随意，不符合会计职业的规范和要求，从而可能影响企业与内部管理层、外部监管机构以及其他利益相关者之间良好的沟通关

系，对企业的财务管理环境产生不利影响。

2. AI 幻觉

AI 幻觉是指 AI 生成与事实不符、无逻辑关联或不合理的内容。在基于 AI 提示词撰写会计日常工作文档时，可通过以下方法消除 AI 幻觉。

（1）精准设计提示词。

① 提供详细的背景信息。在编写提示词时，要尽可能详尽地提供与任务相关的背景信息。比如在分析企业成本变动时，明确告知 AI 企业所处的行业、近期业务拓展情况、原材料市场价格波动等，让 AI 基于这些具体信息进行分析，减少无端臆想。如“结合本企业所属制造业近期原材料价格上涨 15%，以及新生产线投入使用导致人工成本增加 10%的情况，分析本季度成本上升的原因”。

② 限制生成范围。对 AI 生成内容的范围进行严格限定。例如在撰写财务报告时，提示词可写成“仅根据本企业上年度财务报表数据，分析各项资产的变动情况，不要涉及无数据支撑的未来预测”，避免 AI 生成超出既定范围的内容。

（2）多源数据验证。

① 交叉验证数据。对于 AI 生成的涉及数据的内容，从多个数据源进行验证。如对于 AI 生成的企业营业收入增长数据，不仅要核对企业内部财务系统数据，还需与销售部门统计数据、第三方市场调研机构报告相互印证，确保数据的准确性，防止 AI 产生错误数据导致的幻觉。

② 行业标准对比。将 AI 生成的分析结果与行业通行标准、规范进行对比。比如在分析企业偿债能力指标时，参照行业平均资产负债率、流动比率等标准，判断 AI 生成的结论是否合理，若偏离过大，应进一步核实修正。

（3）人工审查与干预。

① 逻辑审查。人工仔细审查 AI 生成内容的逻辑关系。在分析企业利润下降的原因时，检查 AI 生成的因果关系是否合理，对于“因办公用品采购费用增加导致利润大幅下降”这种明显不合理的逻辑，及时进行纠正。

② 知识经验判断。凭借会计专业知识和实际工作经验，对 AI 生成的内容进行判断。例如对于 AI 生成的税务筹划建议，会计人员应依据自身对税收政策的理解和过往实操经验，判断其可行性和合规性，对不合理之处进行修改。

在利用 AI 撰写会计文档时，综合运用这些方法，能有效减少 AI 幻觉，提升文档质量。

3. AI 误配词

在 AI 生成会计日常工作文档的过程中，会出现误配或者搭配不恰当的词，出现这种情况的主要原因如下：

(1) 提示词理解偏差。AI依靠对提示词的理解来生成内容，若提示词表述模糊、有歧义，AI就可能会解读错误。比如提示词“分析企业近期财务状况，关注成本与收益关系”，“收益”一词在会计业务中有多种含义，像营业收入、投资收益等，AI可能因理解不准确，错误搭配相关词语，导致表述不精准。

(2) 训练数据局限。AI基于大量训练数据学习语言模式和知识。若训练数据中会计业务的专业词汇、搭配案例不够丰富或存在偏差，就会影响生成内容。若训练数据中关于“资产减值损失”的正确表述和搭配案例较少，AI在生成相关内容时，就容易出现词语误配，比如将“资产减值损失”与不恰当的动词搭配。

(3) 缺乏真实语境感知。AI虽能学习语言模式，但难以像人类一样理解真实语境。在会计工作中，不同业务场景下的词汇含义和搭配存在差异。在编制财务预算和财务决算时，“费用”的计算方式和相关词汇搭配不同，AI由于缺乏对这些具体业务场景的感知，可能会错误搭配词语。

(4) 算法模型缺陷。当前AI算法模型在处理复杂语义和逻辑关系时存在不足。在分析企业财务数据背后的原因时，可能因模型难以准确把握因果关系，导致在描述时出现词语搭配错误。比如把成本上升原因错误归结于不相关因素，出现“因市场份额扩大导致成本上升”这样的错误搭配。

解决这种误配造成的用词不当，目前主要的解决办法是人工检查和修改。如果出现的频率较高，可以向AI助手提出来，让它统一修改。

4. 伦理和法律问题

(1) 抄袭风险。鉴于AI通过学习海量的文本数据来生成会计内容，在生成过程中可能会无意识地产生与已有会计作品相似的内容。在会计教育领域，学生使用AI写作工具完成作业、论文时，可能因未对AI生成内容进行仔细审查和修改，导致提交的作业与已有的学术资料存在高度相似性，从而引发抄袭争议，严重的可能违反学术诚信原则；在企业会计实务中，若将AI生成且涉嫌抄袭的财务报告对外发布，不仅会损害企业的声誉和信誉，还可能引发投资者、监管机构对企业财务信息真实性和可靠性的质疑，进而影响企业的市场形象和融资能力，使企业面临法律和经济风险。

(2) 恶意利用风险。AI在会计业务中存在被恶意利用的风险，可能被用于生成虚假财务信息、误导性的财务报告或欺诈性的财务数据披露等内容，对资本市场和企业经营产生严重危害。

2.1.5 基于AI的会计文档写作8步法

1. 明确文档目的与受众

（1）确定文档类型。明确会计文档的具体类型，如财务报告、经营分析报告、内部审计报告、年度预算报告、税务申报文件等。

（2）识别目标受众。精准定位文档的主要读者群体，如公司高层管理者、投资者、外部审计机构、税务部门、监管机构等，确保内容贴合其关注点与需求。

（3）定义核心内容。提炼并明确文档需要传达的核心信息与关键数据，如财务状况概览、经营成果分析、现金流状况、风险评估与应对措施等。

2. 数据收集与预处理

（1）数据提取。运用Python等数据分析工具，从Excel表格、数据库、ERP系统、财务软件等数据源中提取所需数据。

（2）数据清洗与校验。对提取的数据进行清洗，并进行缺失值、异常值、重复值处理等操作，确保数据的准确性、完整性和一致性。

（3）初步数据分析。进行数据的初步统计与分析，如计算关键财务指标（如资产负债率、毛利率、净利率等），识别数据趋势与异常，为后续分析提供坚实基础。

3. 规划文档结构与框架

（1）设计大纲。根据文档目的与受众需求，设计清晰、合理的文档大纲，明确各部分的主题与要点。例如，财务报告可包括“摘要、财务表现、现金流分析、风险与建议”等部分。大纲一般要写到三级，这样才能统领内容。对一些特定内容，可以提供简要的叙述，这样能在AI助手写作的时候，起到导向性的作用。

（2）确定逻辑顺序。合理安排各部分内容的逻辑顺序，确保文档条理清晰、易于理解。例如，先呈现总体财务表现，再深入分析具体指标。

（3）标注关键部分。明确标注文档中的核心分析、重要结论与建议措施等关键部分，以吸引读者注意。

（4）生成初稿。先根据提纲和部分概述内容用AI生成一个初稿。可以选取常用的三个AI助手来生成，然后选择自己认为最合适的一个，或者将三者生成的内容整合成一个初稿。基于这个初稿，可以形成一个导向性的文本。在此基础上再细化提纲并补充一些要点，作为下一步模块化的生成基础。

4. 编写 AI 提示词与指导

(1) 细化提示词（种子提示词）。针对文档的每个部分，编写具体、明确的 AI 提示词，引导 AI 生成精准、符合需求的内容。例如，财务报告："分析本季度收入增长的主要驱动因素，并对比去年同期数据"；经营分析报告："评估存货周转率的变化对流动资金的影响，并提出优化建议"。

(2) 提供多角度提示。结合文档需求，编写涵盖不同角度、层面的提示词，确保生成内容的全面性与深度。例如，市场趋势："分析当前市场环境对公司收入的影响"；竞争对手："对比主要竞争对手的财务表现，识别差距与优势"；内部运营效率："评估公司成本控制措施的效果，并提出改进建议"。

(3) 设定生成要求。明确 AI 生成内容的格式、风格、数据精度等要求，确保生成内容的规范性与准确性。例如，格式要求："使用专业会计术语，数据保留两位小数，段落结构清晰"；风格要求："语言简洁明了，避免冗长或模糊的表述"。

5. 生成调整后的文档内容

(1) 利用 AI 生成内容。借助豆包、DeepSeek、文心一言等 AI 助手，根据提示词生成文档的内容。

(2) 内容检查与验证。仔细核查生成的内容，确保数据的准确性、逻辑的合理性以及表达的清晰性。重点关注数据来源是否可靠、计算是否正确（如财务比率、增长率等）、结论是否合理且基于数据支持。

(3) 初步调整与优化。根据需要对生成的内容进行适当修改，如调整措辞、优化结构、增加细节等。例如，简化复杂句子，使其更易理解。补充必要的背景信息或上下文。

6. 深入分析与补充完善

(1) 深化数据分析。对生成的内容进行深入分析，挖掘数据背后的原因、趋势与规律，提升分析的深度与广度。例如，分析财务指标的变化趋势是否与行业平均水平一致；识别异常波动的原因，如季节性因素、政策变化等。

(2) 补充相关信息与图表。根据需要补充相关数据、图表、案例等，增强文档的说服力与可读性。例如，补充行业对比数据或历史数据对比图表；添加实际案例或场景说明，使分析更具实践意义。

(3) 图表制作与优化。使用图表制作工具，制作清晰、直观的图表，展示数据与分析结果。确保图表设计简洁明了，数据标签清晰，颜色搭配合理，突出重点信息。

7. 修改和去除“AI 味”

（1）修改。

① 结构审查与优化。检查文档的整体结构，确保逻辑清晰、层次分明，符合受众的阅读习惯。例如，检查各部分之间的过渡是否自然，调整章节顺序以优化阅读体验。

② 语言审查与润色。审查语言表达，确保文档的专业性、可读性与流畅性，避免冗长、模糊或晦涩的表述。例如，将专业术语用通俗易懂的语言解释清楚，避免使用过多的行话，确保非专业读者能够理解。

③ 错误修正与格式调整。仔细修改文档中的错误与不妥之处，如数据错误、语法错误、格式问题等，确保文档的规范性与准确性。例如，统一字体、字号、行距等格式，检查数据单位是否一致、表格是否对齐等。

④ AI 协作修改。在利用一个 AI 助手完成文稿后，利用另外一个 AI 助手对文稿进行修改、完善。可以选几个 AI 助手来修改，具体可以基于某段、某部分，甚至全文进行优化。同时进行人工调整和修改。

（2）去除“AI 味”。“AI 味”是一个比较形象的说法，用于描述那些由 AI 生成内容所呈现出的特定特征，这些特征使其区别于人类自然创作的内容，主要体现在以下几个方面：

① 语言表述方面。

● 语言刻板、缺乏灵活性。AI 生成文本的语言风格较为单一和机械，用词和句式相对固定。比如在描述财务数据增长时，总是用“呈现出增长态势”这类较为书面和刻板的表达。

● 缺乏情感和个性化。AI 难以像人类一样融入情感、情绪和独特的个人风格。在撰写会计文档时，人类可能会根据企业的发展情况，对经营成果表达自豪、担忧等情绪，而 AI 生成的内容往往平铺直叙，不带有感情色彩。

● 存在逻辑生硬问题。尽管 AI 在生成内容时遵循一定逻辑，但在处理复杂关系和过渡时，有时会显得生硬。比如从一个财务指标分析到另一个财务指标分析可能没有自然流畅的过渡，让读者感觉突兀。

② 内容层面。

● 缺乏真实体验和细节。AI 没有实际的工作或生活体验，在生成内容时，难以提供基于真实经历的细节和独特见解。在描述企业成本控制案例时，人类可能会详细讲述在具体项目中遇到的困难、解决方法的灵感来源等，AI 生成内容则相对笼统，缺乏这些真实生动的细节。

● 通用性过强、针对性不足。AI 生成的内容往往具有通用性，难以紧密贴合特定企业或业务场景的特殊情况和需求。比如在分析企业风险时，可能只是列举常见的风险类型，而不能针对企业独特的业务模式、市场定位等指出更具针对性的风险点。

在借助 AI 生成会计日常工作文档后，想要去除“AI 味”，让文档兼具专业性和人性化，可从以下几个方面着手：

① 语言风格调整。

● 口语化表达融入。AI 生成内容往往较为书面、刻板，适当加入一些口语化表达，会使文档更贴近实际交流场景。比如将“综上所述，本企业在该阶段的盈利能力呈现上升趋势”改为“总的来说，这段时间咱们企业的赚钱能力在不断提高”。不过，在正式的财务报告中，口语化表达要适度使用，避免影响专业性。

● 语气词和情感词汇运用。根据文档受众和目的，可以合理添加语气词或情感词汇，增强情感共鸣。在向投资者阐述企业发展前景时，可加上“非常”“十分”等程度副词，如“我们对未来的发展十分有信心，市场潜力非常大”，传递积极态度。

② 内容个性化处理。

● 结合企业实际案例。AI 生成内容可能较通用，将企业独特的业务案例、发展历程融入其中，能增强文档的真实性和独特性。在分析成本控制时，列举企业某次成功降低成本的具体项目和措施，“在［具体项目］中，我们通过优化供应链，成功降低了［X］% 的采购成本”。

● 体现个人观点和分析。作者结合自身经验和思考，在文档中阐述个人观点，使文档更具个性。在风险评估部分，除了 AI 给出的常规风险点，补充自己观察到的潜在风险，“从日常业务运营来看，我认为［具体风险因素］也可能对企业造成影响”。

③ 优化逻辑衔接。

● 自然过渡语句添加。AI 生成的段落之间可能衔接生硬，添加过渡语句使逻辑更连贯。从财务报表分析过渡到经营成果分析时，可写“通过财务报表数据，我们对企业的财务状况有了清晰了解。而这些数据背后，反映的是企业的实际经营成果，下面我们来深入分析”。

● 整体逻辑梳理。通读文档，检查整体逻辑是否符合人类思维习惯，调整不合理的内容顺序。如果发现某个分析部分跳跃性大，要重新组织内容，使分析层层递进。

④ 细节完善与校对。

● 数据核实与细化。确保 AI 生成的数据准确无误，并补充细节。例如，提到收入增长，不仅给出增长百分比，还细化到具体产品或业务线的增长情况，“本季度营业收入增长了 15%，其中［产品 A］收入增长了 8%，［产品 B］收入增长了 7%”。

● 语法和用词校对。AI 生成的内容可能存在语法瑕疵或用词不当，仔细校对，将不恰当的词汇替换为更专业、准确的词汇。如将“收益变多了”改为“收益增加了”。

8. 定稿与发布

（1）最终确认与审核。全面确认文档内容无误，确保所有数据、信息与结论均准确无误。可以邀请同事或上级进行审核，确保文档质量。

（2）格式调整与美化。根据公司或行业标准，对文档格式进行调整与美化，提升文档的专业性与可读性。例如，添加公司标志，使用统一的模板，调整页眉、页脚、目录结构等。

（3）发布与反馈收集。通过邮件、报告系统、公司内部平台等渠道将文档发布给目标受众，并收集受众的反馈意见，为未来的文档撰写提供参考与改进方向。同时，关注受众对文档的使用情况与效果，持续优化与提升文档的质量与价值。

2.2　基于 Python 编写提示词及运行程序

2.2.1　编写程序提示词应注意的问题

1. 准确性和清晰度

在编写提示词时，要注意语言的准确性，防止产生多种理解。比如“对数据进行排序”这个提示词没有说明按照什么标准排序，是升序还是降序，是根据某一列的值排序还是其他规则。更好的提示词可以是“按照‘销售额’列的数据对表格进行降序排列”。

2. 完整性和逻辑性

（1）包含完整步骤。如果任务涉及多个步骤，提示词应该涵盖所有必要的步骤。以数据清洗为例，仅仅说“清洗数据”是不够的，完整的提示词可能是“检查数据中的缺失值，用均值填充‘年龄’列的缺失值，删除‘姓名’列中重复的记录”。

(2) 符合逻辑顺序。提示词中的步骤应该按照合理的逻辑顺序排列。例如，在进行数据分析时，应该先完成数据读取和清洗，再进行数据分析和可视化。如果提示词的顺序混乱，可能会导致程序无法正确执行任务或者得到错误的结果。

3. 考虑程序和库的能力与限制

(1) 了解库的功能范围。不同的Python库有其特定的功能和限制。当使用提示词调用库函数时，要清楚该库能否实现你期望的功能。例如，pandas库在数据处理方面功能强大，但如果提示词要求它进行复杂的图形渲染，可能无法达到预期效果。

(2) 适配程序的运行环境。考虑程序运行的环境，包括Python版本、已安装的库及其版本等因素。有些提示词可能在特定的Python版本或库版本下才能正确执行。例如某些新的语法或函数可能在旧版本的Python或库中不存在。

4. 简洁性和效率

(1) 避免冗余信息。在保证任务能够准确传达的前提下，提示词应尽量简洁。过多的无关信息可能会干扰程序对提示词的理解，也会增加编写和调试的难度。例如“请使用Python程序（这个程序是用来做数据分析的）来处理Excel文件（这个文件是从公司数据库中导出的）中的数据”就包含了很多冗余信息。

(2) 优化提示词。对于复杂的任务，可以通过优化提示词的结构来提高程序执行的效率。例如，在进行大规模数据处理时，可以提示先对数据进行抽样分析，确定合适的处理方法后，再应用到全部数据，而不是一开始就对所有数据进行复杂的操作。

2.2.2 结构化提示词语法公式

基于Python编写程序的提示词语法公式，能够助力开发者更高效地完成会计相关的编程任务。以下呈现的结构化提示词语法公式，紧密结合了Python编程特性与会计业务多样的实际应用场景。

1. 任务定义型

[任务名称]：使用Python实现[具体功能或任务]，要求[具体需求或约束

条件]。

(1) 示例:

财务报表生成:使用Python实现财务报表生成功能,要求能够自动生成资产负债表、利润表和现金流量表,并将结果保存为Excel文件。

(2) 解析:

任务名称:财务报表生成,明确了整个编程任务围绕财务报表制作展开。

具体功能:生成资产负债表、利润表和现金流量表,这是财务工作中的核心报表,涵盖企业财务状况、经营成果和现金流量信息。

具体需求:将结果保存为Excel文件,Excel文件格式在财务业务中应用广泛,方便数据存储、共享与进一步分析。

2. 功能实现型

[功能名称]:编写一个Python函数,实现[具体功能描述],输入为[输入参数],输出为[输出结果]。

(1) 示例:

计算净利润:编写一个Python函数,实现计算净利润的功能,输入为收入、成本和费用,输出为净利润。

(2) 解析:

功能名称:计算净利润,净利润是衡量企业盈利能力的关键指标。

具体功能描述:根据收入、成本和费用计算净利润,通过公式"净利润=收入-成本-费用"实现该功能。

输入参数:收入、成本和费用,这些是计算净利润的基础数据。

输出结果:净利润,为企业财务分析提供关键数据。

3. 数据处理型

[数据处理任务]:使用Python对[数据来源]进行[具体操作],并将结果[输出方式]。

(1) 示例:

财务数据清洗:使用Python对Excel文件中的财务数据进行清洗,要求处理缺失值、去除重复数据,并将结果保存为CSV文件。

(2) 解析:

数据处理任务:财务数据清洗,确保财务数据的准确性和完整性,为后续分析奠定基础。

数据来源：Excel 文件中的财务数据，Excel 是常用的财务数据存储和处理格式。

具体操作：处理缺失值、去除重复数据，这些是数据清洗的常见操作，可提高数据质量。

输出方式：保存为 CSV 文件，CSV 文件简洁通用，便于不同系统和工具读取。

4. 算法实现型

[算法名称]：使用 Python 实现 [算法描述]，要求 [具体需求或约束条件]。

（1）示例：

加权平均成本法：使用 Python 实现加权平均成本法，要求能够根据库存数据计算加权平均成本。

（2）解析：

算法名称：加权平均成本法，常用于存货成本核算。

算法描述：根据库存数据计算加权平均成本，通过加权平均公式计算出存货的平均单位成本。具体可使用 pandas 库，先读取库存数据，然后根据公式“加权平均成本＝ $\sum$（每种存货的数量×单价）÷存货总数量”进行计算。

具体需求：无额外约束，一般按照标准的加权平均成本法实现即可。

5. 库与框架应用型

[库/框架名称]：使用 [库/框架名称] 实现 [具体功能]，要求 [具体需求或约束条件]。

（1）示例：

pandas 财务报表分析：使用 pandas 库对 Excel 文件中的财务报表数据进行统计分析，要求计算各财务比率（如流动比率、资产负债率）。

（2）解析：

库/框架名称：pandas，是 Python 强大的数据处理和分析库。

具体功能：对财务报表数据进行统计分析，利用 pandas 库中的函数和方法对数据进行处理和计算。例如，可使用 read_excel() 函数读取 Excel 文件，再通过相应的列运算计算财务比率。

具体需求：计算各财务比率，通过财务比率分析企业的偿债能力、盈利能力和营运能力等。

6. 错误处理与调试型

[错误类型]：在 Python 程序中处理 [错误类型]，要求 [具体需求或约束条件]。

（1）示例：

文件读取错误：在 Python 程序中处理文件读取错误，要求当文件不存在时，输出提示信息并终止程序的执行。

（2）解析：

错误类型：文件读取错误，在读取财务数据文件时可能出现。

具体需求：当文件不存在时输出提示信息并终止程序的执行，避免程序因无法读取文件而继续执行产生错误结果，同时给用户明确的错误提示。

7. 性能优化型

［优化目标］：优化 Python 程序的［性能指标］，要求［具体需求或约束条件］。

（1）示例：

提高运行速度：优化 Python 程序的运行速度，要求将财务报表生成时间减少 50%。

（2）解析：

优化目标：提高运行速度，在处理大量财务数据生成报表时，运行速度至关重要。

性能指标：财务报表生成时间，直观反映程序运行效率。

具体需求：减少 50%，明确性能优化的量化目标。

8. 测试与验证型

［测试任务］：编写 Python［测试任务］代码，验证［功能或模块］是否正确，要求［具体需求或约束条件］。

（1）示例：

单元测试：编写 Python 单元测试代码，验证计算净利润的函数是否正确，要求覆盖所有边界情况。

（2）解析：

测试任务：单元测试，对单个函数或模块进行测试。

功能或模块：计算净利润的函数，确保该函数计算结果准确无误。

具体需求：覆盖所有边界情况，如收入、成本、费用为 0 或负数等特殊情况，全面验证函数的正确性。

9. 综合应用型

［综合任务］：使用 Python 实现［复杂功能或系统］，要求［具体需求或约束

条件]。

（1）示例：

财务管理系统：使用 Python 生成一个财务管理系统，要求能够导入财务数据、进行统计分析，并生成财务报表和税务申报表。

（2）解析：

综合任务：财务管理系统，涵盖多个财务功能模块，是一个综合性的系统开发任务。

复杂功能或系统：数据导入、统计分析、报表生成，涉及从数据获取到处理再到输出的完整流程。

具体需求：无额外约束，一般按照财务管理的基本功能和流程进行开发。

AI 助手探秘

Python 程序怎样实现在 Docker 上部署和通过 REST API 访问？

2.2.3 编写提示词及运行程序案例

1. 案例

对 Excel 中的简易工资表进行处理，如图 2－1 所示。

	A	B	C	D	E	F	G	H
1	编号	姓名	部门	基础工资	补贴	应发工资	扣款	实发工资
2	101	夏天海	办公室	4500	1200		500	
3	102	文之昌	办公室	4500	1200			
4	201	吴　玉	财务部	4600	1000			
5	202	周东风	财务部	4600	1000			
6	301	陈大江	销售部	3000	5000		300	
7	302	王飞虹	销售部	3000	3000			
8	303	林文文	销售部	3000	4500			

图 2－1　简易工资表

2. 要求

对缺失值进行处理，填充为数字 0。应发工资＝基础工资＋补贴，实发工资＝应发工资－扣款，计算后写入应发工资和实发工资。

3. 基于案例编写生成 Python 程序的提示词

Excel 工资表存储位置为“C:\PYEXCEL\工资表 A.xlsx”，请编写 Python

程序，读取该 Excel 工资表，对有缺失值的单元格统一填充为数字 0，以第一行作为列索引，计算公式为：应发工资＝基础工资＋补贴；实发工资＝应发工资－扣款，计算后写入应发工资和实发工资。然后显示 Excel 工资表的内容，把结果保存在“C:\PYEXCEL\工资表 A3. xlsx”中。

4. 生成的程序

```
import pandas as pd
# 读取 Excel 文件
file_path = r"C:\PYEXCEL\工资表 A.xlsx"
df = pd.read_excel(file_path)
# 填充缺失值为 0
df.fillna(0, inplace = True)
# 计算应发工资
df['应发工资'] = df['基础工资'] +  df['补贴']
# 计算实发工资
df['实发工资'] = df['应发工资'] - df['扣款']
# 显示 Excel 表的内容
print(df)
# 保存结果到新的 Excel 文件
output_file_path = r"C:\PYEXCEL\工资表 A3.xlsx"
df.to_excel(output_file_path, index = False)
print(f"结果已保存到 {output_file_path}")
```

对于文件路径，Windows 操作系统使用反斜杠（\）作为目录分隔符。因此，在 Python 字符串中表示一个 Windows 文件路径时，要使用双反斜杠（\\）。还可以采用 r 或 R 开头的字符串，这样可以直接写入路径而不需要使用转义反斜杠。

一般在生成的程序后面，还有相关说明，可帮助理解 Python 程序。例如：

代码说明：

读取 Excel 文件：使用 pd. read_excel() 读取 Excel 文件。

填充缺失值：使用 fillna(0) 将所有缺失值填充为 0。

计算应发工资：通过 df['应发工资']＝df['基础工资']＋df['补贴']计算应发工资。

计算实发工资：通过 df['实发工资']＝df['应发工资']－df['扣款']计算实发工资。

显示内容：使用 print(df) 显示处理后的数据。

保存结果：使用 df. to_excel() 将结果保存到新的 Excel 文件中。

注意事项：

请确保 pandas 和 openpyxl 库已安装。如果没有安装，可以使用以下命令安装：

pip install pandas openpyxl

代码中的列名（如基础工资、补贴、扣款）需要与 Excel 文件中的列名一致。如果列名不同，请根据实际情况修改代码。

运行该程序后，可以在 C:\PYEXCEL\工资表 A3. xlsx 中找到处理后的 Excel 文件。

不同 AI 助手生成的程序和相关说明一般都不一样。就算是同一个 AI 助手，给出同样的提示词，每次的回答也可能有差异。在后面生成的程序中，一般只展示程序，不再展示相关的其他信息。建议在学习时候，同时使用多个 AI 助手生成程序，比较不同的实现方式，选择自己认为最佳的应用至具体的任务。

5. 运行程序

将程序粘贴到 Spyder 代码编写区中，如图 2-2 所示。

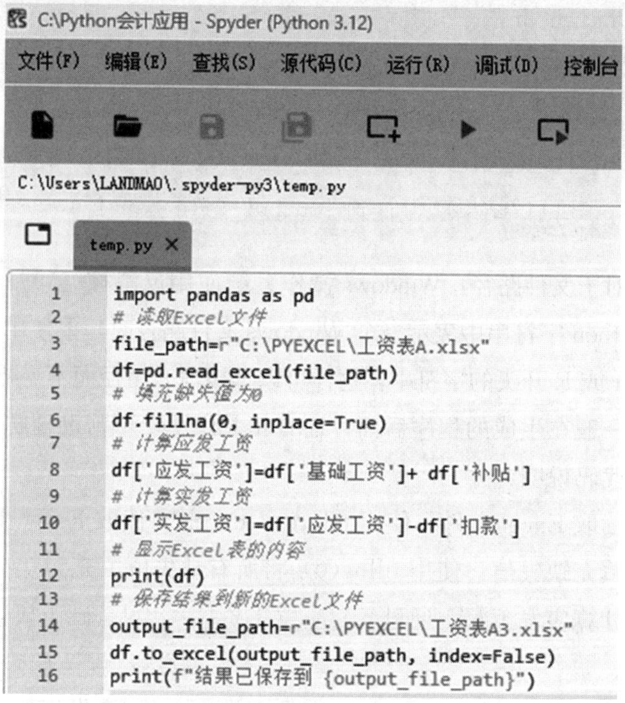

图 2-2 编写程序

运行后的效果如图 2-3 所示。

```
In [1]: %runfile C:/Users/LANDMAO/.spyder-py3/temp.py --wdir
    编号      姓名    部门   基础工资    补贴   应发工资      扣款    实发工资
0  101    夏天海  办公室  4500  1200  5700  500.0  5200.0
1  102    文之昌  办公室  4500  1200  5700    0.0  5700.0
2  201  吴    玉  财务部  4600  1000  5600    0.0  5600.0
3  202    周东风  财务部  4600  1000  5600    0.0  5600.0
4  301    陈大江  销售部  3000  5000  8000  300.0  7700.0
5  302    王飞虹  销售部  3000  3000  6000    0.0  6000.0
6  303    林文文  销售部  3000  4500  7500    0.0  7500.0
结果已保存到 C:\PYEXCEL\工资表A3.xlsx
```

图 2-3　程序运行效果

显示的效果不太美观，留待后面改进。

对于程序中不清楚的命令、函数、符号等可以向 AI 助手提问，进行了解和学习。

AI 助手探秘

在 Python 中运行程序出现错误，怎样根据出错信息寻求解决方法？

6. 程序说明书

根据案例、提示词和程序，让 AI 助手生成程序说明书。

AI 助手提示词

基于所附的案例和程序，编写程序说明书：[案例、提示词及生成的程序]。

本案例生成的说明书如下：

工资表处理 Python 程序说明书

一、功能概述

本 Python 程序旨在对 Excel 格式的工资表进行数据处理。具体功能包括读取指定路径下的工资表文件，对表中的缺失值进行填充（填充值为 0），依据给定公式计算应发工资（应发工资＝基础工资＋补贴）和实发工资（实发工资＝应发工资－扣款），并将计算结果写入对应的列中。最后，程序会显示处理后的工资表内容，并将结果保存到新的 Excel 文件中。

二、运行环境

本程序基于 Python 语言编写，运行时需确保已安装 Python 环境，并且安装了 pandas 库。pandas 库是 Python 的核心数据分析支持库，提供了快速、灵活、明确的数据结构，旨在简单、直观地处理关系型、标记型数据。

三、操作步骤

准备工作：将待处理的工资表文件（“工资表 A. xlsx”）放置在“C:\PY-EXCEL\”路径下。若文件路径或名称发生变化，需相应修改程序中读取文件和保存文件的路径及文件名。

运行程序：在已配置好 Python 环境和 pandas 库的终端或集成开发环境中，运行本 Python 程序。

四、代码说明

导入库：

```
import pandas as pd
```

导入 pandas 库，并将其命名为 pd，以便后续使用 pandas 库中的函数和方法。

读取 Excel 文件：

```
file_path = r"C:\PYEXCEL\工资表 A.xlsx"
df = pd.read_excel(file_path)
```

定义变量 file_path，存储待读取的 Excel 文件路径。使用 pd. read_excel() 函数读取指定路径下的 Excel 文件，并将数据存储在 DataFrame 对象 df 中。

填充缺失值：

```
df.fillna(0, inplace = True)
```

使用 fillna 方法对 DataFrame 对象 df 中的缺失值进行填充，填充值为 0。inplace=True 表示直接在原 DataFrame 对象上进行修改。

计算应发工资：

```
df['应发工资'] = df['基础工资'] + df['补贴']
```

在 DataFrame 对象 df 中新增一列“应发工资”，通过将“基础工资”列和“补贴”列的数据相加，计算出每个员工的应发工资，并将结果存储在“应发工资”列中。

计算实发工资：

```
df['实发工资'] = df['应发工资'] - df['扣款']
```

在 DataFrame 对象 df 中新增一列“实发工资”，通过将“应发工资”列的数据减去“扣款”列的数据，计算出每个员工的实发工资，并将结果存储在“实发工资”列中。

显示 Excel 表内容：

```
print(df)
```

使用 print() 函数输出处理后的 DataFrame 对象 df，即显示处理后的工资表内容。

保存结果：

```
output_file_path = r"C:\PYEXCEL\工资表 A3.xlsx"
df.to_excel(output_file_path, index = False)
print(f"结果已保存到 {output_file_path}")
```

定义变量 output_file_path，存储保存结果的 Excel 文件路径。使用 to_excel 方法将处理后的 DataFrame 对象 df 保存为新的 Excel 文件，index=False 表示不将行索引写入 Excel 文件。最后，使用 print() 函数输出保存结果的提示信息。

五、注意事项

确保文件路径的正确性，包括文件所在目录和文件名的大小写。若文件路径错误，程序将无法读取或保存文件，并会弹出相应的错误信息。

若 Excel 文件中的数据类型与程序中计算所需的数据类型不匹配，可能会导致计算错误或程序报错。例如，若“基础工资”“补贴”“扣款”列中的数据不是数值类型，需先进行数据类型转换。

在运行程序前，建议备份原始工资表文件，以防处理过程中出现意外情况导致数据丢失或损坏。

2.3　AI 助手拓展学习

(1) 说明学习 Python 对编写提示词在逻辑构建、数据处理、自动化生成等方面的帮助，以提升提示词编写质量。

(2) 会计写作中常用的提示词语法公式有哪些？

(3) 简述使用提示词前拟定提纲和核心观点指向的重要性，如明确方向、提高效率、增强连贯性等。

（4）简述 Python 程序调试方法，如设置断点、查看变量值，以及第三方库使用 pip、conda 等工具的安装方式。

（5）解释种子提示词概念，说明在会计工作文档写作中，如何以其为核心拓展内容、构建框架。

复习题

1. 思考题

（1）通过 AI 助手提示词生成会计工作文档的步骤是什么？

（2）用 AI 生成会计工作文档时，如何确保数据的准确性？

2. 实验题

（1）请根据会计工作需要，选择一个工作报告题目，编写提示词，在 AI 助手的帮助下完成报告的编写及润色。

（2）提供提示词、列出使用的 AI 助手、描述生成的方法和过程，整理生成的结果。

（3）自己准备一个需要脱敏的 Word 文档。请编写提示词对文档上的身份证信息、姓名、公司名、产品名等进行脱敏，文档为 Word 格式，文件名为 D:\A1. DOCX，脱敏信息的前后用特殊符号“【】”标识；生成后的文件名为 D:\A2. DOCX；替换信息对照表存储在 D:\A3. DOCX 中。用提示词实现 Python 程序编写。

3. 即测即评

扫码查看判断题、单项选择题、多项选择题。

第 2 章　即测即评

第3章

会计数据获取处理

3.1 会计数据概述

3.1.1 会计数据的内容

会计数智化的目的是通过应用先进的信息技术，更快、更准确地处理会计数据，高效地做出业务决策，并且能够更好地满足监管要求。会计数智化离不开数据，会计数据是指记录和反映企业会计状况和业务活动的数据。除了会计本身可以提供的财务数据外，还需要企业的业务运营数据，主要内容如下。

1. 财务数据方面

（1）会计核算数据。

① 总账数据。从财务软件中可以获取总账科目余额，包括资产类、负债类、所有者权益类等科目的期初余额、本期借方发生额、本期贷方发生额和期末余额。这些数据是编制财务报表的基础，能用于分析企业的财务状况和经营成果。

② 明细账数据。提供详细的明细账户信息，如应收账款明细账能按客户列出每一笔应收账款的发生时间、金额、账龄等，这对于管理客户信用和催收账款非常有用。存货明细账能记录每种存货的出入库数量、单价、金额等，方便企业进行存货成本核算和库存管理。

③ 凭证数据。包括记账凭证的日期、编号、摘要、借贷方科目和金额等，也可以查询原始凭证附件，这些数据可以用于审计和财务追溯。例如，在税务检查时，通过查看凭证数据核实业务的真实性和合规性。凭证数据是一种基础财务数据，可靠性很高，还可以通过 AI 模型，对数据进行深度的多维度分析。

（2）财务报表数据。

① 资产负债表数据。获取企业在特定日期的资产、负债和所有者权益的详细数据。如流动资产中的交易性金融资产、预付款项等的金额，非流动资产中的长期股权投资、无形资产等的金额，以及负债中的应付票据、长期应付款等的金额。通过资产负债表数据，可以计算各种财务比率，如资产负债率来评估企业的长期偿债能力。

② 利润表数据。涵盖营业收入、营业成本、销售费用、管理费用、财务费用、营业利润、利润总额和净利润等数据。这些数据有助于分析企业的盈利能力，比如通过毛利率来衡量产品或服务的基本盈利性，通过净利率评估企业最终

的盈利水平。

③ 现金流量表数据。包括经营活动现金流量、投资活动现金流量和筹资活动现金流量。现金流量表数据可以用于分析企业的现金收支情况和资金来源与运用情况。

(3) 预算数据。

① 预算编制数据。可以得到各部门、各项目的收入预算、成本预算、费用预算等信息。例如，销售部门的销售费用预算、生产部门的生产成本预算等，这是企业进行资源分配和目标设定的重要依据。

② 预算执行数据。能够获取预算实际执行情况的数据，如实际收入与预算收入的对比、实际费用与预算费用的差异等。通过这些数据可以及时发现预算偏差，调整经营策略，如当营销费用超支时，分析原因并考虑是否调整营销活动规模。

(4) 税务数据。

① 纳税申报数据。可以记录企业的应纳税额计算过程和申报数据，如增值税的销项税额、进项税额、应纳税额，企业所得税的应纳税所得额计算过程等。这有助于企业准确、及时地进行纳税申报，同时也方便税务审计。

② 税收优惠数据。记录企业享受税收优惠政策的相关数据，如减免税的项目、金额等。这对于企业合理利用税收政策，降低税务成本非常重要。

2. 业务运营数据方面

(1) 采购数据。

① 采购订单数据。包括采购订单编号、日期、供应商、采购商品或服务的名称、数量、单价、金额等。这些数据可以用于分析采购成本、评估供应商绩效和监控采购流程。例如，通过比较不同供应商的采购价格和交货期，选择更优质的供应商。

② 采购收货数据。记录实际收到的货物或服务的日期、数量、质量检验情况等。这有助于管理库存水平和确保采购的商品符合要求。

③ 应付账款数据。获取应付账款的余额、账龄、付款计划等信息。合理安排应付账款的支付可以优化企业的资金流，同时也能维护良好的供应商关系。

(2) 销售数据。

① 销售订单数据。包含销售订单编号、日期、客户、销售产品或服务的名称、数量、单价、金额、交货日期等。这些数据可以用于销售分析，如分析产品的销售趋势、客户购买行为等。例如通过分析不同地区客户的订单金额，制定针

对性的市场拓展策略。

② 销售发货数据。记录实际发货的日期、数量、运输方式等。这对于库存管理和客户满意度都非常重要，确保及时准确地将产品交付给客户。

③ 应收账款数据。提供应收账款的余额、账龄分析、客户信用额度等信息。这有助于管理客户信用风险和资金回收，如通过账龄分析确定催款优先级。

（3）库存数据。

① 库存余额数据。可以获取各种存货在仓库中的数量、金额等余额信息。这对于控制库存水平、避免库存积压或缺货非常重要。例如，通过设定安全库存水平，当库存余额低于安全库存时，及时安排采购。

② 库存变动数据。记录存货的出入库时间、数量、原因（如采购入库、生产领用、销售出库）等。这有助于分析库存周转率，优化库存管理流程。

③ 库存盘点数据。如果进行库存盘点，软件可以记录盘点日期、盘点数量、盘盈盘亏情况等。这可以用于核实库存的实际数量，保证库存账实相符。

（4）生产数据。

① 生产计划数据。包括生产订单编号、产品名称、生产数量、计划开工日期、计划完工日期等。这是生产调度和资源分配的依据，确保生产任务的有序进行。

② 生产进度数据。记录实际的生产进度，如已完成的工序、已生产的数量、实际生产时间等。这有助于监控生产效率，及时发现生产过程中的问题并进行调整。

③ 生产成本数据。获取直接材料成本、直接人工成本、制造费用分摊等生产成本信息。这对于产品定价、成本控制和盈利能力分析都非常重要。

3.1.2 会计数据收集

实现会计信息化之后，企业可以利用现代信息技术手段更加高效地收集、处理和分析数据。会计信息化的目标不仅仅是完成自动化会计工作流程处理，更重要的是能够提供实时的、准确的数据支持，帮助企业进行更好的决策。以下是实现会计信息化后，如何进一步收集数据的方法。

（1）集成化系统。使用 ERP 系统或其他集成化软件，自动收集来自不同部门的数据，如销售、采购、生产、库存等。

（2）标准接口数据。对于支持国家颁布的相关标准的数据接口，可以将其导出，然后在此基础上进行相关的组织和处理。

(3) API接口。通过应用程序编程接口(API)与其他系统(如CRM、供应链管理系统)连接,自动同步数据。

(4) 物联网设备。使用传感器和智能设备自动收集数据,例如库存管理中的RFID标签、生产过程中的监控设备等。

(5) 云计算服务。利用云计算服务,进行大规模数据的存储和处理。

(6) 移动应用。开发移动应用,让员工能够在现场即时提交数据,比如报销单据、客户信息等。

3.1.3　会计数据处理

会计数据处理是指对会计数据进行整理、分析和报告的过程,这一过程涵盖了从原始数据的收集到最终信息的生成。企业可以系统地处理会计数据,确保会计数据的质量和有效性,从中提取有价值的信息,支持决策制定,并提高整体运营效率。随着技术的进步,特别是大数据和AI技术的应用,会计数据处理变得更加智能化和自动化,使得企业能够更快地响应市场变化,做出更精准的战略决策。

1. 数据清洗

在数据处理过程中,数据清洗是至关重要的环节,它能够确保数据的质量,进而为后续的数据分析和决策提供可靠的依据。

(1) 错误类型识别。

① 输入错误。这是最常见的错误类型之一。例如,在会计数据录入过程中,可能会出现数字颠倒(如将"123"误写成"132")、文字错输(如将"采购"写成"采够")等情况。通过数据审核规则和逻辑检查,可以发现这类明显不符合业务逻辑的数据。

② 格式错误。不同的数据类型有其特定的格式要求。在财务数据中,金额数据可能需要保留到小数点后两位,如果出现不符合该格式的数据,如金额格式为整数但业务逻辑要求有小数位,或者日期格式不符合规定(如"2024-13-32"这种不存在的日期),都需要进行识别和处理。

(2) 纠正或删除策略。

① 手动纠错。对于少量且容易识别的错误数据,可以采用手工纠正的方法。例如,当发现某笔费用记录的金额明显不符合常理(如办公用品采购费用记录为100 000元,而正常情况下该类采购的金额应在几百元到几千元之间),通过与原

始凭证核对，手动将其修正为正确的金额。

② 自动纠错。对于一些具有规律性的错误，可以利用算法进行纠正。对于无法纠正的错误数据，应当进行删除处理，但在删除之前需要做好记录，以便后续追踪和审计。

2. 处理缺失值

(1) 缺失值检测。首先要确定数据集中存在缺失值的位置和数量。可以通过数据可视化工具（如柱状图、散点图等）直观地查看哪些数据字段存在较多的缺失情况，或者使用统计方法计算每个字段的缺失值比例。例如，在客户信用评估数据中，如果发现客户收入字段有大量缺失值，这将影响信用评估模型的准确性。

(2) 填补方法。

①统计方法。

● 平均值填补。当数据分布较为均匀且不存在明显的异常值时，使用平均值填补缺失值是一种简单有效的方法。例如，在员工考勤数据中，如果某员工的某一天工作时长数据缺失，而该员工平时的工作时长较为稳定，可以使用该员工以往工作时长的平均值来填补。

● 中位数填补。如果数据存在一定的正态分布，中位数比平均值更能代表数据的中心趋势。例如，在销售数据中，个别高销售额的订单可能会拉高平均值，此时使用中位数填补缺失的销售额数据更为合适。

② 预测模型。可以利用机器学习算法构建预测模型来填补缺失值。例如，使用线性回归模型预测缺失的财务指标数据，如果公司的净利润数据存在缺失值，可以将与净利润相关的其他变量（如营业收入、成本费用等）作为自变量，建立线性回归模型，预测出缺失的净利润值。

③ 基于上下游判断。根据数据所处的业务上下游相关数据进行缺失值填补。例如，在产品库存数据中，如果某产品在某一时间段的库存记录缺失，但根据该产品的生产计划和销售记录可以推断出库存情况，就可以基于这些上下游信息填补库存数据。

3. 消除重复记录

(1) 重复记录识别。建立数据唯一标识来判断记录是否重复。在销售交易数据中，每一笔交易都应该有唯一的交易编号，如果出现相同编号的交易记录，很可能就是重复记录。同时，还可以通过比较多个数据字段的组合来识别重复记录。例如，在客户订单数据中，比较客户 ID、订单日期、订单金额等字段，如果这些字段的值完全相同，就可能是重复订单。

（2）删除策略。在确定重复记录后，需要选择保留哪些记录和删除哪些记录。一般来说，可以保留最新的记录，删除较早的重复记录。例如在员工培训记录中，如果存在同一员工同一培训课程的多次记录，且培训内容和结果没有变化，通常保留最近一次的培训记录，删除之前的重复记录。同时，在删除重复记录时，要确保数据的完整性和关联性不受影响。

4. 数据一致性检查

（1）逻辑一致性检查。

① 业务规则验证。根据企业的业务规则对数据进行检查。例如，在会计账务处理中，“资产＝负债＋所有者权益”这一会计恒等式必须成立。如果出现不满足该等式的数据，说明存在数据不一致问题，需要进一步排查和调整。

② 数据关联关系验证。检查不同数据表之间的数据关联是否正确。例如，在销售订单数据和库存数据之间，销售订单中的产品数量不能超过库存中的可用数量。如果发现这种不符合逻辑的数据关系，需要对数据进行修正。

（2）格式一致性检查。

① 日期格式统一。在企业数据中，可能存在多种日期格式（如“YYYY/MM/DD”“MM-DD-YYYY”等），需要将所有日期数据统一为一种格式，以便进行数据分析和处理。可以通过编写数据转换函数将不同格式的日期转换为标准格式。

② 货币单位统一。对于跨国企业或涉及多种货币交易的数据，需要将货币单位统一。例如，将所有以美元、欧元等外币计价的数据转换为人民币计价，或者在数据处理过程中明确标注货币单位，并在计算和分析时进行相应的换算。

（3）应用举例。

AI助手提示词

基于 Excel 数据表 C:\PYEXCEL\销售数据表.xlsx，第一行为标题，分别是：产品名、1 月销售额、2 月销售额、3 月销售额、4 月销售额、5 月销售额、6 月销售额；第一列为产品名：A、B、C、D、E；B2：G6 为具体的数字数据。以此表为例用 Python 来进行数据清洗，数据范围是 B2：G6。清洗后的文件保存到 C:\PYEXCEL\销售数据表_清理.xlsx。数据清洗方法：（1）去除错误数据；（2）处理缺失值；（3）消除重复记录；（4）数据一致性检查。

销售数据表如图 3-1 所示。

	A	B	C	D	E	F	G
1	产品名	1月销售额	2月销售额	3月销售额	4月销售额	5月销售额	6月销售额
2	A	250	500	430	750	800	770
3	B	150	300	350	600	500	650
4	C	300	450	800	700	600	550
5	D	200	300	400	550	630	700
6	E	1450	2550	1600	2800	3650	2450

图 3-1 销售数据表

生成的程序：

```
import pandas as pd
file_path = r'C:\PYEXCEL\销售数据表.xlsx'        # 读取 Excel 文件
df = pd.read_excel(file_path)
# 数据清洗步骤
# (1) 去除错误数据:假设错误数据为负数或极大值
df = df[(df.iloc[:,1:7] >= 0).all(axis = 1)]   # 只保留所有销售额为非负数的行
# (2) 处理缺失值:用 0 填充缺失值
df.iloc[:,1:7] = df.iloc[:,1:7].fillna(0)
# (3) 消除重复记录:基于产品名列去除重复记录
df = df.drop_duplicates(subset = ['产品名'])
# (4) 数据一致性检查:确保销售额列的数据类型为数值型
df.iloc[:,1:7] = df.iloc[:,1:7].apply(pd.to_numeric,errors = 'coerce')
# 保存清洗后的数据到新文件
cleaned_file_path = r'C:\PYEXCEL\销售数据表_清理.xlsx'
df.to_excel(cleaned_file_path,index = False)
print("数据清洗完成,清洗后的文件已保存到:",cleaned_file_path)
```

真正的数据清洗会涉及很多种情况，这里仅提供了一种思路。后面还有类似的功能实现，可进行比较。在编写程序时，不同的 AI 助手生成的程序会略有不同，具体可以根据需要选择。

5. 数据转换

（1）数据聚合。将详细的数据记录聚合为更高层次的汇总数据，如按月汇总收入和支出。

(2) 数据透视。使用透视表等工具将数据按照不同的维度进行重组，便于多角度分析。

(3) 时间序列转换。将数据转换为时间序列格式，以便进行时间序列分析，如趋势分析、季节性调整等。

6. 应用举例

AI助手提示词

数据文件名为：C:\PYEXCEL\收支账.xlsx；第一行项目为：序号，日期，业务说明，类别（包含两种情况：收入，费用）、收入金额，支出金额、余额。用 Python 编写程序。

要求：

(1) 对有缺失值的单元格统一填充为数字 0，以第一行作为列索引。

(2) 格式调整：将日期统一转换为 YYYY-MM-DD 格式。

(3) 计算每日余额：

Excel 表第二行的余额计算公式为：余额＝收入金额－支出金额；

第三行开始每行的余额计算公式为：余额＝前一行的余额＋收入金额－支出金额。

计算举例：第三行的余额＝第二行的余额＋第三行的收入金额－第三行的支出金额＝250 000＋0－6 000。

计算完毕后存储的文件名为：C:\PYEXCEL\收支账_余额计算.xlsx。

(4) 按日分类汇总，汇总表的格式为：日期、类别、收入金额、支出金额，存储的文件名为：C:\PYEXCEL\收支账_日汇总.xlsx。

(5) 按月分类汇总，汇总表的格式为：日期、类别、收入金额、支出金额、类别，存储的文件名为：C:\PYEXCEL\收支账_月汇总.xlsx。

2025 年 1 月收支账如图 3 - 2 所示。

生成的程序：

```
import pandas as pd
from datetime import datetime
file_path = r'C:\PYEXCEL\收支账.xlsx'   # 读取 Excel 文件
df = pd.read_excel(file_path, header = 0)   # 第一行作为列索引
# (1) 对有缺失值的单元格统一填充为数字 0
```

```
df.fillna(0,inplace=True)
# 将收入金额和支出金额转换为浮点数类型,以确保计算正确
df['收入金额'] = df['收入金额'].astype(float)
df['支出金额'] = df['支出金额'].astype(float)
# 如果原始数据中余额列存在且类型正确,则保留第一行的值作为初始余额
# 否则,假设第一行的余额是通过收入金额-支出金额计算得出的
# 这里假设余额列可能存在且类型不一定正确,因此重新计算余额
initial_balance = df.loc[0,'收入金额'] - df.loc[0,'支出金额']
df.loc[0,'余额'] = initial_balance  # 设置第一行的余额
# (2) 格式调整:将日期统一转换为YYYY-MM-DD格式
df['日期'] = pd.to_datetime(df['日期']).dt.strftime('%Y-%m-%d')
# (3) 计算每日余额
for i in range(1,len(df)):
    df.at[i,'余额'] = df.at[i-1,'余额'] + df.at[i,'收入金额'] - df.at[i,'支出金额']
# 存储计算后的文件
df.to_excel(r'C:\PYEXCEL\收支账_余额计算.xlsx',index=False)
# (4) 按日分类汇总
daily_summary = df.groupby(['日期','类别']).agg({'收入金额': 'sum','支出金额': 'sum'}).reset_index()
daily_summary.to_excel(r'C:\PYEXCEL\收支账_日汇总.xlsx',index=False)
# (5) 按月分类汇总
# 月汇总表中不用再次列出类别作为单独的一列,已经在groupby中作为分组键
# 月汇总表
df['月份'] = df['日期'].apply(lambda x: datetime.strptime(x,'%Y-%m-%d').strftime('%Y-%m'))
monthly_summary_no_redundancy = df.groupby(['月份','类别']).agg({'收入金额': 'sum','支出金额': 'sum'}).reset_index()
monthly_summary_no_redundancy.to_excel(r'C:\PYEXCEL\收支账_月汇总.xlsx',index=False)
```

	A	B	C	D	E	F	G
1	序号	日期	业务说明	类别	收入金额	支出金额	余额
2	1	2025.01.01	月初余额	收入	250000		
3	2	2025.01.02	付费用	费用		6000	
4	3	2025.01.03	收入	收入	70000		
5	4	2025.01.03	付欠款	其他		9500	
6	5	2025.01.06	收入	收入	5555		
7	6	2025.01.06	付费用	费用		2000	
8	7	2025.01.07	付费用	费用		3450	
9	8	2025.01.08	付费用	费用		1500	
10	9	2025.01.09	付费用	费用		2000	
11	10	2025.01.10	购物	费用		4600	
12	11	2025.01.10	付费用	费用		4300	
13	12	2025.01.10	付费用	费用		1200	
14	13	2025.01.13	购物	费用		350	
15	14	2025.01.14	付费用	费用		560	
16	15	2025.01.15	付费用	费用		630	
17	16	2025.01.16	付费用	费用		900	
18	17	2025.01.17	收入	收入	80000		
19	18	2025.01.20	付费用	费用		1600	
20	19	2025.01.21	付费用	费用		2000	
21	20	2025.01.22	付费用	费用		2300	
22	21	2025.01.23	收入	收入	90000		
23	22	2025.01.24	付费用	费用		1250	
24	23	2025.01.26	付费用	费用		5478	
25	24	2025.01.27	购物	费用		600	
26	25	2025.01.27	支付工资	费用		75000	

图 3-2　2025 年 1 月收支账

收支账（余额计算）如图 3-3 所示。

	A	B	C	D	E	F	G
1	序号	日期	业务说明	类别	收入金额	支出金额	余额
2	1	2025-01-01	月初余额	收入	250000	0	250000
3	2	2025-01-02	付费用	费用	0	6000	244000
4	3	2025-01-03	收入	收入	70000	0	314000
5	4	2025-01-03	付欠款	其他	0	9500	304500
6	5	2025-01-06	收入	收入	5555	0	310055
7	6	2025-01-06	付费用	费用	0	2000	308055
8	7	2025-01-07	付费用	费用	0	3450	304605
9	8	2025-01-08	付费用	费用	0	1500	303105
10	9	2025-01-09	付费用	费用	0	2000	301105
11	10	2025-01-10	购物	费用	0	4600	296505
12	11	2025-01-10	付费用	费用	0	4300	292205
13	12	2025-01-10	付费用	费用	0	1200	291005
14	13	2025-01-13	购物	费用	0	350	290655
15	14	2025-01-14	付费用	费用	0	560	290095
16	15	2025-01-15	付费用	费用	0	630	289465
17	16	2025-01-16	付费用	费用	0	900	288565
18	17	2025-01-17	收入	收入	80000	0	368565
19	18	2025-01-20	付费用	费用	0	1600	366965
20	19	2025-01-21	付费用	费用	0	2000	364965
21	20	2025-01-22	付费用	费用	0	2300	362665
22	21	2025-01-23	收入	收入	90000	0	452665
23	22	2025-01-24	付费用	费用	0	1250	451415
24	23	2025-01-26	付费用	费用	0	5478	445937
25	24	2025-01-27	购物	费用	0	600	445337
26	25	2025-01-27	支付工资	费用	0	75000	370337

图 3-3　收支账（余额计算）

收支账日汇总如图 3-4 所示。

	A	B	C	D
1	日期	类别	收入金额	支出金额
2	2025-01-01	收入	250000	0
3	2025-01-02	费用	0	6000
4	2025-01-03	其他	0	9500
5	2025-01-03	收入	70000	0
6	2025-01-06	收入	5555	0
7	2025-01-06	费用	0	2000
8	2025-01-07	费用	0	3450
9	2025-01-08	费用	0	1500
10	2025-01-09	费用	0	2000
11	2025-01-10	费用	0	10100
12	2025-01-13	费用	0	350
13	2025-01-14	费用	0	560
14	2025-01-15	费用	0	630
15	2025-01-16	费用	0	900
16	2025-01-17	收入	80000	0
17	2025-01-20	费用	0	1600
18	2025-01-21	费用	0	2000
19	2025-01-22	费用	0	2300
20	2025-01-23	收入	90000	0
21	2025-01-24	费用	0	1250
22	2025-01-26	费用	0	5478
23	2025-01-27	费用	0	75600

图 3-4　收支账日汇总

收支账分类月汇总如图 3-5 所示。

	A	B	C	D
1	月份	类别	收入金额	支出金额
2	2025-01	其他	0	9500
3	2025-01	收入	495555	0
4	2025-01	费用	0	115718

图 3-5　收支账分类月汇总

3.1.4　数据脱敏

在利用 AI 进行相关数据处理或撰写相关材料，并向网络上传资料时，为保护敏感信息，必须进行脱敏处理。在实际工作中，主要涉及 Excel 数据和 Word 文档这两种文件类型，以下介绍针对二者常见的脱敏方法。

1. Excel 数据脱敏方法

（1）数值型数据脱敏。

① 数据替换。首先确定需要替换的数值列或单元格范围。在 Excel 中，选中

包含敏感数值数据的区域，然后点击“查找和替换”功能。

假设在一个员工薪资表格中，A 列是员工姓名，B 列是具体薪资。选中 B 列数据，打开“查找和替换”对话框，在“查找内容”中输入具体的薪资数值（如 5 000 元），在“替换为”中输入“XXXX 元”，然后点击“全部替换”，即可将所有该具体薪资值替换为“XXXX 元”。

② 数据变形。确定要进行变形的数值列。使用 Excel 的公式功能来实现数学运算。

（2）文本型数据脱敏。

① 数据掩码。对于身份证号码等有固定格式的文本数据，可使用 Excel 的函数来实现掩码处理。比如可以通过分段换位实现，姓名也可以这样转换。可以混用多种方式。

② 数据泛化。对于地址数据，可以先确定地址中的关键部分（如省、市、区），然后将具体门牌号等信息进行泛化。可以使用 Excel 的文本函数结合查找替换来实现。

（3）日期型数据脱敏。可以通过数据模糊方法来脱敏。使用 Excel 的 TEXT 函数进行日期格式转换来实现数据模糊。

（4）通过编写 Python 程序来脱敏。具体可参考对 Excel 数据处理的方式来编写提示词。

2. Word 文档脱敏方法

（1）基于关键词的替换。打开 Word 文档，使用“查找和替换”功能（快捷键“Ctrl＋H”）。在“查找内容”框中准确输入敏感关键词，在“替换为”框中输入脱敏后的替换内容。如果有多个不同的敏感关键词，可以多次重复此操作或者使用通配符进行批量替换。例如，如果要替换多种不同格式的客户姓名，可以在“查找内容”框中使用通配符“[张三李四王五]”（假设张三、李四、王五是不同的客户姓名），在“替换为”框中输入“客户 X”。替换完成后，仔细检查文档确保替换准确无误。

（2）通过编程批量处理。使用 Python 编程语言，需要安装相关的库，如 python-docx 用于处理 Word 文档。首先导入库，然后编写代码来打开 Word 文档，遍历文档中的段落和表格，使用正则表达式或其他字符串匹配方法识别敏感信息，再进行替换。例如，对于电话号码的替换，可以使用正则表达式匹配电话号码的格式，然后将其替换为脱敏后的内容。最后保存修改后的文档。

以下是一个简单的 Python 代码示例，用于将 Word 文档中的邮箱地址替换为“AAA@163.com”。

```
import docx
import re
def replace_email(doc_path):
    # 打开Word文档
    doc = docx.Document(doc_path)
        # 遍历文档中的所有段落,替换电子邮件地址
    for paragraph in doc.paragraphs:
        # 使用正则表达式替换段落中的电子邮件地址
        paragraph.text = re.sub(r'\w+@\w+\.\w+', 'AAA@163.com',
paragraph.text)
        # 遍历文档中的所有表格
    for table in doc.tables:
        # 遍历表格中的每一行
        for row in table.rows:
            # 遍历行中的每一个单元格
            for cell in row.cells:
                # 遍历单元格中的所有段落,因为cell.text是只读的
                for paragraph in cell.paragraphs:
                    # 使用正则表达式替换段落中的电子邮件地址
                    paragraph.text = re.sub(r'\w+@\w+\.\w+','
AAA@163.com', paragraph.text)
    # 保存修改后的文档
    doc.save(doc_path)
# 指定Word文档的路径
doc_path = r'D:\分析报告.docx'
# 调用函数替换电子邮件地址
replace_email(doc_path)
```

AI助手探秘

请解释Python程序中的这个语句：paragraph.text＝re.sub（r'\w＋@\w＋\.\w＋'，'AAA@163.com'，paragraph.text）。

3.2 pandas 应用基础

3.2.1 pandas 概述

pandas 是一个开源的数据分析库，是数据科学和数据分析业务中不可或缺的工具，特别适用于处理结构化数据。pandas 主要有两种数据结构：Series 和 DataFrame。pandas 提供了易于使用的数据结构和数据操作工具，使得数据清洗、准备、分析和可视化变得更加简单和高效。

DataFrame 数据结构类似于 Excel 表，对会计数据处理非常重要。在实际操作中，先把 Excel 数据读入 DataFrame，然后根据业务需要进行处理，再存储为 Excel 文件或其他格式的文件。因此，需要熟练掌握 DataFrame 数据结构和具体处理方法。

3.2.2 读取 Excel 数据

在 Python 中读取 Excel 数据通常涉及几个步骤，这些步骤可以帮助从 Excel 文件中提取数据，并将其转化为可以进行分析和处理的数据结构。以下是一个典型的流程，展示了如何使用 pandas 库读取 Excel 文件。

1. 准备环境

确保已经安装了必要的库，如 pandas 和 openpyxl（用于读取 Excel 文件）。

在 Python 脚本中导入必要的库：import pandas as pd。

2. 读取 Excel 数据表的方法

在 Python 中，读取 Excel 文件通常可以通过几种不同的库来实现，其中最常用的有 xlrd（仅支持 .xls 格式，对于 .xlsx 支持有限）、openpyxl（专门用于读取 .xlsx 格式文件）、pandas（功能强大，支持多种文件格式，包括 .xls 和 .xlsx）。对于 .xlsx 文件，推荐使用 openpyxl 库；而对于 .xls（Excel 2007 以前版本的格式）等旧版格式的文件，则需要安装 xlrd 库。pandas 由于其灵活性和强大的数据处理能力，通常是处理 Excel 文件的首选。

pd.read_excel() 是 pandas 库提供的一个函数，用于读取 Excel 文件并将其转换为DataFrame对象。以下是主要参数的使用方法：

（1）io。

说明：指定文件的路径，可以是文件的本地路径、URL或文件对象。

示例：

```
import pandas as pd
# 读取本地文件
file_path = 'C:\\PYEXCEL\\库存流水账.xlsx'
df = pd.read_excel(io = file_path)
print(df)
```

如果文件存储在一个目录中，需要在前面加上文件存放路径。

（2）sheet_name。

说明：指定要读取的工作表名称或工作表的索引（从0开始），默认为0，即第一个工作表。可以使用以下几种方式：

字符串：工作表的名称。

整数：工作表的索引。

列表：多个工作表名称或索引的列表，将返回一个字典，其中键是工作表名称或索引，值是相应的数据帧。

None：读取所有工作表并将其作为一个字典返回，其中键是工作表名称，值是相应的数据帧。

示例：

```
# 读取第一个工作表
df = pd.read_excel(io = file_path, sheet_name = 0)
# 读取名为Sheet1的工作表
df = pd.read_excel(io = file_path, sheet_name = 'Sheet1')
# 读取第一个和第二个工作表
dfs = pd.read_excel(io = file_path, sheet_name = [0,1])
# 读取所有工作表
dfs = pd.read_excel(io = file_path, sheet_name = None)
```

（3）header。

说明：指定作为列名的行号，默认为0，即使用第一行作为列名。可以是整数、整数列表或None。

整数：指定行号作为列名。

整数列表：将多个行合并作为列名。

None：不使用任何行作为列名，列名将为0，1，2，…。

示例：

```
# 使用第二行作为列名
df = pd.read_excel(io = file_path,header = 1)
# 合并第一行和第二行作为列名
df = pd.read_excel(io = file_path,header = [0,1])
# 不使用行作为列名
df = pd.read_excel(io = file_path,header = None)
```

（4）names。

说明：自定义列名列表。如果 header 为 None，可以使用 names 来指定列名。

示例：

```
df = pd.read_excel(io = file_path,header = None,names = ['采购日期','名称','采购单据号'])
```

（5）index_col。

说明：指定作为行索引的列，可以是列名、列索引或列索引列表。

示例：

```
# 使用第一列作为行索引
df = pd.read_excel(io = file_path,index_col = 0)
# 使用产品列作为行索引
df = pd.read_excel(io = file_path,index_col = '产品')
# 使用第一列和第二列作为行索引
df = pd.read_excel(io = file_path,index_col = [0,1])
```

（6）usecols。

说明：指定要读取的列，可以是列名列表、列索引列表或 Excel 列范围（例如"A：C"）。

示例：

```
# 读取第一列和第三列
df = pd.read_excel(io = file_path,usecols = [0,2])
```

```
# 读取 '购入金额' 和 '出库金额' 列
df = pd.read_excel(io = file_path, usecols = ['购入金额','出库金额'])
# 读取 A 列到 F 列
df = pd.read_excel(io = file_path, usecols = "A:F")
```

(7) skiprows。

说明：指定要跳过的行号列表或行数，从文件开头开始跳过。

示例：

```
# 跳过第一行
df = pd.read_excel(io = file_path, skiprows = 1)
# 跳过第一行和第三行
df = pd.read_excel(io = file_path, skiprows = [0,2])
```

(8) skipfooter。

说明：指定要从文件末尾跳过的行数。

示例：

```
# 从文件末尾跳过 2 行
df = pd.read_excel(io = file_path, skipfooter = 2)
```

(9) dtype。

说明：指定列的数据类型，可以是字典（键为列名或列索引，值为数据类型）或 str、float 等单一数据类型（将应用于所有列）。

示例：

```
# 指定单据号列为 int 类型
df = pd.read_excel(io = file_path, dtype = {'单据号': int})
```

(10) na_values。

说明：指定哪些值应被视为“NaN”，可以是标量、字符串、列表或字典。

示例：

```
将 -999 视为 NaN
df = pd.read_excel(io = file_path, na_values = -999)
# 将多个值视为 NaN
df = pd.read_excel(io = file_path, na_values = ['NA','N/A', -999])
```

```
# 为不同列指定不同的 NaN 值
df = pd.read_excel(io = file_path, na_values = {'购入金额': [-999], '摘要': ['NA']})
```

(11) parse_dates。

说明：将指定列解析为日期时间类型，可以是列名列表、列索引列表或布尔值。

示例：

```
# 将日期列解析为日期时间类型
df = pd.read_excel(io = file_path, parse_dates = ['日期'])
# 将第一列和第二列解析为日期时间类型
df = pd.read_excel(io = file_path, parse_dates = [0,1])
# 尝试将所有可能的列解析为日期时间类型
df = pd.read_excel(io = file_path, parse_dates = True)
```

(12) date_parser。

说明：自定义日期解析函数，与 parse_dates 一起使用。

示例：

```
from datetime import datetime
def custom_date_parser(x):
    return datetime.strptime(x, '%Y-%m-%d')
df = pd.read_excel(io = file_path, parse_dates = ['日期'], date_parser = custom_date_parser)
```

(13) nrows。

说明：指定要读取的行数。

示例：

```
df = pd.read_excel(io = file_path, nrows = 10)      # 读取前 10 行
```

(14) engine。

说明：指定解析引擎，可选 openpyxl、xlrd 或 pyxlsb，根据 Excel 文件的类型选择合适的引擎。

示例：

```
# 使用 openpyxl 引擎
df = pd.read_excel(io = file_path, engine = 'openpyxl')
```

（15）converters。

说明：使用字典指定列的转换函数，键为列名或列索引，值为转换函数。

示例：

```
def convert_code(code):
    return int(code) + 1
df = pd.read_excel(io = file_path, converters = {'单据号': convert_code})
```

（16）squeeze。

说明：如果数据只有一列，将返回一个 Series 而不是 DataFrame，默认为 False。

示例：

```
# 如果只有一列,返回 Series
s = pd.read_excel(io = file_path, squeeze = True)
```

（17）thousands。

说明：指定千位分隔符，默认为 None。

示例：

```
# 指定千位分隔符
df = pd.read_excel(io = file_path, thousands = ',')
```

AI 助手探秘

请对 pandas 中，read_excel() 里 sheet_name 参数的使用进行说明，并举例使用方法。

希望了解哪个参数的使用方法，就可以替换为哪个参数名进行探秘。

（18）pandas 的数据显示对齐。

由于中文字符的宽度与英文字符不同，默认情况下可能会导致表格不能对齐。因此需要在命令中加入：pd.set_option('display.unicode.east_asian_width',True)，这样，显示中文就能够对齐。

在有类似表格的显示方式时，可以增加提示词“设置 pandas 显示选项，支持中文字符宽度对齐”，在生成的程序中就会生成调整显示的命令行。

应用举例：

读取利润表数据：

```
import pandas as pd
# 指定财务报表 Excel 文件的路径(这里假设是.xls 格式,可根据实际情况修改)
file_path = r 'C:\PYEXCEL\利润表.xls'
# 使用 pandas 的 read_excel()函数读取整个 Excel 文件(默认读取第一个工作表)
financial_data = pd.read_excel(file_path, engine = 'openpyxl')
pd.set_option('display.unicode.east_asian_width', True)
# 查看财务数据的前几行(这里查看前 10 行,可按需调整)
print(financial_data.head(10))
# 获取一些基本统计信息,例如各列数据的均值、中位数等(以数值列为例)
print(financial_data.describe())
```

AI 助手探秘

请说明 pd.set_option() 的相关参数。

如何在 Python 中实现手动数据录入 Excel 文件？

怎样利用 pandas 和 xlsxwriter 进行数据写入？

3.2.3　Series 数据结构

1. 一维数据结构 Series

Series 是一种一维标记数组类型的数据结构。它可以容纳各种数据类型，如整数、浮点数、字符串等。它相当于 Excel 表格中的一列。它由索引（index）列和数据值（value）列组成。索引与数据值之间是一一对应关系。Series 是一维带标签的数组，可以存储任意数据类型，其数据结构示意如图 3－6 所示。

1	56
2	95
3	23
4	91

索引　　数据值

图 3-6　Series 数据结构示意图

2. 创建 Series

(1) 从列表创建 Series。从列表创建 Series 的基本语法为：s = pd. Series(data, index = index)。

其中，data 可以是多种数据类型，如列表、字典、标量值（单个值）等。index 是 Series 的索引，它是一个可选参数。如果不指定 index，默认会使用从 0 开始的整数索引，即便设置了索引，默认索引始终存在，也可以使用，只是不显示出来（也称为隐式索引）。

最简单的方式是从一个 Python 列表创建一个 Series。

应用举例 1：假设要记录某公司一周内每天的销售额，可使用列表创建一个 Series 来存储这些数据。

```
import pandas as pd
# 一周内每天的销售额列表(单位:元)
sales_data = [15000,22000,18000,25000,30000,20000,28000]
sales_series = pd. Series(sales_data)
print(sales_series)
```

运行结果：

```
0    15000
1    22000
2    18000
3    25000
4    30000
5    20000
6    28000
```

应用举例 2：从列表创建 pandas. Series 并自定义索引。

```
import pandas as pd
data = [10,20,30,40]      # 定义数据值
index = ['a','b','c','d']      # 定义索引
s = pd.Series(data, index = index)      # 创建 Series
print(s)
```

运行结果：

```
a    10
b    20
c    30
d    40
```

（2）从字典创建 Series。从字典创建 Series 的基本语法为：series_name＝pd. Series(dictionary_name,index＝custom_index)。

其中，series_name 是创建的 Series 对象的名称，pd. Series() 是 pandas 库中用于创建 Series 的函数，dictionary_name 是用于创建 Series 数据来源的字典，index＝custom_index 是可选参数。custom_index 是一个列表，用于指定 Series 的索引。如果不提供这个参数，字典的键会自动成为 Series 的索引。

现在有一个字典，记录了不同项目的预算金额，可以将其转换为 Series：

```
# 不同项目的预算金额字典,键为项目名称,值为预算金额(单位:元)
import pandas as pd
budget_data_dict = {'项目 A':50000,'项目 B':35000,'项目 C':42000}
budget_series = pd.Series(budget_data_dict)
print(budget_series)
```

运行结果：

```
项目 A    50000
项目 B    35000
项目 C    42000
```

（3）指定索引和访问数据。

① 从列表创建 Series 时指定索引。语法为：series_obj＝pd. Series(data_list，index＝index_list)。

其中，pd. Series() 是 pandas 库中用于创建 Series 的函数，data_list 是包含数据的列表，index_list 是与 data_list 长度相同的索引列表。

② 从字典创建 Series 时指定索引。语法为：series_obj＝pd. Series(dictionary, index＝custom_index)。

其中，dictionary 是数据来源的字典，custom_index 是自定义的索引列表。

③ 访问 Series 数据的语法格式。

● 按位置获取元素。Series 是一维的数据结构，类似于数组或列表。可以通过元素的位置索引来获取数据，索引从 0 开始。例如，有一个 Series s，可以使用 s[index] 来获取指定位置的元素。

```
import pandas as pd
s = pd.Series([10,20,30,40])
second_element = s[1]
print(second_element)
```

● 切片操作获取元素。可以使用切片操作来获取 Series 中的多个元素。语法为：s[start_index:end_index]，例如，获取前三个元素：

```
first_three_elements = s[0:3]
print(first_three_elements)
```

● 使用标签获取元素（如果有标签）。如果 Series 有自定义的标签索引，可以通过标签来获取元素。例如，创建一个带有标签索引的 Series：

```
s_labeled = pd.Series([10,20,30,40],index = ['a','b','c','d'])
element_with_label_b = s_labeled['b']
print(element_with_label_b)
```

④ 应用举例。假设我们要记录某季度三个月内不同部门的费用支出，并且为每个月设定特定的索引，可以这样创建 Series：

```
# 某季度三个月内不同部门的费用支出列表(单位:元)
import pandas as pd
expenses_data = [12000,15000,13000]
# 为每个月设定的索引
index = ['一月','二月','三月']
```

```
expenses_series = pd.Series(expenses_data, index = index)
print(expenses_series)
# 访问数据
# 访问一月和三月的费用支出
print(expenses_series[['一月','三月']])
```

运行结果：

```
一月    12000
二月    15000
三月    13000
访问数据:
一月    12000
三月    13000
```

3. Series 的属性

（1）values 属性。values 属性返回 Series 中的数据元素，以数组的形式呈现。

```
import pandas as pd
data = [100, 200, 300]
s = pd.Series(data)
print(s.values)
```

运行结果：

```
[100 200 300]
```

（2）index 属性。index 属性返回 Series 的索引。

```
import pandas as pd
data = [100, 200, 300]
index = ['M', 'H', 'Y']
s = pd.Series(data, index = index)
print(s.index)
```

运行结果：

```
index(['M', 'H', 'Y'], dtype='object')
```

（3）dtype 属性。dtype 属性返回 Series 中数据元素的数据类型。

```
import pandas as pd
data = [10, 20, 30]
s = pd.Series(data)
print(s.dtype)
```

运行结果：

```
int64
```

4. 数学运算

Series 支持各种数学运算，如加法、减法、乘法、除法等。

```
import pandas as pd
# 创建两个 Series 对象
s1 = pd.Series([10, 20, 30])
s2 = pd.Series([40, 50, 60])
# 加法运算
print("加法运算结果:")
print(s1 + s2)
# 减法运算
print("\n减法运算结果:")
print(s1 - s2)
# 乘法运算
print("\n乘法运算结果:")
print(s1 * s2)
# 除法运算
print("\n除法运算结果:")
print(s1 / s2)
```

运行结果：

```
加法运算结果:
0    50
1    70
2    90
dtype: int64
减法运算结果:
0     -30
1     -30
2     -30
dtype: int64
乘法运算结果:
0    400
1    1000
2    1800
dtype: int64
除法运算结果:
0    0.25
1    0.40
2    0.50
dtype: float64
```

5. 读取 Excel 数据

(1) 读取 Excel 文件。使用 pandas 库中的 read_excel() 函数读取 Excel 文件，得到一个 DataFrame 对象。

(2) 提取数据并转换为 Series。从 DataFrame 中提取某一列数据，并将其转换为 Series 对象。

应用举例：

```
import pandas as pd
df = pd.read_excel(r'C:\PYEXCEL\工资表简表.xlsx')    # 读取 Excel 文件
#提取某一列数据并转换为 Series
series = df['基础工资']
print(series)        # 输出 Series
```

运行结果：

```
0    4500
1    4500
2    4600
3    4600
4    3000
5    3000
6    3000
```

3.2.4 numpy 数组

numpy 是一个用于科学计算的基础库，提供了强大的多维数组对象。下面将详细介绍 numpy 数组的创建与转换方法。

在使用 numpy 之前，需要先安装它。可以使用以下命令安装和导入 numpy 库：

```
pip install numpy      # 安装 numpy 库
import numpy as np     # 导入 numpy 库
```

(1) 从 Python 列表创建。可以使用 np. array() 函数将 Python 列表转换为 numpy 数组。

```
import numpy as np
# 一维数组
list_1d = [1, 2, 3, 4, 5]
arr_1d = np.array(list_1d)
print("一维数组:", arr_1d)
# 二维数组
list_2d = [[1, 2, 3], [4, 5, 6]]
arr_2d = np.array(list_2d)
print("二维数组:\n", arr_2d)
```

(2) 使用特定函数创建。

① np. zeros ()：创建指定形状的全零数组。

```
import numpy as np
# 创建一个3×4的全零二维数组
zeros_arr = np.zeros((3, 4))
print("全零数组:\n", zeros_arr)
```

运行结果：

```
全零数组:
[[0. 0. 0. 0. ]
[0. 0. 0. 0. ]
[0. 0. 0. 0. ]]
```

② np.ones()：创建指定形状的全一数组。

```
import numpy as np
# 创建一个2×3的全一二维数组
ones_arr = np.ones((2, 3))
print("全一数组:\n", ones_arr)
```

运行结果：

```
全一数组:
[[1. 1. 1. ]
[1. 1. 1. ]]
```

③ np.linspace()：创建一个在指定区间内均匀分布的数组。

```
import numpy as np
# 创建一个从0到1共5个元素的一维数组
linspace_arr = np.linspace(0, 1, 5)
print("均匀分布数组:", linspace_arr)
```

运行结果：

```
均匀分布数组:
[0.   0.25   0.5   0.75   1. ]
```

④ np.random.rand()：创建指定形状的随机数组，元素值在[0，1)。

```
import numpy as np
# 创建一个 2×2 的随机二维数组
random_arr = np.random.rand(2, 2)
print("随机数组:\n", random_arr)
```

运行结果：

```
随机二维数组:
[[0.00569376    0.25985346]
[0.66514582    0.54781727]]
```

3.2.5 DataFrame 数据结构

DataFrame 是一个二维的大小可变、潜在异构的数据结构，带有标签轴（索引）。它是 pandas 中最常用的对象之一，非常适合处理表格型数据。Excel 的数据可以直接读入 DataFrame，然后进行数据处理，最后再将数据存为 Excel 文件，也可以存为其他的数据格式。DataFrame 的结构示意图如图 3-7 所示。

列索引

行索引	凭证号	摘要	收入	支出
1	2345	产品销售	8 000	
2	2346	购买材料		6 000
3	2347	发放补贴		5 000
4	2348	发放工资		56 000

图 3-7　DataFrame 的结构示意图

1. 创建 DataFrame

（1）从字典创建 DataFrame。从一个字典创建 DataFrame，字典的键将作为列名，字典的值将作为数据。

基本语法：使用 pd.DataFrame（dictionary），其中 dictionary 是要转换的字典，字典的键将成为 DataFrame 的列名，值将成为对应列的数据。

这里以会计科目余额记录为例，在这个示例中，通过字典创建 DataFrame，字典的键分别将“会计科目”和“余额”作为列名，对应的值则构成了表格中的数据内容，清晰地展示各个会计科目的余额情况，方便后续查看、分析以及进行筛选、统计等操作。

```
import pandas as pd
# 用字典创建DataFrame来记录不同会计科目的余额情况(单位:元)
data = {
    '会计科目':['库存现金','银行存款','应收账款','库存商品'],
    '余额':[10000.00,50000.00,15000.00,20000.00]
}
df = pd.DataFrame(data)
print(df)
```

运行结果：

```
   会计科目     余额
0  库存现金  10000.00
1  银行存款  50000.00
2  应收账款  15000.00
3  库存商品  20000.00
```

（2）从列表创建DataFrame。从一个列表（每个元素也是一个列表或元组）创建DataFrame。语法为：df＝pd.DataFrame(data, columns＝column_names, index＝index_names)。

其中，data是包含数据的列表（元素为列表或元组）；column_names是可选参数，用于指定列名的列表；index_names也是可选参数，用于指定行索引的列表。

这里以员工工资信息记录为例。此示例模拟了记录员工工资信息的场景，使用列表创建DataFrame，并明确指定列名，使其更符合会计工作中对工资数据记录和管理的需求，后续可以基于这个DataFrame进行如按部门统计工资总额、查询特定员工工资等操作。

```
import pandas as pd
# 从列表创建DataFrame来记录员工工资相关信息
data = [
    ['张华',5000.00,'销售部'],
    ['李东',6000.00,'研发部'],
    ['王喜',5500.00,'财务部']
]
```

```
df = pd.DataFrame(data,columns = ['员工姓名','月工资','所属部门'])
print(df)
```

运行结果：

```
   员工姓名   月工资   所属部门
0    张华    5000.00   销售部
1    李东    6000.00   研发部
2    王喜    5500.00   财务部
```

（3）从numpy数组创建DataFrame。要从numpy数组创建DataFrame，可以使用pandas库中的DataFrame（）函数。语法为：df＝pd.DataFrame(data_array,columns＝column_names,index＝index_names)。

其中，data_array是numpy数组；column_names是可选的列名列表，用于为DataFrame的列命名；index_names是可选的行索引列表，用于指定行索引。

从numpy数组创建DataFrame，以项目成本分析为例。

```
import numpy as np
import pandas as pd
# 假设创建一个numpy数组来记录3个项目在4个季度的成本数据(单位:万元)
data = np.array([
    [10.0,12.0,11.0,13.0],
    [8.0,9.0,10.0,11.0],
    [12.0,14.0,13.0,15.0]
])
df = pd.DataFrame(data,columns = ['第一季度','第二季度','第三季度','第四季度'],index = ['项目1','项目2','项目3'])
print(df)
```

运行结果：

```
       第一季度  第二季度  第三季度  第四季度
项目1    10.0      12.0      11.0      13.0
项目2     8.0       9.0      10.0      11.0
项目3    12.0      14.0      13.0      15.0
```

2. 指定索引

在这个示例中，首先创建一个类似会计科目余额表结构的DataFrame，并指定自定义的索引（模拟会计科目编号）。

```
import pandas as pd
# 模拟会计科目余额数据(单位:元)
data = {
    '科目名称': ['库存现金','银行存款','应收账款','库存商品'],
    '年初余额': [10000,50000,15000,20000],
    '年末余额': [12000,55000,18000,22000]
}
# 指定索引,这里假设以会计科目编号作为索引(实际可根据需求替换标识)
index = ['科目 001','科目 002','科目 003','科目 004']
df = pd.DataFrame(data, index = index,columns = ['科目名称','年初余额','
年末余额'])
print(df)
# 通过列名访问
# 访问"年初余额"这一列数据
print("年初余额列数据:")
print(df['年初余额'])
# 通过行索引访问
# 访问"科目 002"(即银行存款)这一行的数据(使用 loc 按标签索引访问)
print("科目 002(银行存款)行数据(通过 loc 访问):")
print(df.loc['科目 002'])
# 同样访问"科目 002"这一行的数据(使用 iloc 按位置索引访问,这里第 1
行对应的位置索引是 0)
print("科目 002(银行存款)行数据(通过 iloc 访问):")
print(df.iloc[1])
# 通过条件筛选
# 筛选出年末余额大于 15000 元的会计科目信息
print("年末余额大于 15000 元的会计科目信息:")
print(df[df['年末余额'] > 15000])
```

运行结果：

```
          科目名称  年初余额  年末余额
科目001   库存现金   10000    12000
科目002   银行存款   50000    55000
科目003   应收账款   15000    18000
科目004   库存商品   20000    22000
年初余额列数据:
科目001   10000
科目002   50000
科目003   15000
科目004   20000
Name: 年初余额,dtype: int64
科目002(银行存款)行数据(通过loc访问):
科目名称   银行存款
年初余额     50000
年末余额     55000
Name: 科目002,dtype: object
科目002(银行存款)行数据(通过iloc访问):
科目名称   银行存款
年初余额     50000
年末余额     55000
Name: 科目002,dtype: object
年末余额大于15000元的会计科目信息:
          科目名称  年初余额  年末余额
科目002   银行存款   50000    55000
科目003   应收账款   15000    18000
科目004   库存商品   20000    22000
```

3. 获取数据

（1）通过列获取数据。

① 使用列名索引。DataFrame 是一个二维的数据结构，类似于表格。可以通过列名来获取某一列的数据，返回的数据类型是 Series。例如，有一个 DataFrame df，包含列名：列 1、列 2、列 3，要获取列 1 的数据，可以使用以下方式：

```
import pandas as pd
df = pd.DataFrame({'列 1': [1,2,3],'列 2': [4,5,6],'列 3': [7,8,9]})
print(df)
column1_data = df['列 1']
print(column1_data)
```

② 使用点号（.）操作符。当列名符合 Python 变量命名规则时，可以使用点号来获取列数据。例如，可以写成 df. name，df. age。但如果列名包含特殊字符（如空格、连字符等），则不能使用点号操作符。

应用举例：

```
import pandas as pd
# 创建一个包含会计业务数据的 DataFrame
data = {
    '姓名': ['张三','李四','王五'],
    '基础工资': [5000,6000,5500],
    '补贴': [1000,1200,1100],
    '应发工资': [6000,7200,6600]
}
# 将数据转换为 DataFrame
df = pd.DataFrame(data)
# 使用点号操作符获取列数据
姓名列 = df.姓名
基础工资列 = df.基础工资
补贴列 = df.补贴
应发工资列 = df.应发工资
# 输出获取的列数据
print("姓名:",姓名列.tolist())
print("基础工资:",基础工资列.tolist())
print("补贴:",补贴列.tolist())
print("应发工资:",应发工资列.tolist())
```

```
# 计算并输出平均应发工资
平均应发工资=应发工资列.mean()
print("平均应发工资:",平均应发工资)
```

运行结果：

```
姓名：['张三','李四','王五']
基础工资：[5000,6000,5500]
补贴：[1000,1200,1100]
应发工资：[6000,7200,6600]
平均应发工资：6600.0
```

说明：Series.tolist() 的作用是将 pandas 的 Series 对象转换为 Python 的列表（list），转换后的列表不包含 pandas 的索引信息。

（2）通过行获取数据。

① 使用 loc 索引器。loc 是基于标签（label）的索引方式，可以通过行标签和列标签来获取数据。loc 是 location 的缩写，表示通过标签定位数据。如果行标签是整数索引（默认从 0 开始），可以使用 df.loc[row_index] 来获取一行数据，返回的是一个 Series。例如，要获取第一行数据（假设行标签是整数索引）：

```
first_row=df.loc[0]
print(first_row)
```

iloc 是基于整数位置（integer position）的索引方式。与 loc 不同的是，它只接受整数索引。例如，获取第一行数据可以使用 df.iloc[0]，这在处理数据的位置索引时非常有用，特别是当行标签不是整数或者顺序混乱时。

② 切片操作获取多行数据。可以使用切片操作来获取多行数据。使用 loc 时，语法为：df.loc[start_row_label:end_row_label]，其中包含起始行标签和结束行标签。使用 iloc 时，语法为：df.iloc[start_row_position:end_row_position]。例如，获取前两行数据：

```
first_two_rows_loc=df.loc[0:1]
print(first_two_rows_loc)
first_two_rows_iloc=df.iloc[0:2]
print(first_two_rows_iloc)
```

应用举例：

```
import pandas as pd
#创建一个简单的会计业务 DataFrame
data = {
    '月份': ['1月','2月','3月','4月','5月'],
    '收入': [10000,12000,11000,13000,14000],
    '费用': [2000,2500,2200,2300,2100],
    '利润': [8000,9500,8800,10700,11900]
}
#将数据转换为 DataFrame
df = pd.DataFrame(data)
#使用 loc 索引器获取第一行数据(基于标签)
first_row = df.loc[0]
print("使用 loc 索引器获取第一行数据:")
print(first_row)
#使用 iloc 索引器获取第一行数据(基于整数位置)
first_row_iloc = df.iloc[0]
print("\n使用 iloc 索引器获取第一行数据:")
print(first_row_iloc)
#使用 loc 索引器获取前两行数据(切片操作)
first_two_rows_loc = df.loc[0:1]
print("\n使用 loc 索引器获取前两行数据(切片操作):")
print(first_two_rows_loc)
#注意:loc 的切片操作是包含起始和结束标签的闭区间[start,end]
#但是,由于 pandas 切片是左闭右开的,所以这里的 end 标签实际上不包含在内
#除非使用.loc[start:end + 1]的形式(但这里为了符合常规用法,保持 end 为 1)
#使用 iloc 索引器获取前两行数据(切片操作)
first_two_rows_iloc = df.iloc[0:2]
print("\n使用 iloc 索引器获取前两行数据(切片操作):")
print(first_two_rows_iloc)
```

```
#注意:iloc 的切片操作是基于整数位置的左闭右开区间[start,end),
#所以这里获取的是第 0 行和第 1 行的数据(共两行)
```

运行结果：

```
使用 loc 索引器获取第一行数据:
月份    1月
收入  10000
费用   2000
利润   8000
使用 iloc 索引器获取第一行数据:
月份    1月
收入  10000
费用   2000
利润   8000
使用 loc 索引器获取前两行数据(切片操作):
   月份   收入   费用   利润
0  1月  10000  2000  8000
1  2月  12000  2500  9500
使用 iloc 索引器获取前两行数据(切片操作):
   月份   收入   费用   利润
0  1月  10000  2000  8000
1  2月  12000  2500  9500
```

（3）同时按行和列获取数据。

① 使用 loc 索引器。语法为：df.loc[row_label,column_label]，可以获取指定行和列交叉位置的数据。如果要获取多行多列的数据，可以使用切片操作。例如，获取第一行和第二行，以及 column1 列和 column2 列的数据：

```
selected_data_loc = df.loc[0:1,'column1':'column2']
print(selected_data_loc)
```

② 使用 iloc 索引器。语法为：df.iloc[row_position,column_position]，同样可以获取指定位置的行和列交叉的数据。例如，获取第一行和第二行，以及第一列和第二列的数据（假设列索引从 0 开始）：

```
selected_data_iloc = df.iloc[0:2,0:2]
print(selected_data_iloc)
```

应用举例:

```
import pandas as pd
#创建一个简单的会计业务 DataFrame
data = {
    '月份': ['一月','二月','三月','四月','五月'],
    '收入': [1000,1500,1200,1300,1400],
    '费用': [200,300,250,280,220]
}
#将数据转换为 DataFrame
df = pd.DataFrame(data)
#使用 loc 索引器获取第一行和第二行的月份列和收入列的数据
# loc 的切片包含起始和结束标签的闭区间[start,end],但 pandas 切片是左闭右开的
#所以这里的 end 标签(行是 1,列是收入)实际上不会被包含在内来获取第二列
#需要显式地包含收入列,然而,对于行切片,由于行索引是整数,通常不这样做
#除非想包括一个特定的结束行,可以使用 df.loc[0:2,:]来获取前两行所有列的数据)
selected_data_loc = df.loc[0:1,'月份':'收入']  # 这实际上等同于 df.loc[0:1,['月份','收入']]
print("使用 loc 索引器获取的数据:")
print(selected_data_loc)
#使用 iloc 索引器获取第一行和第二行及第一列和第二列数据(列索引从 0 开始)
#注意:iloc 的切片操作是基于整数位置的左闭右开区间[start,end)
selected_data_iloc = df.iloc[0:2,0:2]  # 获取第 0 列(月份)和第 1 列(收入)的前两行数据
print("\n使用 iloc 索引器获取的数据:")
```

```
print(selected_data_iloc)
```

运行结果：

```
使用 loc 索引器获取的数据:
   月份  收入
0  一月  1000
1  二月  1500
使用 iloc 索引器获取的数据:
   月份  收入
0  一月  1000
1  二月  1500
```

（4）通过条件筛选。语法为：filtered_df＝df[df['column_name'] condition value]。

其中，df 表示 DataFrame 对象；'column _ name' 表示想要根据其值进行筛选的列的名称；condition 表示比较运算符，如＞（大于）、＜（小于）、＞＝（大于等于）、＜＝（小于等于）、＝＝（等于）、！＝（不等于）等；value 表示与列中的值进行比较的常量或变量。

应用举例：

```
import pandas as pd
# 创建 DataFrame
sales_data = {
    '月份': ['1 月','2 月','3 月','4 月','5 月'],
    '销售额': [1200,1800,1000,1600,2000],
    '成本': [300,400,250,350,450]
}
df = pd.DataFrame(sales_data)
# 条件筛选:销售额大于 1500
filtered_df = df[df['销售额'] > 1500]
# 输出筛选后的 DataFrame
print("筛选后的销售数据(销售额大于 1500):")
print(filtered_df)
```

运行结果：

```
筛选后的销售数据(销售额大于1500):
   月份  销售额  成本
1  2月   1800   400
3  4月   1600   350
4  5月   2000   450
```

4. DataFrame 的基本函数

(1) rename() 函数。要重命名 DataFrame 的列时，可以将 columns 参数设置为一个字典，其中键是旧列名，值是新列名。

应用举例：

应用1：会计科目余额表列名重命名。

```
import pandas as pd
# 模拟会计科目余额数据(单位:元)
data = {
    '科目代码': ['001','002','003'],
    '科目原名称': ['库存现金','银行存款','应收账款'],
    '年初余额': [10000,50000,15000],
    '年末余额': [12000,55000,18000]
}
df = pd.DataFrame(data)
print("原始会计科目余额表:")
print(df)
# 重命名列,将"科目原名称"改为"会计科目","科目代码"改为"科目编号"
df_renamed = df.rename(columns = {'科目原名称': '会计科目','科目代码':
'科目编号'})
print("重命名列后的会计科目余额表:")
print(df_renamed)
```

运行结果：

```
原始会计科目余额表:
```

```
    科目代码  科目原名称  年初余额  年末余额
0    001     库存现金    10000    12000
1    002     银行存款    50000    55000
2    003     应收账款    15000    18000
重命名列后的会计科目余额表:
    科目编号  会计科目  年初余额  年末余额
0    001    库存现金   10000    12000
1    002    银行存款   50000    55000
2    003    应收账款   15000    18000
```

应用2：员工工资表索引重命名。

```python
import pandas as pd
# 模拟员工工资明细数据
data = {
    '员工姓名': ['张三','李四','王五'],
    '基本工资': [5000,5500,6000],
    '绩效工资': [1000,800,1200]
}
# 以员工工号作为索引(这里简单示例编号)
index = ['工号001','工号002','工号003']
df = pd.DataFrame(data, index = index)
df.index.name = '原工号索引'  # 先给索引命名,方便后续引用
print("原始员工工资表:")
print(df)
# 重命名索引的名称,将"原工号索引"改为"员工编号"
df_renamed_index = df.rename_axis('员工编号')
print("重命名索引名称后的员工工资表:")
print(df_renamed_index)
```

运行结果：

```
原始员工工资表:
```

```
原工号索引   员工姓名   基本工资   绩效工资
 工号 001      张三       5000       1000
 工号 002      李四       5500        800
 工号 003      王五       6000       1200
重命名索引名称后的员工工资表:
员工编号   员工姓名   基本工资   绩效工资
工号 001     张三       5000       1000
工号 002     李四       5500        800
工号 003     王五       6000       1200
```

(2) insert() 函数。insert() 函数用于在指定的列位置插入一列新的数据，基本语法为：DataFrame. insert(loc, column, value, allow_duplicates=False)。

参数说明：

loc：类型为 int，表示新列将被插入的位置。请注意，这个位置是基于 0 的索引，即第一列的位置是 0。

column：类型为 str，新列的名称。

value：可以是多种类型，如列表、数组、Series 等，其长度应与 DataFrame 的行数相同。这是新列的值。

allow_duplicates：类型为 bool，默认为 False。如果设置为 True，则允许插入的列名与 DataFrame 中已存在的列名相同。

应用举例：

```
import pandas as pd
# 模拟公司财务数据,这里以项目名称和对应已用金额为例
data = {'项目名称': ['项目 A','项目 B','项目 C'],
        '已用金额(元)': [10000,15000,20000]}
df = pd.DataFrame(data)
# 现在插入一列新的数据,名为“预算金额(元)”,放在第一列(索引为 0 的位置)
# 这里设定每个项目的预算金额,实际中可以根据真实业务获取相应数据
budget_amounts = [12000,18000,22000]
df.insert(0,'预算金额(元)',budget_amounts)
print(df)
```

运行结果：

```
   预算金额(元)  项目名称  已用金额(元)
0     12000      项目 A     10000
1     18000      项目 B     15000
2     22000      项目 C     20000
```

（3）drop() 函数。drop() 函数的基本语法为：DataFrame.drop(labels=None,axis=0,index=None,columns=None,inplace=False,errors='raise')。

参数说明：

labels：要删除的索引或列标签。可以是单个标签、标签列表、标签元组或标签的数组。注意：建议使用 index 或 columns 参数来明确指定是要删除行还是列。

axis：0（默认值）表示按行删除，1 表示按列删除。如果指定了 index 或 columns，则不需要此参数。

index：要删除的行标签（索引）。注意：这个参数与 labels 和 axis=0 一起使用时可能会引起混淆，建议单独使用以明确意图。

columns：要删除的列标签。

inplace：布尔值，默认为 False。如果为 True，则直接修改原始 DataFrame，不返回新的 DataFrame。如果为 False，则返回一个新的 DataFrame，原始 DataFrame 不变。

errors：{'raise'，'ignore'}，默认为'raise'。如果为'raise'，则当找不到指定的标签时会引发“KeyError”。如果为'ignore'，则会忽略不存在的标签，不会引发错误。

应用举例：

```
import pandas as pd
# 模拟公司财务收支数据,包含项目名称、收入金额、支出金额等信息
data = {
    '项目名称':['项目 A','项目 B','项目 C'],
    '收入金额(元)':[10000,12000,15000],
    '支出金额(元)':[8000,9000,11000]
}
df = pd.DataFrame(data)
# 取消项目 B,需要删除对应的行(这里删除索引为 1 的行,对应项目 B 的数据)
# 使用 index 参数来明确删除行的意图
print(df)
```

```
df_dropped_row = df.drop(index = 1)
print("删除项目 B 对应的行后的数据:")
print(df_dropped_row)
# 删除'支出金额(元)'列
# 使用 columns 参数来明确删除列的操作
df_dropped_column = df.drop(columns = '支出金额(元)')
print("删除'支出金额(元)'列后的数据:")
print(df_dropped_column)
# 假如要同时删除多个列,比如同时删除'收入金额(元)'和'支出金额(元)'列
# 可以将列名放在列表中传递给 columns 参数
columns_to_drop = ['收入金额(元)','支出金额(元)']
df_dropped_multiple_columns = df.drop(columns = columns_to_drop)
print("同时删除'收入金额(元)'和'支出金额(元)'列后的数据:")
print(df_dropped_multiple_columns)
```

运行结果:

```
    项目名称  收入金额(元)  支出金额(元)
0   项目 A      10000          8000
1   项目 B      12000          9000
2   项目 C      15000         11000
删除项目 B 对应的行后的数据:
    项目名称  收入金额(元)  支出金额(元)
0   项目 A      10000          8000
2   项目 C      15000         11000
删除'支出金额(元)'列后的数据:
    项目名称  收入金额(元)
0   项目 A      10000
1   项目 B      12000
2   项目 C      15000
同时删除'收入金额(元)'和'支出金额(元)'列后的数据:
    项目名称
0   项目 A
1   项目 B
2   项目 C
```

(4) head() 函数。head() 函数的基本语法为：DataFrame.head(n=5)。其中，n 为可选参数，int 类型，表示要返回的行数，默认值为 5。

应用举例：

```
import pandas as pd
# 模拟公司财务支出明细数据,包含项目名称、支出类别、支出金额等信息
data = {
    "项目名称": ["项目 A","项目 B","项目 C","项目 D","项目 E","项目 F"],
    "支出类别": ["办公用品采购","差旅费","设备维修","水电费","业务招待费","房租"],
    "支出金额(元)": [5000,8000,12000,3000,6000,15000]
}
df = pd.DataFrame(data)
# 假设财务人员想要快速查看前 4 项财务支出明细,调用 head()函数并传入参数 4
print("查看前 4 项财务支出明细数据:")
print(df.head(4))
```

运行结果：

```
查看前 4 项财务支出明细数据:
    项目名称    支出类别    支出金额(元)
0   项目 A   办公用品采购      5000
1   项目 B     差旅费         8000
2   项目 C    设备维修       12000
3   项目 D     水电费         3000
```

(5) tail() 函数。tail() 函数的基本语法为：DataFrame.tail(n=5)。其中，n 为可选参数，int 类型，表示要返回的行数。该方法用于从 DataFrame 的末尾选取 n 行数据，默认 n=5。

应用举例：

```
import pandas as pd
# 模拟公司 12 个月的财务收入数据,包含月份和对应的收入金额(单位:元)
data = {
```

```
    "月份": ["一月","二月","三月","四月","五月","六月","七月",
"八月","九月","十月","十一月","十二月"],"收入金额(元)": [50000,
52000,55000,53000,58000,60000,62000,65000,63000,68000,70000,72000]
}
df = pd.DataFrame(data)
#若财务人员要快速查看最近3个月的财务收入情况,调用tail()函数并
传入参数3
print("查看最近3个月的财务收入数据:")
print(df.tail(3))
```

运行结果：

```
查看最近3个月的财务收入数据:
      月份    收入金额(元)
9     十月       68000
10   十一月      70000
11   十二月      72000
```

AI助手探秘

怎样对DataFrame中的数据进行列和行的计算?

3.2.6 pandas数据清洗

1. 数据清洗方法

数据清洗是数据分析和机器学习项目中非常关键的一步，它涉及识别并纠正数据集中的错误和不一致。在使用Python进行数据清洗时，通常会用到pandas库，因为它提供了强大的数据结构和数据操作功能。以下是一些常见的数据清洗方法：

(1) 处理缺失值。

① 使用pd.isnull() 函数检测缺失值。

② 使用df.dropna() 函数删除包含缺失值的行或列。

③ 使用df.fillna() 函数填充缺失值（例如使用均值、中位数或众数）。

(2) 去除重复数据。

① 使用df.duplicated() 函数来标识重复的行。

② 使用 df. drop _ duplicates() 函数来删除重复的行。

(3) 格式化数据。将数据转换为正确的数据类型（如将字符串类型的日期转换为日期对象）。使用 str. replace() 函数或正则表达式来清理文本数据。

(4) 处理异常值。通过可视化（如箱线图）或统计方法（如 IQR）识别异常值。根据业务逻辑决定如何处理这些值（例如删除、修正或保持原样）。

(5) 标准化/规范化数据。对数值型数据进行缩放（例如归一化或标准化），使得数据处于相同的尺度上，这对于某些算法是非常重要的。

(6) 数据类型转换。使用 astype() 函数转换数据类型。

(7) 创建新特征。基于现有数据创建新的特征，这可以通过组合现有的列或应用数学函数来完成。

(8) 删除无关特征。使用 df. drop(columns=['col_name']) 删除不必要的列。

(9) 数据类型检查。使用 df. info() 函数查看每列的数据类型，并确保它们符合预期。

AI 助手探秘

请用 Python 编写程序，根据所附的要求设计一个具体会计数据案例（存储在 Excel 文件中，案例内容用中文表示，文件存储在 C:\PYEXCEL 中），建立完成后显示 Excel 文件的目录，然后编写处理程序实现上面的各项要求。以所附要求为例：[上面的功能要求或部分功能要求]。

2. 缺失值处理案例

工资表如图 3-8 所示。通过观察这个 Excel 表，其中应发工资、扣款、实发工资有缺失值。根据这些空缺的单元格，可以将缺失值直接填入数字 0。

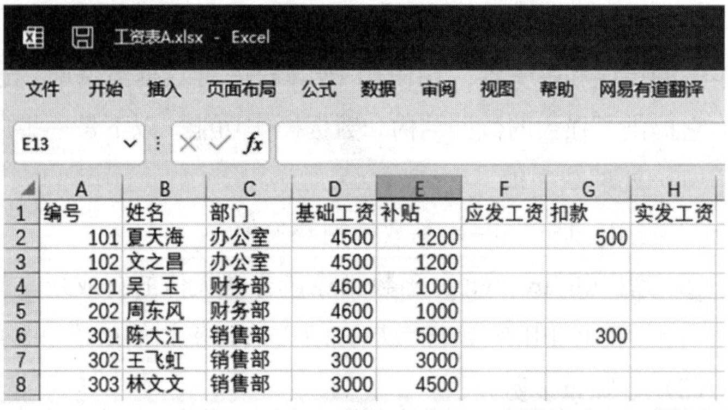

	A	B	C	D	E	F	G	H
1	编号	姓名	部门	基础工资	补贴	应发工资	扣款	实发工资
2	101	夏天海	办公室	4500	1200		500	
3	102	文之昌	办公室	4500	1200			
4	201	吴　玉	财务部	4600	1000			
5	202	周东风	财务部	4600	1000			
6	301	陈大江	销售部	3000	5000		300	
7	302	王飞虹	销售部	3000	3000			
8	303	林文文	销售部	3000	4500			

图 3-8　工资表

AI助手提示词

Excel 表存储在"C:\PYEXCEL\工资表 A. XLSX"，请编写 Python 程序，读取该 Excel 表，对有缺失值的单元格统一填充为数字 0，将显示对齐，然后显示 Excel 表的内容。

这里使用 pandas 库来读取 Excel 文件，并使用 fillna() 方法将缺失值填充为数字 0。下面是一个示例程序：

```
import pandas as pd
# 指定 Excel 文件的路径
file_path = "C:\\PYEXCEL\\工资表 A. XLSX"
# 读取 Excel 文件
df = pd. read_excel(file_path)
# 将有缺失值的单元格填充为 0
df. fillna(0, inplace = True)
print(df)      # 显示 Excel 表的内容
```

运行结果：

	编号	姓名	部门	基础工资	补贴	应发工资	扣款	实发工资
0	101	夏天海	办公室	4500	1200	0. 0	500. 0	0. 0
1	102	文之昌	办公室	4500	1200	0. 0	0. 0	0. 0
2	201	吴　玉	财务部	4600	1000	0. 0	0. 0	0. 0
3	202	周东风	财务部	4600	1000	0. 0	0. 0	0. 0
4	301	陈大江	销售部	3000	5000	0. 0	300. 0	0. 0
5	302	王飞虹	销售部	3000	3000	0. 0	0. 0	0. 0
6	303	林文文	销售部	3000	4500	0. 0	0. 0	0. 0

3.2.7 提升阅读程序的能力

虽然可以借助 AI 编写程序，但仍需要通过以下方法来提升阅读程序的能力，以便改进提示词重新生成 Python 程序，或进行局部调整和修改。

1. 学习 Python 的基础知识

熟练掌握 Python 的基本语法，包括变量、数据类型（如整数、浮点数、字符串、列表、元组、字典、集合等），以及如何操作这些数据类型。

深入理解 Python 的控制流语句，如 if...else 条件语句、for 和 while 循环语句。了解如何使用它们来控制程序的执行流程，实现不同的逻辑分支和重复操作。

掌握函数的定义和调用，包括如何传递参数、接收返回值，以及如何使用默认参数、关键字参数等不同的参数形式。理解函数的作用域和闭包概念，这有助于理解程序中函数之间的相互关系和调用关系。

学习 Python 的异常处理机制，包括 try...except...语句的使用，能够在阅读程序时识别程序是如何处理异常情况的，保证程序的稳健性。

2. 系统学习 Python 相关的第三方库知识

根据自己所从事的工作，选择性地深入学习常用的第三方库。例如，若从事数据处理和分析工作，除了掌握基础的数据操作，还需要系统学习 pandas 库。这包括掌握 pandas 库的数据结构（如 DataFrame 和 Series），如何进行数据的导入、导出、清洗、转换和分析，以及如何使用 pandas 库提供的各种统计函数和方法。

对于数据可视化工作，深入学习 matplotlib 或 seaborn 等库，了解如何创建各种类型的图表（如折线图、柱状图、散点图、直方图等），如何设置图表的标题、坐标轴标签、图例、颜色、线条样式等元素，以及如何进行数据分组和聚合显示。

3. 仔细阅读生成程序中的相关说明信息

AI 在生成的程序中可能会添加少量的注释信息，这些注释可以帮助理解程序的整体功能和关键部分的实现逻辑，要仔细阅读。

关注生成程序后的详细说明，如采用的第三方库中的函数信息，这些信息通常会解释所使用函数的输入参数、输出结果和功能，有助于准确理解程序中的函数调用。

对于程序的数据处理流程说明，要梳理清楚数据从输入到最终输出的转换和处理步骤，明确数据的来源、中间操作和最终结果。如果对某些函数或方法不够理解，可以在 AI 助手中进行追问，获取更详细的信息帮助理解，还可以让它编写程序示例来展示具体的应用场景，加深对该函数或方法的理解。

4. 对其他来源程序的阅读和理解有困难的解决方法

当阅读他人编写的程序或从书籍、网络等来源获取的程序时，遇到理解困难的情况，可以尝试以下方法：对于纸质的程序代码，可以使用手机拍照，识别为文本后粘贴到计算机上，再进行分析。对于电子来源的程序代码，将其复制粘贴到应用中，再进行分析。

采用自上而下的分析方法，首先理解程序的整体功能和结构，找出程序的入口点，再逐步深入各个模块和函数，分析其功能和调用关系。

对于复杂的程序，可以使用调试工具进行单步调试，观察变量的变化和函数的调用过程，帮助理解程序的执行逻辑。在调试过程中，可以添加自己的断点和输出语句，输出关键变量的值，辅助理解程序的执行流程。

要理解和分析原程序，可以将程序粘贴到AI助手中，然后提出要求让它进行分析和说明。如果没有特别的要求，一般只要粘贴程序，它就会自动分析和说明。

AI助手探秘

请给所附程序增加详细的注释说明：[所附的程序]。

请分析解读所附的程序，并对重要函数进行说明：[所附的程序]。

本程序运行有错误，请验证和进行修改：[所附的程序]。

3.3　数据获取

3.3.1　基于业务系统的数据获取

基于业务系统直接获取数据，是一种高效且精准的数据获取策略，它摒弃了烦琐的中间处理步骤，直接从数据存储或处理系统里提取所需信息。这种做法不仅加快了数据流转速度，还显著降低了数据在传输和转换过程中可能遭遇的损耗或失真风险，确保了数据的完整性和准确性。

1. 通过SQL查询获取数据

结构化查询语言（Structured Query Language，SQL）作为数据检索的经典手段，其强大之处在于能够灵活应对多样化的数据提取需求。无论是简单的单表查询，还是复杂的多表关联分析，SQL 都能以高效且直观的方式满足用户的需求。通过精心构建的 SQL 语句，用户可以精确地指定查询条件，提取所需的数据，从而为数据分析、报表生成以及业务决策提供强有力的支持。

AI助手探秘

说明使用 pandas 读取 SQL 数据的方法。

2. API 调用

随着 Web 服务的普及，API 调用已成为连接不同软件系统的桥梁。通过 API，开发者可以编写代码直接向目标数据系统发送请求，并接收以 JSON、XML 等格式返回的数据。这种方式的优点在于其自动化程度高，适合集成到更广泛的数据处理流程中，应用于诸如自动化报表生成、数据同步等场景。同时，API 还支持认证和授权机制，确保数据访问的安全性。对于希望实现数据实时交互或跨平台集成的项目来说，API 调用是不可或缺的技术手段。

3. 导出文件

对于非技术用户或需要快速分享数据的情况，数据导出功能提供了一种便捷的数据获取方式。用户只需简单操作，即可将数据库中的数据导出为常见的文件格式，如 CSV、Excel 或 JSON 等。这些文件不仅易于在本地查看，还便于使用各种办公软件进行进一步的分析和处理。导出功能降低了数据使用的门槛，使得更多人能够参与到数据驱动的决策过程中来。

AI助手探秘

说明 JSON 数据格式。

4. 实时数据流

在追求高效和即时性的今天，实时数据流技术显得尤为重要。它允许数据在生成后立即被捕获并处理，从而实现了对数据变化的即时响应。企业可以构建高效的数据处理通道，实现数据的实时收集、清洗、转换和分析。实时数据流技术不仅提高了数据的时效性，还为企业提供了更强的业务洞察力和决策支持能力。

3.3.2　基于数据标准的数据获取

基于数据标准的数据获取是现代企业数据管理体系的关键环节。它强调在数据收集、处理及利用过程中严格遵守预先设定的数据标准或规范。这一实践不仅增强了数据的一致性和可靠性，还为企业内部各部门之间以及企业与外部合作伙伴之间的信息共享奠定了坚实的基础。企业通过有效获取高质量且符合标准的会计数据，能够为财务管理、业务分析、战略规划等各项活动提供强有力的支持。此外，这也有助于提升企业的数据治理水平，从而增强其核心竞争力。在具体实施中，有国家标准的采用国家标准，有行业标准的采用行业标准，若没有国家标准和行业标准，可以采用企业标准。

1. 遵循数据格式标准

数据格式标准旨在确保数据能够在不同的系统、平台和应用程序之间顺畅地交换，并便于理解。例如，采用统一的日期格式如“YYYY-MM-DD”和货币格式如“货币符号＋数值.小数位”，可以大大提高数据的可读性和可比性，并减少由于格式不一致所带来的解析错误和误解。这样的标准化处理有助于快速准确地识别和分析数据，从而更好地支持决策过程。

2. 实施数据命名标准

数据命名标准确立了数据字段、数据库表、变量等命名时应遵循的规则。这些规则帮助团队成员在查看或操作数据时能够快速理解数据的意义和用途，减少沟通成本，并提高工作效率。同时，一致的命名标准也便于自动化工具和脚本的开发，加快数据处理速度。

3. 保障数据质量标准

数据质量标准是衡量数据质量的关键指标，涵盖了准确性、完整性、一致性、及时性和可用性等多个方面。通过设定明确的数据质量标准，企业可以定期进行数据审计和评估，及时发现并解决数据质量问题。例如，可以通过数据清洗来修正错误数据、填补缺失值以确保数据的准确性；通过比较不同数据源来验证数据的一致性；通过监控数据更新频率来保证数据的时效性。所有这些措施共同作用于提升数据的整体质量，为企业的业务决策提供可靠的数据支持。

3.3.3 基于网络的数据获取

1. 进入网站

利用爬虫自动爬取网络上的数据是一种便捷的方法，但是通过 AI 生成的爬取程序不一定可行，因为有些网站采用了反爬虫技术。对于不能通过技术爬取的数据，也可以采用直接获取的方式。例如，进入新浪财经网站，这里选择股票 000625（长安汽车），网址为：https://finance.sina.com.cn/realstock/company/sz000625/nc.shtml.

浏览此网页，向下移动，在左边显示财务数据，如图 3-9 所示。这里选择“资产负债表”。

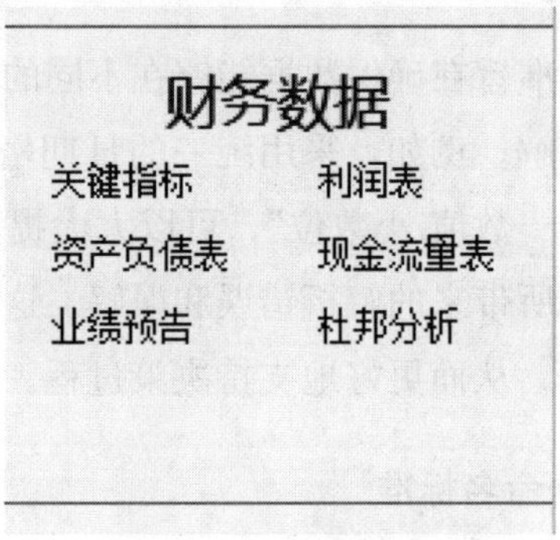

图 3-9 财务数据

2. 获取图片数据

根据需要，可以截取有数据的图片。由于网页上的数据显示超过了屏幕，可以选择具有截取屏幕滚动的截图软件（如 Snagit）实现滚动截取。

截取图片后可以用专门的识别软件提取上面的数据，再整理出来，然后根据需要采用，或者通过 AI 处理。

3. 数据转换

（1）直接上传应用于分析。如果是用于数据分析，就直接将资产负债表的图片发送给 AI 助手，然后用提示词让其进行分析，写出分析报告。

（2）通过 AI 处理数据。截取 000625（长安汽车）资产负债表的部分数据，如图 3-10 所示。

类型：合并期末　币种：CNY　　全部　年报　三季报　中报　一季报

同比	20240930	20240630	20240331	20231231	20230930
流动资产					
货币资金	700亿	709亿	701亿	649亿	722亿
结算备付金	—	—	—	—	—
拆出资金	—	—	—	—	—
交易性金融资产	1.670亿	1.527亿	1.441亿	1.675亿	1.568亿
买入返售金融资产	—	—	—	—	—
衍生金融资产	—	—	—	—	—
应收票据及应收账款	334亿	370亿	370亿	401亿	380亿
应收票据	292亿	340亿	337亿	377亿	354亿
应收账款	42.262亿	29.892亿	32.767亿	24.118亿	26.694亿
应收款项融资	—	—	—	—	—
预付款项	4.561亿	5.826亿	4.817亿	2.877亿	9.876亿
应收股利	—	2247万	—	—	—

图 3-10　部分资产负债表数据

在 AI 助手中上传这个图片，然后编写提示词“请根据上传的图片，规范整理图片中的财务数据”。

整理后的数据如图 3-11 所示。

类型	20240930	20240630	20240331	20231231	20230930
货币资金（亿）	700	709	701	649	722
交易性金融资产（亿）	1.670	1.527	1.441	1.675	1.568
应收票据及应收账款（亿）	334	370	370	401	380
应收票据（亿）	292	340	337	377	354
应收账款（亿）	42.262	29.892	32.767	24.118	26.694
预付款项（亿）	4.561	5.826	4.817	2.877	9.876
应收股利（万）	-	2247	-	-	-

图 3-11　整理后的资产负债表数据（部分）

还可以让 AI 助手将分析后的数据用 Python 写入 Excel，从而通过 Python 程序进行自动化处理。PDF、图片、文本、Word 文件、PPT 文件等都可以上传，让 AI 助手整理后存储为 Excel 文件或其他形式，以备使用。

(3) 将图片数据转为 Excel 文件和 Word 文件。

AI助手提示词

请根据上传文件提取数据，然后整理数据为表格，用 Python 编写程序，将数据存储为 Excel 文件：D:\资产数据.xlsx，以及 Word 文件：D:\资产数据.docx。

在 AI 助手中上传图 3-11，然后输入提示词，生成的程序如下：

```
import pandas as pd
from docx import Document

# 数据整理
data = {
    "日期": ["20240930", "20240630", "20240331", "20231231", "20230930"],
    "货币资金(亿)": [700, 709, 701, 649, 722],
    "交易性金融资产(亿)": [1.670, 1.527, 1.441, 1.675, 1.568],
    "应收票据及应收账款(亿)": [334, 370, 370, 401, 380],
    "应收票据(亿)": [292, 340, 337, 377, 354],
    "应收账款(亿)": [42.262, 29.892, 32.767, 24.118, 26.694],
    "预付款项(亿)": [4.561, 5.826, 4.817, 2.877, 9.876],
    "应收股利(亿)": [-, 0.2247, -, -, -]
}
# 创建 DataFrame
df = pd.DataFrame(data)
# 保存为 Excel 文件
excel_path = r"D:\资产数据.xlsx"
df.to_excel(excel_path, index=False)
print(f"Excel 文件已保存到:{excel_path}")
# 保存为 Word 文件
doc = Document()
doc.add_heading('资产数据', 0)
# 添加表格到 Word
```

```
table = doc.add_table(rows=1, cols=len(df.columns))
table.style = 'Table Grid'
# 添加表头
for i, column in enumerate(df.columns):
    table.cell(0, i).text = column
# 添加数据行
for _, row in df.iterrows():
    row_cells = table.add_row().cells
    for i, value in enumerate(row):
        row_cells[i].text = str(value)
# 保存 Word 文件
word_path = r"D:\资产数据.docx"
doc.save(word_path)
print(f"Word 文件已保存到:{word_path}")
```

生成 Excel 文件和 Word 文件后，可以根据需要，进一步处理后使用。

基本方法是 AI 助手先从图片中提取数据，然后将数据植入 Python 程序，通过运行 Python 程序完成 Excel 和 Word 文件的建立。

这实际上提供了一个便捷的路径，通过上传图片和其他资料（如 Word、Excel、文本、PPT 等），让 AI 助手进行处理，然后就可以生成业务数据分析报告，也可以将数据提取出来生成 Excel 等格式的文档，这样就可以按照自己的需要来灵活应用。

(4) 直接从图片获取数据转为 Excel 文件和 Word 文件。这种方式要安装相关的第三方库和有关程序，操作相对复杂一些。如果获取的数据量不大，可以使用前面的方法解决。如果获取的数据量大，可以直接用 Python 读取图片然后进行转换，具体可以搜索相关处理方法。

3.4　AI 助手拓展学习

(1) 解释 AI 在会计数据录入环节，如 OCR 识别发票、自动分类入账时的应用，说明 AI 在提升效率、降低差错率等方面的优势。

(2) 说明利用 AI 进行数据验证、异常检测、智能纠错等提升会计日常工作数据准确性的方法。

（3）解释 AI 依据法规加强监测、风险预警评估等以确保会计工作合规与防范风险的方式。

（4）在使用提示词生成 Python 程序时，从功能、输入输出、约束条件等方面准确描述任务需求的要点。

（5）阐述追问细化要求、纠偏内容、完善逻辑，结合提示词改进会计文档质量的具体做法。

复习题

1. 思考题

（1）会计数据收集的途径和可能存在的问题有哪些？

（2）会计数据资源管理和数据清理主要包括哪些方面？要注意什么问题？

2. 实验题

（1）案例：用 Excel 建立一个简易工资表，项目有：姓名、部门、基本工资、补贴、应发工资、扣款、实发工资。录入 10 个人的工资数据（涉及三个部门），计算项目留空，后续通过公式计算填入。编写 Python 程序，计算应发工资和实发工资，并显示整个工资表。按照部门进行数据汇总，通过程序在工作簿上建立一个部门的工资汇总表，同时计算列合计。

要求：编写提示词，用 Python 编写程序实现基本功能并运行正确，逐行理解 Python 程序的语法、命令和函数等。可以通过 AI 助手逐一追问进行理解和进一步的学习。

提交实验报告：包括 Excel 工资表、程序执行效果截图、需要说明的问题。可以在此基础上，进一步增加其他功能，均通过提示词实现。

提交 AI 生成的程序设计说明书。

（2）自己准备一个需要脱敏的 Excel 文件。编写提示词对 Excel 文档上的身份证信息、姓名、公司名、产品名等进行脱敏，文件名为：D:\A1. xlsx，脱敏信息的前后用特殊符号“【】”；生成后的文件名为：D:\A2. xlsx；替换信息对照表存储在 D:\A3. xlsx。请编写 Python 实现程序。

对生成的 Python 程序进行调试运行，完成对信息的脱敏。

3. 即测即评

扫码查看判断题、单项选择题、多项选择题。

第 3 章　即测即评

第 4 章

Excel 数据处理

4.1　DataFrame 表格数据的基本处理

4.1.1　数据抽取

1. 数据抽取的概念

数据抽取指的是从各类数据源（例如数据库、文件系统、日志文件、网页等）中提取所需数据的过程。它是数据处理流程中的关键环节，其目的在于将分散于不同位置的原始数据收集起来，为后续的数据清洗、转换和加载等操作做好准备，最终为数据分析、挖掘等应用提供高质量的数据基础。

2. 数据抽取的重要性

企业或组织通常会借助多个不同的系统来存储和管理数据，这些数据可能具有不同的格式和结构。数据抽取能够把这些分散的数据集中起来，也就是进行数据整合，方便进行统一的分析与处理。

原始数据源可能包含大量无关紧要的数据，若直接对其进行分析，会消耗大量的时间和资源。通过数据抽取，获取与分析任务相关的数据，能够显著提高分析效率。

在对数据进行清洗和转换操作之前，首先需要将数据从原始数据源中抽取出来，如此才能对其进行进一步处理，从而保证数据的质量和一致性。

通过抽取相关数据并进行分析，可以发现业务中的问题、趋势和机会等，为决策者提供准确、及时且有针对性的数据，助力他们做出更为正确的决策。

3. 数据抽取的主要方法

对于关系型数据库，可以运用 SQL 语句来查询和提取所需的数据。通过编写复杂的查询语句，能够依据特定的条件筛选出符合要求的数据。

对于 Excel、文本、CSV 等格式文件中的数据，可以使用相应的文件读取工具或编程语言中的文件操作函数来读取数据。

对于从网页中抽取的数据，可以通过编写爬虫程序，模拟浏览器访问网页，解析网页的 HTML 或 XML 结构，提取其中的文本、图片、链接等数据。

数据抽取、转换和加载工具提供了可视化的操作界面，能够方便地连接各种数据源，配置数据抽取规则，实现数据抽取、转换和加载的一体化操作。

许多网站和应用程序提供了应用程序接口（API），允许开发者通过调用API来获取数据。只需按照API的文档要求，发送请求并接收返回的数据即可。

4. DataFrame数据抽取方法

在pandas中，DataFrame提供了多种灵活的数据抽取方法，主要涵盖按列、按行、按条件抽取以及结合行列条件的抽取。掌握这些方法能够有效提高数据处理的效率和准确性，为数据分析和决策支持提供可靠的依据。

4.1.2 行数据处理

1. 行索引

基本原理及方法：在创建DataFrame对象时，pandas会自动为每一行分配一个索引。默认情况下，这个索引是从0开始的整数序列（如0，1，2，…）。行索引应用于具有唯一标识的行数据，其类型可以是整数、字符串等。

操作方法：

使用df.index查看DataFrame的行索引。

使用“df.index=新索引列表”的方式自定义行索引。

程序示例：

```
import pandas as pd
df = pd.read_excel(r'C:\PYEXCEL\工资表简表.xlsx')    # 读取Excel文件
print(df.index)    # 查看默认行索引
```

运行结果：

```
RangeIndex(start = 0,stop = 7,step = 1)
```

说明：这是在不指定索引定义的情况下默认的设置。start参数指定了索引范围的起始值，默认值为0；stop定义了索引范围的结束值，但该结束值本身不包含在索引范围内，也就是最大的索引值是6；step表示索引值之间的间隔，默认值为1，step=1说明索引值是逐个递增的。表示自定义行索引时，要确保新索引列表的长度与DataFrame的行数一致。行索引应保持唯一性，避免出现重复。

指定“编号”为索引的设置：df=df.set_index（'编号'），在具体应用中可以根据需要来进行设置。

用 df_reset = df.reset_index()可以重置为默认的整数索引。索引在数据处理中很重要，需要熟练掌握设置的方法。

AI助手探秘

pd.read_excel（r'C:\PYEXCEL\工资表简表.xlsx'）定义行索引的方法。

2. 抽取一行数据

基本原理及方法：根据行的标识信息提取整行的数据。

操作方法：

使用 loc：df.loc [行标签]。

使用 iloc：df.iloc [行位置]。

程序示例：

```
import pandas as pd
df = pd.read_excel(r'C:\PYEXCEL\工资表简表.xlsx')
print(df.loc[0])      # 使用 loc 抽取一行数据
print(df.iloc[1])     # 使用 iloc 抽取一行数据
```

运行结果：

```
编号          101
姓名          夏天海
部门          办公室
基础工资      4500
补贴          1200
扣款          500.0
Name:0,dtype:object
编号          102
姓名          文之昌
部门          办公室
基础工资      4500
补贴          1200
```

```
扣款          NaN
Name:1,dtype:object
```

说明：返回的结果是一个Series对象。要确保行标签和行位置的有效性。

3. 抽取多行数据

(1) 抽取任意多行的数据。

方法：使用loc或iloc。

程序示例：

```
import pandas as pd
df = pd.read_excel(r'C:\PYEXCEL\工资表简表.xlsx')
# 使用loc抽取多行数据
print(df.loc[[0,2]])    #显示编号为101、201两位员工的信息
# 使用iloc抽取多行数据
print(df.iloc[[0,1]])    #显示编号为101、102两位员工的信息
```

(2) 抽取连续多行的数据。

方法：使用切片操作。

程序示例：

```
import pandas as pd
df = pd.read_excel(r'C:\PYEXCEL\工资表简表.xlsx')
print(df.iloc[0:3])    # 抽取前三行数据,注意与前面的抽取进行对比
```

(3) 按条件抽取行数据。

方法：使用布尔索引。

程序示例：

```
import pandas as pd
df = pd.read_excel(r'C:\PYEXCEL\工资表简表.xlsx')
print(df[df['扣款']>0])    # 抽取扣款大于0的行
```

说明：切片操作不包含结束位置对应的行。条件表达式中的列名必须是DataFrame中存在的。数据类型要支持相应的比较操作。

4.1.3 列数据处理

1. 列索引

基本原理及方法：在 pandas 的 DataFrame 中，列名用于唯一标识每列数据，类似于表格的列标题。通过列名可以直接访问 DataFrame 中的对应列数据。

(1) 默认索引。如果没有指定列索引，会自动生成一个从 0 开始的整数索引。默认情况下，read_excel() 函数会将 Excel 文件的第一行作为列名（假设第一行为标题行）。如果标题行不在第一行，可以使用 header 参数指定具体的行号（从 0 开始计数）。

```
import pandas as pd
#假设标题在第 2 行(索引为 1),注意本案例实际上标题是在第一行
df = pd.read_excel(r'C:\PYEXCEL\工资表简表.xlsx', header=1)
print(df.columns)
```

(2) 定义新列名。根据需要，可以在读入数据后，通过 columns 属性直接为 DataFrame 指定新的列名。

```
import pandas as pd
df = pd.read_excel(r'C:\PYEXCEL\工资表简表.xlsx')
#手动指定列名,注意使用英文引号
new_columns = ['职工编号', '员工姓名', '工作部门', '标准工资', '补贴',
'扣款']
df.columns = new_columns
print(df.columns)   #显示索引
print(df)     #按照设置的索引显示数据
```

AI助手探秘

pd.read_excel (r'C:\PYEXCEL\工资表简表.xlsx') 定义列索引的方法。

2. 抽取一列数据

基本原理及方法：可以通过多种方式提取 DataFrame 中的某一列数据，包括

直接使用列名、使用 loc 和使用 iloc。

操作方法：

直接使用列名：df[列名]。

使用 loc：df.loc[:，列名]。

使用 iloc：df.iloc[:，列位置]（列位置从 0 开始）。

程序示例：

```
import pandas as pd
df = pd.read_excel(r'C:\PYEXCEL\工资表简表.xlsx')
print(df['姓名'])      # 直接使用列名抽取一列数据
print(df.loc[:,'姓名'])   # 使用 loc 抽取一列数据
print(df.iloc[:,0])   # 使用 iloc 抽取一列数据(假设第一列的索引为 0)
```

运行结果：

```
0        夏天海
1        文之昌
2        吴  玉
3        周东风
4        陈大江
5        王飞虹
6        林文文
Name:姓名,dtype:object
0        夏天海
1        文之昌
2        吴  玉
3        周东风
4        陈大江
5        王飞虹
6        林文文
Name:姓名,dtype:object
0    101
1    102
2    201
```

```
3    202
4    301
5    302
6    303
Name:编号,dtype:int64
```

说明：三种方法返回的结果都是 pandas 的 Series 对象，包含指定列的所有数据。loc 基于列名标签，而 iloc 基于列的位置索引。使用 iloc 时，需确保列位置是有效的整数索引。如果列名包含特殊字符或空格，建议使用 loc 或 iloc 方法。

3. 抽取多列数据

基本原理及方法：通过指定一个包含多个列名的列表，可以提取 DataFrame 中的多列数据。

操作方法：使用 df［［列名列表］］的形式。

程序示例：

```
import pandas as pd
df = pd.read_excel(r'C:\PYEXCEL\工资表简表.xlsx')
print(df[['姓名','部门']])       # 抽取"姓名"和"部门"两列数据
```

运行结果：

```
   姓名    部门
0  夏天海  办公室
1  文之昌  办公室
2  吴 玉  财务部
3  周东风  财务部
4  陈大江  销售部
5  王飞虹  销售部
6  林文文  销售部
```

说明：返回的结果是一个新的 DataFrame 对象，仅包含指定的列。列名列表中的列名顺序决定了结果中列的顺序。列名列表中的列名必须是 DataFrame 中已存在的列名，否则会引发"KeyError"。如果列名包含特殊字符或空格，建议使用 loc 方法。

4.1.4 行列数据处理

1. 抽取指定行列的数据

基本原理及方法：在 pandas 的 DataFrame 中，loc 和 iloc 是两种常用的数据索引方法。loc 方法基于标签（label）进行索引，而 iloc 方法则基于整数位置进行索引。

操作方法：

使用 loc：df.loc[行标签列表或切片，列标签列表]。

使用 iloc：df.iloc[行位置列表或切片，列位置列表]。

程序示例：

```
import pandas as pd
df = pd.read_excel(r'C:\PYEXCEL\工资表简表.xlsx')
# 使用 loc 抽取前两行和'姓名''部门'两列数据
print("使用 loc 抽取前两行和'姓名' '部门'两列数据:")
print(df.loc[0:2,['姓名','部门']])  # 注意:切片是左闭右开的
# 使用 iloc 抽取前两行和前三列数据
print("\n 使用 iloc 抽取前两行和前三列数据:")
print(df.iloc[0:2,0:3])  # 切片同样是左闭右开的
```

运行结果：

```
使用 loc 抽取前两行和'姓名''部门'两列数据:
    姓名    部门
0  夏天海  办公室
1  文之昌  办公室
使用 iloc 抽取前两行和前三列数据:
   编号   姓名    部门
0  101  夏天海  办公室
1  102  文之昌  办公室
```

说明：loc 方法基于标签索引，适用于标签是字符串或其他非整数类型的情况。iloc 方法基于整数位置索引，适用于按位置访问数据的情况。确保行标签、

列标签或行位置、列位置是有效的，否则会引发错误。切片操作是左闭右开的，即包含起始索引但不包含结束索引。

2. 按照指定条件抽取数据

基本原理及方法：根据设定的条件筛选出符合条件的行，并可以选择性地返回指定的列。

操作方法：

使用布尔索引：df[条件表达式][列标签列表]。

推荐使用 loc 一次性筛选：df.loc[条件表达式,列标签列表]。

程序示例：

```
import pandas as pd
df = pd.read_excel(r'C:\PYEXCEL\工资表简表.xlsx')
# 抽取基础工资大于 3500 且扣款不为空的行和姓名、基础工资、扣款列的数据
condition = (df['基础工资']>3500) & (df['扣款'].notnull())
print("抽取基础工资大于 3500 且扣款不为空的行和姓名、基础工资、扣款列的数据:")
print(df.loc[condition,['姓名','基础工资','扣款']])
```

运行结果：

```
抽取基础工资大于 3500 且扣款不为空的行和姓名、基础工资、扣款列的数据:
     姓名   基础工资   扣款
0  夏天海    4500    500.0
```

说明：条件表达式会对 DataFrame 的每一行进行判断，返回一个布尔型的 Series 对象。True 表示该行符合条件，False 表示不符合条件。条件表达式中的列名必须是 DataFrame 中存在的。数据类型要支持相应的比较操作，否则可能会引发“TypeError”。推荐使用 loc 方法进行条件筛选和列选择。

AI 助手探秘

使用 Python 的 pandas 库处理数据时，抽取指定行列的数据主要有哪几种语法格式？

4.2 数据的增加、修改和删除

4.2.1 按列增加数据

基本原理及方法：在 pandas 库的 DataFrame 里，能够通过直接赋值或者使用 loc 的方式来添加新列。直接赋值时，会在 DataFrame 中创建一个新列，并把指定的数据列表赋给该列。loc 主要用于对已有数据进行精确索引和赋值，也可用于明确新列的位置（新增列通常会自动添加到末尾）。

操作方法：

直接赋值增加新列：采用“df［新列名］＝数据列表”的形式，将列表数据赋给新列。需要注意的是，列表的长度必须与 DataFrame 的行数保持一致。

使用 loc 属性增加新列：loc 主要用于基于标签的索引，也能用于增加新列，使用“df. loc［:，新列名］＝数据列表”的形式，其中，“:”表示选择所有行。这种方法与直接赋值增加新列时效果相同，直接赋值更为简洁。

为了令显示的数据对齐，这里在打开 Excel 文件之后增加中文字符的对齐命令：pd. set_option('display. unicode. east_asian_width',True)。也可以在生成程序的时候，用提示词实现，如“在 Python 程序中，请正确显示中文字符的宽度”。

程序示例：

```
import pandas as pd
df = pd.read_excel(r'C:\PYEXCEL\工资表简表.xlsx')
pd.set_option('display.unicode.east_asian_width',True)
# 直接为 DataFrame 对象赋值增加一列,例如增加"奖金"列
df['奖金'] = [500,600,700,800,900,1000,1100]
# 使用 loc 在 DataFrame 对象末尾添加一列,例如增加"考核"列
# 注意:这里使用 loc 与直接赋值效果相同,仅作为示例
df.loc[:,'考核'] = ['一般','优秀','一般','一般','优秀','良好','一般']
print("增加'奖金'和'考核'列后的 DataFrame:")
print(df)
# 保存修改后的 DataFrame 到 Excel 文件
df.to_excel(r'C:\PYEXCEL\工资表简表 A1.xlsx', index = False)
```

运行结果：

```
增加'奖金'和'考核'列后的 DataFrame:
    编号   姓名    部门   基础工资   补贴    扣款    奖金   考核
0   101   夏天海  办公室    4500    1200   500.0   500   一般
1   102   文之昌  办公室    4500    1200     NaN   600   优秀
2   201   吴  玉  财务部    4600    1000     NaN   700   一般
3   202   周东风  财务部    4600    1000     NaN   800   一般
4   301   陈大江  销售部    3000    5000   300.0   900   优秀
5   302   王飞虹  销售部    3000    3000     NaN  1000   良好
6   303   林文文  销售部    3000    4500     NaN  1100   一般
```

说明：直接赋值增加新列时，必须保证数据列表的长度和 DataFrame 的行数完全一致。使用 loc 增加新列时，虽可指定行标签（通常用“:”表示所有行），但其主要目的是明确新列名称并赋值数据列表。对于增加新列，直接赋值通常更简洁明了。在增加新列之前，要先检查数据列表的长度是否与 DataFrame 的行数匹配，避免出现长度不匹配的错误。若新列的数据类型和其他列不同（例如，其他列为数值型，新列为字符串型），后续数据处理时可能需要显式转换数据类型，以保证数据的一致性和准确性。虽然 pandas 通常能自动处理这种类型不一致的情况（如在数值运算中忽略字符串列），但在某些特定操作（如数学运算）中需特别留意。

4.2.2 按行增加数据

基本原理及方法：要向 DataFrame 中添加新行，首先应创建一个包含新行数据的字典，字典的键为 DataFrame 的列名，值为对应的数据。然后将这个字典转换为一个新的 DataFrame 对象，最后使用 pd.concat() 函数将原 DataFrame 和新的 DataFrame 进行拼接。pd.concat() 函数可以将多个 DataFrame 沿着指定的轴（默认为行方向）连接起来。设置 ignore_index=True 参数后，拼接后的 DataFrame 会重新生成连续的整数索引。

操作方法：

创建新行数据的字典：要确保字典的键与 DataFrame 的现有列名完全一致。

程序示例：

```
import pandas as pd
df = pd.read_excel(r'C:\PYEXCEL\工资表简表 A1.xlsx')
```

```
# 设置 pandas 显示选项,使输出对齐
pd.set_option('display.unicode.east_asian_width',True)
# 增加一行数据,例如增加一个新员工的工资数据
new_row = {'编号':401,'姓名':'张伟','部门':'人事部','基础工资':3800,'补贴':
800,'扣款':200,'奖金':400,'考核':'一般'}
new_row_df = pd.DataFrame([new_row])   # 将字典转换为 DataFrame
# 使用 pd.concat 方法添加新行
df = pd.concat([df,new_row_df],ignore_index = True)
print("增加新行后的 DataFrame:")   # 输出增加新行后的 DataFrame
print(df)
df.to_excel(r'C:\PYEXCEL\工资表简表 A1.xlsx',index = False)
```

运行结果:

```
增加新行后的 DataFrame:
    编号   姓名    部门   基础工资  补贴    扣款   奖金  考核
0   101  夏天海  办公室    4500   1200  500.0   500  一般
1   102  文之昌  办公室    4500   1200    NaN   600  优秀
2   201  吴  玉  财务部    4600   1000    NaN   700  一般
3   202  周东风  财务部    4600   1000    NaN   800  一般
4   301  陈大江  销售部    3000   5000  300.0   900  优秀
5   302  王飞虹  销售部    3000   3000    NaN  1000  良好
6   303  林文文  销售部    3000   4500    NaN  1100  一般
7   401  张  伟  人事部    3800    800  200.0   400  一般
```

说明：新行数据的字典 new_row 的键必须与原 DataFrame 的列名完全一致，否则在拼接时，不匹配的列会填充缺失值（NaN）。ignore_index＝True 会使拼接后的 DataFrame 重新生成连续的整数索引。如果原索引具有特定的业务含义，需要谨慎使用该参数，或者手动设置新行的索引，以避免丢失原索引信息。

AI 助手探秘

如果想深入了解一段程序，可以用这样的提示词：

请给这段程序编写说明，内容为：基本原理、操作方法、说明和注意问题。[粘贴需要了解的程序]

4.2.3　修改数据

1. 基本原理及方法

在 pandas 的 DataFrame 对象中，能够灵活地修改列标题（列名）、行标题（索引）以及具体单元格的数据。具体方法如下：

修改列标题：运用 rename 方法。

修改行标题（索引）：通过直接赋值 index 属性或者使用 set_index 方法。

修改单元格数据：使用 loc 或 iloc 属性定位并修改特定单元格的值。

2. 操作方法及示例

修改列标题：使用 df.rename(columns={原列名:新列名},inplace=True)语句。其中，columns 为一个字典，键为原列名，值为新列名；inplace=True 确保修改直接作用于原 DataFrame，而非返回一个新的 DataFrame。

修改行标题（索引）：直接对 df.index 赋值，通常使用一个列表或数组来指定新的索引值。例如，df.index=['新索引 1','新索引 2',…]。

修改数据内容：使用 df.loc[行索引，列名]=新值语法。loc 通过行索引和列名定位单元格，并允许直接赋值以修改数据。

程序示例：

```
import pandas as pd
df = pd.read_excel(r'C:\PYEXCEL\工资表简表 A1.xlsx')
print("修改前的 DataFrame:")
print(df)
# 修改列标题,例如将"编号"列重命名为"员工编号"
df.rename(columns = {'编号':'员工编号'}, inplace = True)
# 修改行标题(索引),如将索引设为"员工 XXX"格式,其中 XXX 为三位数的
编号
df.index = ['员工' + str(i + 1).zfill(3) for i in range(len(df))]
# 修改特定单元格的数据,例如将"员工 001"的"奖金"改为 650
df.loc['员工 001','奖金'] = 650
print("\n 修改后的 DataFrame:")
print(df)
```

```
df.to_excel(r'C:\PYEXCEL\工资表简表 A2.xlsx', index = False)
```

运行结果：

```
修改后的 DataFrame:
        员工编号  姓名   部门  基础工资  补贴   扣款   奖金  考核
员工001   101   夏天海 办公室  4500   1200  500.0   650  一般
员工002   102   文之昌 办公室  4500   1200    NaN   600  优秀
员工003   201   吴  玉 财务部  4600   1000    NaN   700  一般
员工004   202   周东风 财务部  4600   1000    NaN   800  一般
员工005   301   陈大江 销售部  3000   5000  300.0   900  优秀
员工006   302   王飞虹 销售部  3000   3000    NaN  1000  良好
员工007   303   林文文 销售部  3000   4500    NaN  1100  一般
员工008   401   张  伟 人事部  3800    800  200.0   400  一般
```

程序说明：

列表推导式生成新索引：df.index=['员工'+str(i+1).zfill(3) for i in range(len(df))]，其中：

(1) range(len(df))：

len(df)：返回 DataFrame 的行数。

range(len(df))：生成一个从 0 到 len(df)－1 的整数序列。例如，如果行数为 5，那么 range(len(df)) 即 range(5)，生成的序列为 [0，1，2，3，4]。

(2) str(i+1).zfill(3)：

i+1：将序列中的每个整数 i 加 1，使得编号从 1 开始。

str(i+1)：将加 1 后的整数转换为字符串。

.zfill(3)：对字符串进行填充，使其长度为 3。如果字符串长度不足 3，则在左侧用 0 填充。例如，'1'.zfill(3) 会得到 '001'，'10'.zfill(3) 会得到 '010'。

(3) '员工'+str(i+1).zfill(3)：将字符串 '员工' 与填充后的字符串拼接起来，形成一个新的字符串，如 '员工 001''员工 002' 等。

(4) ['员工'+str(i+1).zfill(3) for i in rangc(lcn(df))]：这是一个列表推导式，用于生成一个包含所有新索引字符串的列表。列表的长度与 DataFrame 的行数相同。

(5) df.index=[]：将生成的列表赋值给 DataFrame 的 index 属性，从而完成索引的重新赋值。

3. 注意事项

(1) 修改列标题时要确保新列名不会与现有列名冲突，防止数据混淆或丢失。

(2) 修改行标题时要保证新索引具有唯一性，避免出现索引错误。

(3) 修改数据时要仔细核对行索引和列名，确保准确无误地定位到目标单元格；注意数据类型的一致性，避免类型错误或数据转换问题。

(4) 在修改数据前，建议先对 DataFrame 进行备份，例如，df_backup＝df.copy()，防止因误操作导致数据丢失。

(5) 对于大规模数据的修改，建议使用批量操作以提高效率。例如（批量修改某一列的值）：

```
df['奖金'] = df['奖金'] + 100   # 将所有员工的奖金增加 100
```

(6) 修改数据后，通过输出 DataFrame 的 info 和 head 方法验证数据的完整性和正确性。例如：

```
print(df.head())   # 查看前几行数据
print(df.info())   # 查看数据基本信息
```

4.2.4 删除行和列数据

基本原理及方法：在 pandas 库中，drop 方法用于删除 DataFrame 中的行或列数据。通过指定 axis 参数，用户能够明确指示是删除列（axis＝1）还是行（axis＝0，此为默认值）。此外，inplace 参数控制是否直接在原始 DataFrame 上执行修改操作。

方法详解：

(1) 删除行数据：使用 df.drop(index＝[行索引],inplace＝True) 语句。

index：指定要删除的行索引，可以是单个索引，也可以是索引列表。

inplace＝True：确保修改直接作用于原 DataFrame。

(2) 删除列数据：使用 df.drop(columns＝[列名],inplace＝True) 语句。

columns：指定要删除的列名，可以是单个列名，也可以是列名列表。

inplace＝True：确保修改直接作用于原 DataFrame，而不是返回一个新的

DataFrame。

(3) axis=0是默认值，为了程序的清晰性，建议显式使用index参数。

程序示例（删除行）：

```
import pandas as pd
df = pd.read_excel(r'C:\PYEXCEL\工资表简表A2.xlsx')
print("删除前的DataFrame:")
print(df)
# 删除列数据,例如删除"考核"列
df.drop(columns = ['考核'], inplace = True)
# 删除行数据,例如删除索引为7的行
df.drop( index = 7, inplace = True)
print("\n删除后的DataFrame:")
print(df)
df.to_excel(r'C:\PYEXCEL\工资表简表A4.xlsx', index = False)
```

运行结果：

```
删除后的DataFrame:
   员工编号   姓名    部门   基础工资  补贴    扣款    奖金
0    101    夏天海  办公室   4500   1200  500.0   650
1    102    文之昌  办公室   4500   1200    NaN   600
2    201    吴  玉  财务部   4600   1000    NaN   700
3    202    周东风  财务部   4600   1000    NaN   800
4    301    陈大江  销售部   3000   5000  300.0   900
5    302    王飞虹  销售部   3000   3000    NaN  1000
6    303    林文文  销售部   3000   4500    NaN  1100
```

说明：drop方法通过columns参数明确指定要删除的列，可以提高程序可读性和未来的兼容性；通过index参数明确指定要删除的行，有助于提升程序清晰度；inplace=True参数确保修改直接作用于原始DataFrame，无须重新赋值；显式使用columns和index参数，避免依赖默认行为，使程序更易于理解和维护。

确认删除目标：在执行删除操作前，务必确认指定的列名或行索引准确无误，以避免误删数据。批量删除可以一次性删除多列或多行。

程序示例（删除列）：

```
import pandas as pd
df = pd.read_excel(r'C:\PYEXCEL\工资表简表 A4.xlsx')
print("删除前的 DataFrame:")
print(df)
df.drop(columns = ['扣款','奖金'],inplace = True)    # 删除多列
df.drop(index = [0,5,6],inplace = True)      # 删除多行
#删除缺失值:如果需要删除包含缺失值的行或列,使用 dropna 方法
df.dropna(axis = 0,inplace = True)      # 删除包含缺失值的行
df.dropna(axis = 1,inplace = True)      # 删除包含缺失值的列
print(df)
```

运行结果：

```
   员工编号   姓名    部门   基础工资  补贴
1    102   文之昌  办公室    4500   1200
2    201   吴  玉  财务部    4600   1000
3    202   周东风  财务部    4600   1000
4    301   陈大江  销售部    3000   5000
```

4.2.5　行列移动

基本原理及方法：

(1) 列移动。通过调整列的顺序实现列移动。

① 使用 df.columns.tolist() 获取所有列名。

② 使用 remove() 移除目标列（如“扣款”）。

③ 使用 insert() 将目标列插入指定位置（如“补贴”列之前）。

④ 使用 df[columns] 重新排列列顺序。

注意：确保列名正确，避免拼写错误。如果列名重复，可能会导致数据错乱。

(2) 行移动。通过筛选和重新排序实现行移动。

① 使用布尔索引筛选出目标行（如“销售部”的员工）。

② 使用 pd.concat() 将目标行与其他行拼接，目标行放在最前面。

③ 使用 ignore_index=True 重置索引。

注意：确保筛选条件正确，避免遗漏或错误包含数据。

程序示例：

```
import pandas as pd
file_path = r'C:\PYEXCEL\工资表简表.xlsx'
df = pd.read_excel(file_path)
print("原始数据:")        # 查看原始数据
print(df)
# 列移动:将"扣款"列移动到"补贴"列之前
# 方法:通过调整列的顺序
columns = df.columns.tolist()    # 获取所有列名
columns.remove('扣款')        # 移除"扣款"列
columns.insert(columns.index('补贴'),'扣款')    # 将"扣款"列插入"补贴"列之前
df = df[columns]   # 重新排列列顺序
print("\n列移动后的数据:")
print(df)
# 行移动:将"销售部"的员工移动到表格的最前面
# 方法:通过筛选和重新排序
sales_df = df[df['部门'] == '销售部']    # 筛选出销售部的员工
other_df = df[df['部门'] != '销售部']    # 筛选出其他部门的员工
df = pd.concat([sales_df,other_df],ignore_index = True)    # 将销售部员工放在最前面
print("\n行移动后的数据:")
print(df)
# 保存修改后的数据到新文件
output_path = r'C:\PYEXCEL\工资表简表_修改后.xlsx'
df.to_excel(output_path,index = False)
print(f"\n数据已保存到:{output_path}")
```

运行结果：

```
列移动后的数据:
   编号   姓名    部门   基础工资   扣款   补贴
0  101   夏天海  办公室    4500    500.0  1200
1  102   文之昌  办公室    4500      NaN  1200
2  201   吴  玉  财务部    4600      NaN  1000
3  202   周东风  财务部    4600      NaN  1000
4  301   陈大江  销售部    3000    300.0  5000
5  302   王飞虹  销售部    3000      NaN  3000
6  303   林文文  销售部    3000      NaN  4500
行移动后的数据:
   编号   姓名    部门   基础工资   扣款   补贴
0  301   陈大江  销售部    3000    300.0  5000
1  302   王飞虹  销售部    3000      NaN  3000
2  303   林文文  销售部    3000      NaN  4500
3  101   夏天海  办公室    4500    500.0  1200
4  102   文之昌  办公室    4500      NaN  1200
5  201   吴  玉  财务部    4600      NaN  1000
6  202   周东风  财务部    4600      NaN  1000
```

4.3　数据计算

4.3.1　行间计算

行间计算是指对表格中的行数据进行处理，以计算某一行数据与其他行数据之间的关系，或者生成新的行数据。根据计算方式的不同，行间计算可分为连续行间计算和不连续行间计算。

1. 连续行间计算

连续行间计算通常是对整个数据集或数据集的某个子集进行逐行处理，并将计算结果作为新行添加到表格中。

(1) 添加总计行到表格末尾。

基本原理：对连续的行数据进行汇总计算，然后将汇总结果作为新行添加到

DataFrame 末尾。

操作方法：使用 sum 方法对数值列进行汇总计算，使用 loc 方法将汇总结果作为新行添加到 DataFrame 末尾。

程序示例：

```
import pandas as pd
import numpy as np  # 引入 numpy 用于处理 NaN 值
df = pd.read_excel(r'C:\PYEXCEL\工资表简表.xlsx')    # 读取 Excel 文件
# 计算应发工资和实发工资
df['应发工资'] = df['基础工资'] + df['补贴']
df['实发工资'] = df['应发工资'] - df['扣款'].fillna(0)  # 将 NaN 值替换为 0 进行计算
# 创建总计行(使用 numpy 的 nansum 确保 NaN 值在计算中被忽略)
summary_row = {
    '编号':'总计',
    '姓名':'',
    '部门':'',
    '基础工资':np.nansum(df['基础工资']),
    '补贴':np.nansum(df['补贴']),
    '扣款':np.nansum(df['扣款'].fillna(0)), # 确保 NaN 值被替换为 0
    '应发工资':np.nansum(df['应发工资']),
    '实发工资':np.nansum(df['实发工资'])
}
# 将总计行添加到 DataFrame 末尾
df = pd.concat([df, pd.DataFrame([summary_row])], ignore_index = True)
print("增加总计行后的 DataFrame:")
print(df)
```

运行结果：

```
增加总计行后的 DataFrame:
```

```
   编号  姓名  部门  基础工资  补贴   扣款  应发工资  实发工资
0  101  夏天海  办公室   4500  1200  500.0    5700    5200.0
1  102  文之昌  办公室   4500  1200    NaN    5700    5700.0
2  201  吴  玉  财务部   4600  1000    NaN    5600    5600.0
3  202  周东风  财务部   4600  1000    NaN    5600    5600.0
4  301  陈大江  销售部   3000  5000  300.0    8000    7700.0
5  302  王飞虹  销售部   3000  3000    NaN    6000    6000.0
6  303  林文文  销售部   3000  4500    NaN    7500    7500.0
7  总计                 27200  16900 800.0   44100   43300.0
```

说明：使用 fillna（0）将扣款列中的 NaN 值替换为 0，以确保计算正确；使用 np. nansum 进行汇总计算，确保 NaN 值在计算中被正确处理；总计行的非数值字段（如编号、姓名、部门）可根据实际需求进行自定义。确保所有相关列的数据类型均为数值型，以避免类型错误；如果数据量较大，建议在操作前备份数据，以防误操作导致数据丢失。

（2）根据条件在指定位置插入汇总行。

基本原理：根据特定条件（如部门），在 DataFrame 的指定位置插入汇总结果行。

操作方法：使用 loc 和条件筛选定位插入位置，使用 pd. concat 将汇总行插入指定位置。

程序示例：

```
import pandas as pd
import numpy as np  # 引入 numpy 用于处理 NaN 值
df = pd.read_excel(r'C:\PYEXCEL\工资表简表.xlsx')  # 读取 Excel 文件
# 计算应发工资和实发工资
df['应发工资'] = df['基础工资'] + df['补贴']
df['实发工资'] = df['应发工资'] - df['扣款'].fillna(0)  # 将 NaN 值替
换为 0 进行计算
# 筛选财务部的数据
finance_df = df[df['部门'] == '财务部']
# 如果财务部存在,则计算合计
if not finance_df.empty:
    # 计算财务部的合计
```

```
    summary_row = {
        '部门':'财务部合计',
        '基础工资':finance_df['基础工资'].sum(),
        '补贴':finance_df['补贴'].sum(),
        '扣款':finance_df['扣款'].sum(),
        '应发工资':finance_df['应发工资'].sum(),
        '实发工资':finance_df['实发工资'].sum()
    }
    # 定位财务部最后一个人的行索引
    dept_index = finance_df.index[-1] + 1
    # 在指定位置插入总计行
    df = pd.concat([
        df.iloc[:dept_index], # 财务部之前的部分
        pd.DataFrame([summary_row],columns = df.columns), # 总计行
        df.iloc[dept_index:]  # 财务部之后的部分
    ]).reset_index(drop = True)  # 重置索引
print("在财务部之后插入总计行后的 DataFrame:")
print(df)
```

运行结果：

```
在财务部之后插入总计行后的 DataFrame:
   编号    姓名     部门     基础工资  补贴   扣款   应发工资  实发工资
0  101.0  夏天海   办公室      4500   1200  500.0   5700    5200.0
1  102.0  文之昌   办公室      4500   1200    NaN   5700    5700.0
2  201.0  吴  玉   财务部      4600   1000    NaN   5600    5600.0
3  202.0  周东风   财务部      4600   1000    NaN   5600    5600.0
4   NaN    NaN    财务部合计   9200   2000    0.0  11200   11200.0
5  301.0  陈大江   销售部      3000   5000  300.0   8000    7700.0
6  302.0  王飞虹   销售部      3000   3000    NaN   6000    6000.0
7  303.0  林文文   销售部      3000   4500    NaN   7500    7500.0
```

说明：

① 筛选财务部数据。使用 finance_df=df[df['部门'] == '财务部'] 筛选出财务部的数据。如果财务部存在（not finance_df.empty），则继续计算合计。

② 计算财务部合计。使用 summary_row 字典存储财务部的合计值。对基础工资、补贴、扣款、应发工资和实发工资列进行求和。

③ 定位插入位置。dept_index=finance_df.index[-1]+1 获取财务部最后一个人的行索引加 1，作为插入位置。

④ 插入合计行。使用 pd.concat 将数据分为三部分：

财务部之前的部分：df.iloc[:dept_index]；

合计行：pd.DataFrame([summary_row],columns=df.columns)；

财务部之后的部分：df.iloc[dept_index:]。

使用 reset_index(drop=True) 重置索引。

2. 不连续行间计算

不连续行间计算是指选择 DataFrame 中的某些特定行进行计算，并将结果插入指定位置。

基本原理：根据特定条件选择行，对这些行进行计算，并将结果作为新行插入 DataFrame 中。

操作方法：使用条件筛选（如 df[条件] ）选择特定行，使用 pd.concat 将计算结果插入指定位置。

程序示例：

```
import pandas as pd
import numpy as np
df = pd.read_excel(r'C:\PYEXCEL\工资表简表.xlsx')
# 计算应发工资和实发工资
df['应发工资'] = df['基础工资'] + df['补贴']
df['实发工资'] = df['应发工资'] - df['扣款'].fillna(0)
#按照编号后两位排序
df['编号后两位'] = df['编号'].astype(str).str[-2:]
df = df.sort_values(by = '编号后两位')
df = df.drop(columns = '编号后两位')
# 筛选编号后两位为"02"的行
selected_rows = df[df['编号'].astype(str).str.endswith('02')]
#如果所选行不为空,则计算合计行
if not selected_rows.empty:
    # 创建所选行的合计行
```

```
    selected_total_row = {
        '编号':'02_合计',
        '姓名':'',
        '部门':'',
        '基础工资':selected_rows['基础工资'].sum(),
        '补贴':selected_rows['补贴'].sum(),
        '扣款':selected_rows['扣款'].fillna(0).sum(),
        '应发工资':selected_rows['应发工资'].sum(),
        '实发工资':selected_rows['实发工资'].sum()
    }
    # 定位插入位置(在所选行之后)
    insert_index = selected_rows.index[-1] + 1
    # 插入新行
    df = pd.concat([
        df.iloc[:insert_index], # 插入位置之前的部分
        pd.DataFrame([selected_total_row],columns = df.columns),
# 合计行
        df.iloc[insert_index:]  # 插入位置之后的部分
    ]).reset_index(drop = True)  # 重置索引
print("插入合计行后的DataFrame:")
print(df)
```

运行结果：

```
插入合计行后的DataFrame:
   编号    姓名   部门  基础工资  补贴   扣款  应发工资  实发工资
0  101   夏天海  办公室  4500  1200  500.0  5700  5200.0
1  201   吴  玉  财务部  4600  1000    NaN  5600  5600.0
2  301   陈大江  销售部  3000  5000  300.0  8000  7700.0
3  102   文之昌  办公室  4500  1200    NaN  5700  5700.0
4  202   周东风  财务部  4600  1000    NaN  5600  5600.0
5  302   王飞虹  销售部  3000  3000    NaN  6000  6000.0
6  02_合计             12100  5200    0.0  17300  17300.0
7  303   林文文  销售部  3000  4500    NaN  7500  7500.0
```

4.3.2　列间计算

列间计算是指对表格中的列数据进行数学运算，以计算某一列数据与另一列数据之间的关系。在会计和财务业务中，列间计算常用于确定应发工资、实发工资、税费等关键指标。

1. 连续列间计算

连续列间计算是指对表格中相邻或逻辑上连续的列进行数学运算，并将计算结果存储到新列中或插入指定位置。

(1) 列计算后将结果增加到最后一列。

基本原理：对表格中的连续列数据进行运算，并将计算结果作为新列添加到表格的末尾。

操作方法：使用 pandas 读取 Excel 文件；对连续列执行计算，并将结果存储到新列中；使用 fillna (0) 方法处理空值，避免计算错误。

程序示例：

```
import pandas as pd
df = pd.read_excel(r'C:\PYEXCEL\工资表简表.xlsx')
# 连续列间计算:计算应发工资和实发工资
df['应发工资'] = df['基础工资'] + df['补贴']
df['实发工资'] = df['应发工资'] - df['扣款'].fillna(0)  # 用 0 填充扣款
列中的空值
print(df)
df.to_excel(r'C:\PYEXCEL\工资表简表_列间计算.xlsx', index = False)
```

运行结果：

	编号	姓名	部门	基础工资	补贴	扣款	应发工资	实发工资
0	101	夏天海	办公室	4500	1200	500.0	5700	5200.0
1	102	文之昌	办公室	4500	1200	NaN	5700	5700.0
2	201	吴　玉	财务部	4600	1000	NaN	5600	5600.0
3	202	周东风	财务部	4600	1000	NaN	5600	5600.0
4	301	陈大江	销售部	3000	5000	300.0	8000	7700.0
5	302	王飞虹	销售部	3000	3000	NaN	6000	6000.0
6	303	林文文	销售部	3000	4500	NaN	7500	7500.0

说明：原表格将新增两列："应发工资"和"实发工资"。其中，"应发工资"为"基础工资"与"补贴"之和，"实发工资"为"应发工资"减去"扣款"（扣款为空时用 0 代替）。

直接对列进行运算，并将结果存储到新列中；使用 fillna（0）方法将空值填充为 0，以避免计算错误。确保所选列名准确无误。

（2）列间计算后将结果插入指定位置。

基本原理：在计算后，根据特定条件将结果插入指定行之后。此处以插入汇总行为例。

操作方法：计算各列的总和；创建新的行数据，并将其插入指定位置。

程序示例：

```
import pandas as pd
df = pd.read_excel(r'C:\PYEXCEL\工资表简表.xlsx')
# 计算应发工资和实发工资
total_pay = df['基础工资'] + df['补贴']
actual_pay = total_pay - df['扣款'].fillna(0)
# 找到补贴列和扣款列的索引
subsidy_index = df.columns.get_loc('补贴')
deduction_index = df.columns.get_loc('扣款')
# 在补贴列之后插入应发工资列
df.insert(subsidy_index + 1,'应发工资',total_pay)
# 在扣款列之后插入实发工资列
df.insert(deduction_index + 2,'实发工资',actual_pay)
print(df)
df.to_excel(r'C:\PYEXCEL\工资表简表_列间计算.xlsx',index = False)
```

运行结果：

	编号	姓名	部门	基础工资	补贴	应发工资	扣款	实发工资
0	101	夏天海	办公室	4500	1200	5700	500.0	5200.0
1	102	文之昌	办公室	4500	1200	5700	NaN	5700.0
2	201	吴　玉	财务部	4600	1000	5600	NaN	5600.0
3	202	周东风	财务部	4600	1000	5600	NaN	5600.0
4	301	陈大江	销售部	3000	5000	8000	300.0	7700.0
5	302	王飞虹	销售部	3000	3000	6000	NaN	6000.0
6	303	林文文	销售部	3000	4500	7500	NaN	7500.0

2. 不连续列间计算

不连续列间计算是指从不相邻的列中提取数据，进行计算，并将结果插入指定位置。

基本原理：从不相邻的列中提取数据，进行计算，并根据条件将结果插入指定位置。

操作方法：使用 pandas 的列选择功能提取数据；进行计算后，使用 pd. concat 或 loc 方法插入新行。

程序示例：

```
import pandas as pd
df = pd.read_excel(r'C:\PYEXCEL\工资表简表.xlsx')
# 计算特殊计算项目,用 0 填充扣款列中的空值
df['特殊计算项目'] = df['基础工资'] - df['扣款'].fillna(0)
# 保存结果到新的 Excel 文件
df.to_excel(r'C:\PYEXCEL\工资表简表_特殊计算插入.xlsx', index =
False)
print(df)
```

运行结果：

```
   编号   姓名   部门   基础工资  补贴   扣款   特殊计算项目
0  101  夏天海  办公室   4500   1200  500.0   4000.0
1  102  文之昌  办公室   4500   1200    NaN   4500.0
2  201  吴 玉  财务部   4600   1000    NaN   4600.0
3  202  周东风  财务部   4600   1000    NaN   4600.0
4  301  陈大江  销售部   3000   5000  300.0   2700.0
5  302  王飞虹  销售部   3000   3000    NaN   3000.0
6  303  林文文  销售部   3000   4500    NaN   3000.0
```

4.3.3　选择特定行进行汇总

基本原理：选择特定行进行汇总是指依据特定条件对 DataFrame 中的行进行筛选，对筛选出来的这些行执行计算，然后将计算结果插入指定位置。

操作方法：利用条件筛选（例如 df[df['部门']=='办公室']）来选择需要汇总的行。对筛选后的行执行计算，并将结果插入指定位置。

程序示例：

```
import pandas as pd
df = pd.read_excel(r'C:\PYEXCEL\工资表简表.xlsx')
# 计算应发工资和实发工资
df['应发工资'] = df['基础工资'] + df['补贴']
df['实发工资'] = df['应发工资'] - df['扣款'].fillna(0)  # 使用 fillna(0) 处理扣款中的空值
# 选择办公室部门的行进行汇总
office_sum = df[df['部门'] == '办公室'][['基础工资','补贴','扣款','应发工资','实发工资']].sum()
office_sum.name = '办公室汇总'  # 设置汇总行的名称
# 插入指定行之后(例如第 2 行之后)
df_inserted = pd.concat([df.iloc[:2], office_sum.to_frame().T, df.iloc[2:]]).reset_index(drop=True)
print(df_inserted)
```

运行结果：

	编号	姓名	部门	基础工资	补贴	扣款	应发工资	实发工资
0	101.0	夏天海	办公室	4500.0	1200.0	500.0	5700.0	5200.0
1	102.0	文之昌	办公室	4500.0	1200.0	NaN	5700.0	5700.0
2	NaN	NaN	NaN	9000.0	2400.0	500.0	11400.0	10900.0
3	201.0	吴 玉	财务部	4600.0	1000.0	NaN	5600.0	5600.0
4	202.0	周东风	财务部	4600.0	1000.0	NaN	5600.0	5600.0
5	301.0	陈大江	销售部	3000.0	5000.0	300.0	8000.0	7700.0
6	302.0	王飞虹	销售部	3000.0	3000.0	NaN	6000.0	6000.0
7	303.0	林文文	销售部	3000.0	4500.0	NaN	7500.0	7500.0

4.3.4 列汇总

列汇总指的是对 DataFrame 中的列数据进行汇总计算，在实际应用中，常被用于计算某一列的总和、平均值等统计量。本节将详细介绍连续列汇总和选择特定列进行汇总的基本原理、操作方法。

1. 连续列汇总

基本原理：连续列汇总是指对 DataFrame 中的连续列执行特定计算（如求和、求平均值等），并将计算得出的结果作为新行添加到 DataFrame 的底部。虽然从概念上被称为“列汇总”，但在实际操作过程中，通常会将汇总结果作为新行添加，这样可以保持 DataFrame 的结构清晰，提高可读性。

操作方法：运用 sum、mean 等方法对连续列进行汇总计算。将汇总结果作为新行添加到 DataFrame 的底部。

程序示例：

```
import pandas as pd
try:
    df = pd.read_excel(r'C:\PYEXCEL\工资表简表.xlsx')
    # 连续列汇总(求和为例),将结果作为新行添加
    col_sum = df.iloc[:,3:].sum(axis = 0)  # 选择第 4 列到最后一列
求和
    col_sum.name = '列汇总'  # 设置汇总行的名称
    # 将汇总结果作为新行添加到 DataFrame 的底部
    df_with_summary = pd.concat([df,col_sum.to_frame().T],ignore_
index = True)
    print(df_with_summary)        # 输出结果
    # 保存结果到新的 Excel 文件
    df_with_summary.to_excel(r'C:\PYEXCEL\工资表简表_汇总.xlsx',
index = False)
    print("汇总结果已保存到 C:\PYEXCEL\工资表简表_汇总.xlsx")
except FileNotFoundError:
    print("未找到指定的 Excel 文件,请检查文件路径是否正确。")
except Exception as e:
    print(f"发生未知错误:{e}")
```

运行结果：

```
   编号    姓名    部门    基础工资    补贴      扣款
0  101.0  夏天海  办公室   4500.0    1200.0   500.0
1  102.0  文之昌  办公室   4500.0    1200.0     NaN
2  201.0  吴  玉  财务部   4600.0    1000.0     NaN
3  202.0  周东风  财务部   4600.0    1000.0     NaN
4  301.0  陈大江  销售部   3000.0    5000.0   300.0
5  302.0  王飞虹  销售部   3000.0    3000.0     NaN
6  303.0  林文文  销售部   3000.0    4500.0     NaN
7    NaN     NaN     NaN  27200.0   16900.0   800.0
```

说明：本程序有瑕疵，读者可自行改进。有时候想达到同一个目的，有多种实现方法。

2. 选择特定列进行汇总

基本原理：选择特定列进行汇总是指依据特定条件对 DataFrame 中的列进行筛选，对筛选出来的这些列执行计算，然后将计算结果以合适的格式进行展示或者存储。

操作方法：使用列名选择需要汇总的列。对选定列执行计算，并将结果以 Series 或 DataFrame 格式进行存储或展示。

程序示例：

```
import pandas as pd
df = pd.read_excel(r'C:\PYEXCEL\工资表简表.xlsx')
# 选择特定列进行汇总(例如基础工资和补贴)
selected_cols_sum = df[['基础工资','补贴']].sum(axis = 0)
selected_cols_sum.name = '选定列汇总'  # 设置汇总行的名称
print(selected_cols_sum)       # 输出汇总结果
```

运行结果：

```
基础工资    27200
  补贴      16900
```

4.3.5 行列的其他计算

pandas 库为 DataFrame 中的行和列提供了丰富多样的内置计算方法，涵盖求和（sum）、平均值（mean）、最大值（max）、最小值（min）和中位数（median）等。本节将通过具体案例展示如何运用这些方法开展数据统计分析。

基本原理：pandas 提供的多种内置方法可用于计算行和列的统计量。借助这些方法，能快速算出数据的汇总信息，有助于我们洞察数据的分布特征。

操作方法：

运用 sum() 函数计算行或列的总和。

运用 mean() 函数计算行或列的平均值。

运用 max() 函数和 min() 函数计算行或列的最大值和最小值。

运用 median() 函数计算行或列的中位数。

程序示例：

```
import pandas as pd
df = pd.read_excel(r'C:\PYEXCEL\工资表简表.xlsx')
# 计算应发工资和实发工资
df['应发工资'] = df['基础工资'] + df['补贴']
df['实发工资'] = df['应发工资'] - df['扣款'].fillna(0)   # 处理扣款列的空值,填充为 0
# 对所有数值列进行行内求和
df['行总和'] = df[['基础工资','补贴','扣款','应发工资','实发工资']].sum(axis = 1)
# 计算平均值
mean_values = df[['基础工资','补贴','扣款','应发工资','实发工资']].mean()
# 计算最大值和最小值
max_values = df[['基础工资','补贴','扣款','应发工资','实发工资']].max()
min_values = df[['基础工资','补贴','扣款','应发工资','实发工资']].min()
# 计算中位数
median_values = df[['基础工资','补贴','扣款','应发工资','实发工资']].median()
# 输出结果
print("行总和:\n",df[['行总和']])
print("平均值:\n",mean_values)
print("最大值:\n",max_values)
```

```
print("最小值:\n",min_values)
print("中位数:\n",median_values)
```

运行结果略。

4.3.6 数据分组统计

groupby方法是pandas中用于数据分组统计的核心工具，其基本原理是依据指定的键（或键的组合）对数据进行分组，随后对每个分组应用聚合函数（如求和、平均值等）进行计算，从而灵活应对各种分组统计需求。

1. 行分组统计

在行分组统计中，我们会按照某些列的值对数据进行分组，并计算每个分组的汇总信息。

（1）按照单一列分组统计。

基本原理：依据某一列的值将数据划分成不同的组，然后对每个组应用聚合函数。

操作方法：使用df.groupby(by='列名')进行分组，然后使用sum()、mean()等聚合函数进行计算。

程序示例：

```
import pandas as pd
df = pd.read_excel(r'C:\PYEXCEL\工资表简表.xlsx')
# 按照部门列进行分组,并计算每个部门的基础工资和补贴的总和
grouped_by_department = df.groupby('部门')[['基础工资','补贴']].sum().
reset_index()
grouped_by_department['应发工资总和'] = grouped_by_department['基础
工资'] + grouped_by_department['补贴']
print(grouped_by_department)
```

运行结果：

```
   部门    基础工资   补贴    应发工资总和
0  办公室    9000     2400     11400
1  财务部    9200     2000     11200
2  销售部    9000    12500     21500
```

程序说明：

① df.groupby('部门')：按照“部门”列对数据进行分组。

② [['基础工资','补贴']]：选取需要聚合的列。

③ .sum()：对每个分组执行求和操作。

④ .reset_index()：将分组键重新设置为列。

⑤ grouped_by_department['应发工资总和']：计算每个部门的应发工资总和。

(2) 按照多列分组统计。

基本原理：根据多列的值组合对数据进行分组，再对每个组应用聚合函数。

操作方法：使用 df.groupby(by=['列名 1','列名 2'])进行分组。

按多列分组时，要保证这些列的组合在数据中是唯一的。若组合不唯一，可考虑使用 agg 方法对每个分组应用更复杂的聚合操作，或者使用 drop_duplicates 方法先去除重复行。

2. 列分组统计

在列分组统计中，实际上是对行（即转置后的列）进行分组统计。不过，在会计表格处理中，这种操作很少见。若需要进行列分组统计，通常可通过转置 DataFrame 后使用 groupby 方法来实现。鉴于这种操作的复杂性和不常见性，这里不进行详细探讨。

AI 助手探秘

怎样转置 DataFrame？请举例说明。

4.4　Python 处理 Excel 的相关技术

4.4.1　Excel 数据处理常用方法

1. 基本统计计算举例

销售数据表文件“C:\\PYEXCEL\\销售数据明细表.xlsx”，具体内容如图 4-1所示。

	A	B	C	D	E	F	G	H	I
1	产品名	类别	地区	1月销售额	2月销售额	3月销售额	4月销售额	5月销售额	6月销售额
2	A	企业	华南	250	500	430	750	800	770
3	A	个人	西南	130	280	560	460	600	570
4	B	企业	西南	150	300	350	600	500	650
5	B	个人	华南	120	230	310	555	356	368
6	C	企业	华南	300	450	800	700	600	550
7	C	个人	西南	256	358	689	500	500	568
8	D	企业	西南	200	300	400	550	630	700
9	E	企业	西南	1450	2550	1600	2800	3650	2450
10	E	个人	华东	1200	2189	1300	2100	2800	1900

图 4-1 销售数据明细表

(1) 计算每一列的总和。

函数格式：df['列名'].sum()。

功能：计算指定列的总和。

适用场景：数值型数据。

注意事项：如果列中包含非数值数据（如字符串），sum() 函数会报错。可以使用 df['列名'].apply(pd.to_numeric,errors='coerce') 将数据转换为数值型。errors='coerce'将无法转换的值强制转换为 NaN，如果不设置此参数，遇到非数值型数据时会直接报错。pd.to_numeric 是 pandas 提供的函数，用于将数据转换为数值型。apply 方法将 pd.to_numeric 应用到列的每个元素上。

程序示例：

```
# 计算销售额列的总和
import pandas as pd
file_path = 'C:\\PYEXCEL\\销售数据明细表.xlsx'
df = pd.read_excel(file_path)
total_sales = df['1 月销售额'].sum()
print(f"1 月总销售额:{total_sales}")
# 如果列中包含非数值数据,应先转换
df['1 月销售额'] = df['1 月销售额'].apply(pd.to_numeric, errors = 'coerce')
total_sales = df['1 月销售额'].sum()
print(f"1 月总销售额(处理非数值后):{total_sales}")
```

(2) 计算每一列的平均值。

函数格式：df['列名'].mean()。

功能：计算指定列的平均值。

注意事项：如果列中包含缺失值（NaN），mean() 函数会自动忽略缺失值。

程序示例：

```
# 计算销售额列的平均值
import pandas as pd
file_path = 'C:\\PYEXCEL\\销售数据明细表.xlsx'
df = pd.read_excel(file_path)
average_sales = df['1 月销售额'].mean()
print(f"1 月平均销售额:{average_sales}")
```

（3）计算某一列的最大值和最小值。

函数格式：

最大值：df['列名'].max()。

最小值：df['列名'].min()。

注意事项：如果列中包含非数值数据，max() 函数和 min() 函数会报错。

程序示例：

```
# 计算销售额列的最大值和最小值
import pandas as pd
file_path = 'C:\\PYEXCEL\\销售数据明细表.xlsx'
df = pd.read_excel(file_path)
max_sales = df['1 月销售额'].max()
min_sales = df['1 月销售额'].min()
print(f"最大销售额:{max_sales},最小销售额:{min_sales}")
```

（4）计算标准差。

函数格式：df['列名'].std(ddof=1)。

参数说明：ddof 为自由度调整参数，默认为 1。ddof=1 为计算样本标准差（默认值）。ddof=0 为计算总体标准差。

功能：计算指定列的标准差，用于衡量数据的离散程度。标准差越大，表示数据分布越分散；标准差越小，表示数据分布越集中。

程序示例：

```
# 计算销售额列的标准差
import pandas as pd
```

```
file_path = 'C:\\PYEXCEL\\销售数据明细表.xlsx'
df = pd.read_excel(file_path)
std_sales = df['1 月销售额'].std()
print(f"销售额的标准差:{std_sales}")
```

2. 分组计算举例

(1) 按某一列分组并计算总和。

函数格式：df.groupby('分组列')['计算列'].sum()。

功能：按指定列分组，并对分组后的数据求和。

适用场景：适用于需要对某一列进行分组汇总的场景。

返回值：分组后返回的是一个 Series 对象，索引为分组列的值。

程序示例：

```
# 按产品名列分组,并计算每组的销售额总和
import pandas as pd
file_path = 'C:\\PYEXCEL\\销售数据明细表.xlsx'
df = pd.read_excel(file_path)
grouped_sales = df.groupby('产品名')['1 月销售额'].sum()
print(grouped_sales)
```

(2) 按某一列分组计算平均值。

函数格式：df.groupby('分组列')['计算列'].mean()。

功能：按指定列分组，并对分组后的数据计算平均值。

适用场景：适用于需要对某一列进行分组求平均值的场景。

注意事项：如果分组后的数据包含缺失值，mean() 函数会自动忽略。

程序示例：

```
# 按产品名列分组,并计算每组的销售额平均值
import pandas as pd
file_path = 'C:\\PYEXCEL\\销售数据明细表.xlsx'
df = pd.read_excel(file_path)
grouped_avg_sales = df.groupby('产品名')['1 月销售额'].mean()
print(grouped_avg_sales)
```

(3) 多列分组计算总和。

函数格式：df.groupby(['分组列 1','分组列 2'])['计算列'].sum()。

功能：按多列分组，并对分组后的数据求和。

适用场景：适用于需要按多个维度进行分组汇总的场景。

返回值：返回的结果是一个多层索引的 Series 对象。如果需要将多层索引转换为普通列，可以使用 reset_index()函数。

程序示例：

```
# 按产品名和地区列分组,并计算每组的销售额总和
import pandas as pd
file_path = 'C:\\PYEXCEL\\销售数据明细表.xlsx'
df = pd.read_excel(file_path)
grouped_multiple = df.groupby(['产品名','地区'])['1 月销售额'].sum()
print(grouped_multiple)
# 将多层索引转换为普通列
grouped_multiple_reset = grouped_multiple.reset_index()
print(grouped_multiple_reset)
```

3. 条件筛选与计算举例

(1) 筛选满足条件的数据并计算。

函数格式：df[df['列名'] >条件值]。

功能：通过布尔索引筛选数据。

适用场景：适用于需要筛选满足特定条件的数据。

返回值：返回一个满足条件的 DataFrame 子集。

程序示例：

```
# 筛选销售额大于 1000 的数据
import pandas as pd
# 使用原始字符串或转义反斜杠
file_path = r'C:\PYEXCEL\销售数据明细表.xlsx'
df = pd.read_excel(file_path)
# 筛选销售额大于 1000 的数据
high_sales = df[df['1 月销售额'] > 1000]
```

```
# 输出筛选结果(注意括号是英文半角字符)
print(high_sales)
# 计算高销售额的总和
total_high_sales = high_sales['1 月销售额'].sum()
print(f"高销售额总和:{total_high_sales}")
```

(2) 使用 query 方法筛选数据。

函数格式：df.query('条件表达式')。

功能：通过字符串表达式筛选数据。

适用场景：适用于需要编写复杂条件表达式的场景。

返回值：返回一个满足条件的 DataFrame 子集。

程序示例：

```
import pandas as pd
# 使用原始字符串或转义反斜杠
file_path = r'C:\PYEXCEL\销售数据明细表.xlsx'
df = pd.read_excel(file_path)
# 筛选 1 月销售额大于 1000 且 5 月销售额大于 500 的数据
# 使用反引号将列名括起来
filtered_data = df.query('`1 月销售额` > 1000 and `5 月销售额` > 500')
print(filtered_data)
```

4. 排序举例

(1) 按某一列排序。

函数格式：df.sort_values(by='列名',ascending=False)。

功能：按指定列排序。

参数说明：by 为指定排序的列名。ascending 为指定排序方式，True 为升序(默认)，False 为降序。

适用场景：适用于需要对单列数据进行排序的场景。

程序示例：

```
# 按 1 月销售额列降序排列
import pandas as pd
file_path = 'C:\\PYEXCEL\\销售数据明细表.xlsx'
```

```
df = pd.read_excel(file_path)
sorted_df = df.sort_values(by = '1月销售额',ascending = False)
print(sorted_df)
```

(2) 按多列排序。

函数格式：df.sort_values(by=['列1','列2'],ascending=[True,False])。

功能：按多列排序。

参数说明：by为指定排序的列名列表。ascending为指定每列的排序方式，True为升序，False为降序。

适用场景：适用于需要按多个维度排序的场景。注意确保排序的列数据类型一致。

程序示例：

```
# 按产品名升序、销售额降序排列
import pandas as pd
file_path = 'C:\\PYEXCEL\\销售数据明细表.xlsx'
df = pd.read_excel(file_path)
sorted_df = df.sort_values(by = ['产品名','1月销售额'],ascending =
[True,False])
print(sorted_df)
```

AI助手探秘

请补充完善相关内容，包括所使用函数的格式和使用说明，解释计算的方法和注意事项，以及其他需要说明的相关问题：[选择Excel数据处理方法中的全部方法或部分]。

5. 综合举例

AI助手提示词

请用Python在一个程序里面实现：销售数据表保存在“C:\PYEXCEL\销售数据明细表.xlsx”中，第1列为“产品名”，产品名分别为：A、B、C、D、E，第2列为“类别”，第3列为“地区”，第4列为“1月销售额”，第5列为“2月销售额”，第6列为“3月销售额”，第7列为“4月销售额”，第8列为“5月销售额”，第9列为“6月销售额”。请基于这个数据表，用函数进行计算和显示，分别按照产品名、类别、地区进行汇总。

生成的程序：

```
import pandas as pd
import numpy as np
# 1. 打开 Excel 文件
file_path = 'C:\\PYEXCEL\\销售数据明细表.xlsx'
try:
    df = pd.read_excel(file_path, header = 0)  # 读取文件,假设第一行为表头
    print("文件读取成功!")
except FileNotFoundError:
    print(f"错误:文件 '{file_path}' 未找到,请检查路径是否正确。")
    exit()
# 2. 基本统计计算
# 计算每月的销售额总和
monthly_sales = df[['1月销售额','2月销售额','3月销售额','4月销售额','5月销售额','6月销售额']].sum()
print("\n每月销售额总和:")
print(monthly_sales)
# 计算每月的平均销售额
monthly_avg_sales = df[['1月销售额','2月销售额','3月销售额','4月销售额','5月销售额','6月销售额']].mean()
print("\n每月平均销售额:")
print(monthly_avg_sales)
# 计算每月的最大销售额和最小销售额
monthly_max_sales = df[['1月销售额','2月销售额','3月销售额','4月销售额','5月销售额','6月销售额']].max()
monthly_min_sales = df[['1月销售额','2月销售额','3月销售额','4月销售额','5月销售额','6月销售额']].min()
```

```
print("\n每月最大销售额:")
print(monthly_max_sales)
print("\n每月最小销售额:")
print(monthly_min_sales)
# 计算每月的销售额标准差
monthly_std_sales = df[['1月销售额','2月销售额','3月销售额','4月销售额','5月销售额','6月销售额']].std()
print("\n每月销售额标准差:")
print(monthly_std_sales)
# 3. 分组计算
# 按产品名分组并计算每月的销售额总和
grouped_by_product = df.groupby('产品名')[['1月销售额','2月销售额','3月销售额','4月销售额','5月销售额','6月销售额']].sum()
print("\n按产品名分组的每月销售额总和:")
print(grouped_by_product)
# 按类别分组并计算每月的销售额总和
grouped_by_category = df.groupby('类别')[['1月销售额','2月销售额','3月销售额','4月销售额','5月销售额','6月销售额']].sum()
print("\n按类别分组的每月销售额总和:")
print(grouped_by_category)
# 按地区分组并计算每月的销售额总和
grouped_by_region = df.groupby('地区')[['1月销售额','2月销售额','3月销售额','4月销售额','5月销售额','6月销售额']].sum()
print("\n按地区分组的每月销售额总和:")
print(grouped_by_region)
# 4. 添加新列
# 计算每个产品的总销售额
df['总销售额'] = df[['1月销售额','2月销售额','3月销售额','4月销售额','5月销售额','6月销售额']].sum(axis=1)
print("\n添加总销售额列后的数据:")
print(df.head())
# 5. 条件筛选与计算
# 筛选总销售额大于10000的数据
```

```
high_sales = df[df['总销售额'] > 10000]
print("\n 总销售额大于 10000 的数据:")
print(high_sales)
# 6. 排序
# 按总销售额降序排列
sorted_df = df.sort_values(by = '总销售额', ascending = False)
print("\n 按总销售额降序排列:")
print(sorted_df.head())
output_path = 'C:\\PYEXCEL\\计算结果.xlsx'
df.to_excel(output_path, index = False)
print(f"\n 计算结果已保存到:{output_path}")
```

4.4.2 Excel 表数据处理应用

在 Python 中，处理 Excel 文件（包括读取和写入）常用的库是 openpyxl（用于处理 .xlsx 文件）和 xlrd、xlwt（这两个库主要用于处理 .xls 文件，xlrd 支持 .xlsx 文件的读取，写入功能建议使用 openpyxl）。由于 xlrd 和 xlwt 对 .xlsx 文件的支持不如 openpyxl 全面，以下将主要展示如何使用 openpyxl 来读取和写入 Excel 文件。

1. 使用 pandas 读取 Excel 工作表并用 PyQt 展示

案例：pandas 提供的显示不是那么美观，在展示方面可以借助第三方库 PyQt 来美化，比如以表格方式呈现，这也是会计人员喜欢的方式。

销售数据表如图 4-2 所示。

	A	B	C	D	E	F	G
1	产品名	1月销售额	2月销售额	3月销售额	4月销售额	5月销售额	6月销售额
2	A	250	500	430	750	800	770
3	B	150	300	350	600	500	650
4	C	300	450	800	700	600	550
5	D	200	300	400	550	630	700
6	E	1450	2550	1600	2800	3650	2450

图 4-2　销售数据表

AI 助手提示词

销售数据表存储在"C:\PYEXCEL\销售数据表.xlsx"文件中，请读取该数据表并用 PyQt5 库显示。

生成的程序：

```
import sys
import pandas as pd
from PyQt5.QtWidgetsimport
QApplication, QMainWindow, QTableWidget, QTableWidgetItem, QVBoxLayout,
QWidget,QHeaderView
class SalesDataWindow(QMainWindow):
    def __init__(self,df):
        super().__init__()
        self.setWindowTitle('销售数据表')
        self.setGeometry(100,100,800,600)
        # 创建一个中心窗口部件
        central_widget = QWidget()
        self.setCentralWidget(central_widget)
        # 创建一个垂直布局
        layout = QVBoxLayout(central_widget)
        # 创建一个 QTableWidget 来显示数据
        self.table = QTableWidget()
        self.table.setRowCount(len(df))
        self.table.setColumnCount(len(df.columns))
        # 设置表头
        self.table.setHorizontalHeaderLabels(df.columns)
        # 填充表格数据
        for row_idx,row in df.iterrows():
            for col_idx,value in enumerate(row):
                self.table.setItem(row_idx,col_idx,QTableWidgetItem
(str(value)))
        # 调整列宽以适应内容
```

```
            self.table.resizeColumnsToContents()
            # 将表格添加到布局中
            layout.addWidget(self.table)
    # 读取 Excel 文件
    excel_file_path = 'C:\\PYEXCEL\\销售数据表.xlsx'
    df = pd.read_excel(excel_file_path)
    # 创建并显示 GUI 窗口
    app = QApplication(sys.argv)
    window = SalesDataWindow(df)
    window.show()
    # 运行应用程序的主循环
    sys.exit(app.exec_())
```

运行结果如图 4-3 所示。

	产品名	1月销售额	2月销售额	3月销售额	4月销售额	5月销售额	6月销售额
1	A	250	500	430	750	800	770
2	B	150	300	350	600	500	650
3	C	300	450	800	700	600	550
4	D	200	300	400	550	630	700
5	E	1450	2550	1600	2800	3650	2450

图 4-3 销售数据表

PyQt 用于创建图形用户界面应用程序，它是 Python 编程语言和 Qt 库的成功融合。PyQt 实现了一套 Python 模块集，提供了超过 300 个类以及将近 6 000 个函数和方法。PyQt 基于 Qt 框架，开发者可以利用 Qt 的设计工具和布局管理器创建精美、可定制的用户界面。同时，PyQt 也支持 Qt 的绘图和图形效果功能，使得应用程序的视觉效果更加出色。

Qt Designer 是 Qt 框架中的一个可视化工具，用于设计和构建图形用户界面。它允许开发者通过拖放组件的方式来设计界面，无须手动编写代码。Qt Designer 生成的界面文件通常以 .ui 为后缀，这些文件可以通过 uic 工具转换为

Python 或其他编程语言的代码。

AI 助手探秘

Python 使用 PyQt 的方法和举例。Qt Designer 的简介和使用方法。

2. 具体的数据读取方法

(1) 查看数据表的柱状图。销售数据表为 Excel 表，如图 4-2 所示。

AI 助手提示词

销售数据表保存在“C:\PYEXCEL\销售数据表.xlsx”中，第 1 列为“产品名”，产品名分别为：A、B、C、D、E，第 2 列为“1 月销售额”，第 3 列为“2 月销售额”，第 4 列为“3 月销售额”，第 5 列为“4 月销售额”，第 6 列为“5 月销售额”，第 7 列为“6 月销售额”。请基于这个数据表生成柱状图，图形用中文显示。

生成的程序：

```
import pandas as pd
import matplotlib.pyplot as plt
file_path = r'C:\PYEXCEL\销售数据表.xlsx'
df = pd.read_excel(file_path)
# 设置中文字体以确保中文显示正确(需要根据环境选择合适的字体)
plt.rcParams['font.sans-serif'] = ['SimHei']   # 黑体
plt.rcParams['axes.unicode_minus'] = False      # 正常显示负号
# 获取产品种类和各月销售额
products = df['产品名'].values
months = ['1 月销售额','2 月销售额','3 月销售额','4 月销售额','5 月销售额','6 月销售额']
# 绘制柱状图
fig, ax = plt.subplots()
bar_width = 0.15
index = range(len(products))
```

```
    for i,month in enumerate(months):
        plt.bar([pos + bar_width * i for pos in index],df[month].
values,bar_width,label = month)
    plt.xlabel('产品种类')
    plt.ylabel('销售额')
    plt.title('各产品每月销售额对比')
    # 设 x 轴刻度标签位置和内容
    plt.xticks([pos + bar_width * 2.5 for pos in index],products)
    plt.legend()  # 显示图例
    plt.tight_layout()  # 确保图形完整显示
    plt.show()  # 显示图形
```

运行结果如图 4-4 所示。

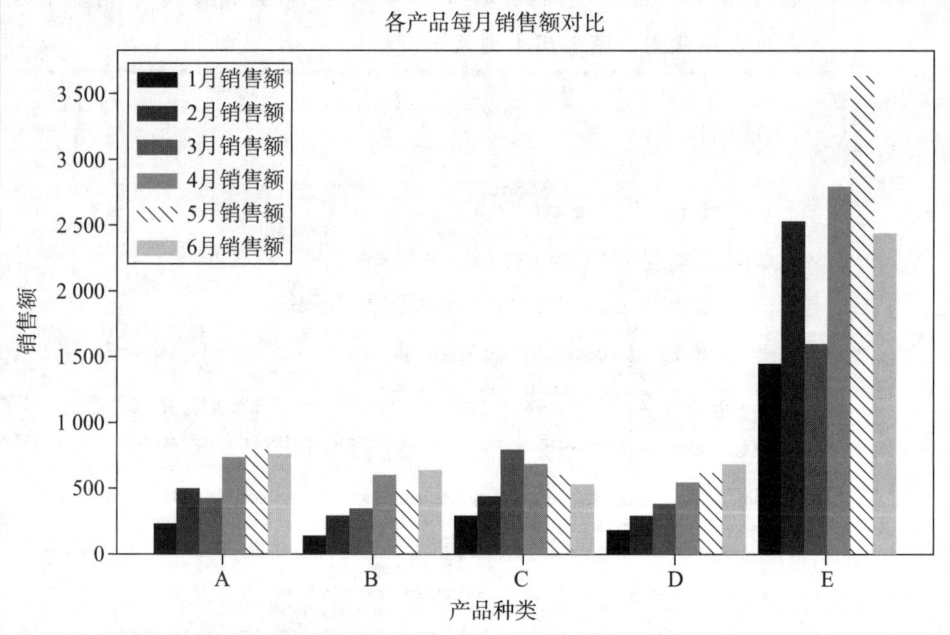

图 4-4 销售柱状图

(2) 读取数据表中按 Sheet 序号指定的工作表。

销售数据表分为两个表，Sheet1 是上半年的数据，Sheet2 是下半年的数据，如图 4-5 所示。要求显示下半年的数据。

	A	B	C	D	E	F	G
1	产品名	7月销售额	8月销售额	9月销售额	10月销售额	11月销售额	12月销售额
2	A	350	600	530	850	900	870
3	B	250	400	450	700	600	750
4	C	400	550	900	800	700	650
5	D	300	400	500	650	730	800
6	E	1550	2650	1700	2900	3750	2550
7							

Sheet1 Sheet2 +

图 4-5 下半年销售数据

AI 助手提示词

销售数据表保存在“C:\PYEXCEL\销售数据表.xlsx”中，有两个工作表，分别是 Sheet1 和 Sheet2，请按序号选择第 2 个工作表，并用 DataFrame. head 方法显示数据表的前 3 行。

生成的程序：

```
import pandas as pd
file_path = 'C:\\PYEXCEL\\销售数据表.xlsx'
# 使用 pandas 读取 Excel 文件,指定 sheet_name 为 1(即第 2 个工作表)
df = pd.read_excel(file_path, sheet_name = 1)
# 使用 DataFrame.head 方法显示前 3 行数据
#注意:head 方法默认显示前 5 行,但可以通过传递参数来指定行数
print(df.head(3))
```

运行结果：

	产品名	7 月销售额	8 月销售额	9 月销售额	10 月销售额	11 月销售额	12 月销售额
0	A	350	600	530	850	900	870
1	B	250	400	450	700	600	750
2	C	400	550	900	800	700	650

(3) 读取数据表中按 Sheet 名称指定的工作表。

AI助手提示词

销售数据表保存在”C:\PYEXCEL\销售数据表.xlsx”中，有两个工作表，分别是Sheet1和Sheet2，请按表的名称选择第2个工作表，并用DataFrame.head方法显示数据表的前3行。

生成的程序：

```
import pandas as pd
file_path = 'C:\\PYEXCEL\\销售数据表.xlsx'
# 使用pandas读取Excel文件,通过sheet_name参数指定工作表名称为'Sheet2'
df = pd.read_excel(file_path, sheet_name = 'Sheet2')
# 使用DataFrame.head方法显示前3行数据
df.head(3)
```

如果在Spyder编译器中df.head(3)不显示，可以用print(df.head(3))替换。

(4) 同时读取数据表的行和列。

AI助手提示词

销售数据表保存在“C:\PYEXCEL\销售数据表.xlsx”中，选择第1个工作表，设置第1行为行标题，以产品名为索引，读取并显示产品名为“C”“D”“E”的3月销售额、4月销售额、5月销售额数据。

生成的程序：

```
import pandas as pd
file_path = 'C:\\PYEXCEL\\销售数据表.xlsx'
# 读取Excel文件,选择第1个工作表,设置第1行为列名
df = pd.read_excel(file_path, sheet_name = 0, header = 0)
# 将产品名列设置为索引
df.set_index('产品名', inplace = True)
# 选择3月销售额、4月销售额、5月销售额列
months_sales = df[['3月销售额', '4月销售额', '5月销售额']]
# 筛选出产品名为C、D、E的数据
filtered_sales = months_sales.loc[['C', 'D', 'E']]
```

```
# 显示其数据
print("产品名为'C'、'D'、'E'在 3 月、4 月、5 月的销售额数据:")
print(filtered_sales)
```

运行结果：

```
产品名为'C'、'D'、'E'在 3 月、4 月、5 月的销售额数据:
产品名  3 月销售额  4 月销售额  5 月销售额
  C         800         700         600
  D         400         550         630
  E        1600        2800        3650
```

4.5　Excel 数据可视化展示

4.5.1　数据可视化功能库

1. pandas

pandas 是 Python 的一个数据处理和分析库，虽然它本身并不是一个专门的可视化库，但 pandas 的 DataFrame 对象提供了内置的绘图功能，可以方便地生成折线图、散点图、柱状图等多种类型的图表。会计人员可以使用 pandas 快速处理和分析财务数据，并利用其内置的绘图功能生成直观的图表来展示数据的分布和变化趋势。

2. matplotlib

matplotlib 是 Python 中最基础的绘图库之一，它提供了丰富的绘图功能和高度可定制的图表样式。

特点：支持多种图表类型，如折线图、散点图、柱状图、饼图等。提供了多种绘图选项，如颜色、线条样式、标记等。支持自定义图表的标题、轴标签、图例等。

会计人员可以使用 matplotlib 来绘制各种复杂的财务数据图表，如财务报表分析图、财务数据对比图等。

3. seaborn

seaborn是基于matplotlib的高级绘图库，它提供了更简洁、更美观的绘图接口，并自动处理了许多绘图细节。

特点：提供了多种统计图表类型，如分布图、热力图、关系图等。图表色彩更具吸引力，可以轻松地创建高质量的图表。支持与pandas无缝集成，方便处理和分析财务数据。

会计人员可以使用seaborn来绘制统计图表，以更好地展示财务数据的分布情况，并发现潜在的规律和趋势。

4. 其他图形支持库

plotly是一个交互式可视化库，它支持多种图表类型，并提供了丰富的交互功能。

bokeh是一个用于创建交互式图形的库，它支持大规模数据集的可视化，并且能够生成高性能的图形。

4.5.2 数据可视化举例

通过matplotlib.pyplot可以绘制多种类型的图形，比如线图、散点图、柱状图、直方图、饼图、箱线图、热力图、误差棒图、极坐标图、3D图形等。下面是一些常见图形的绘制方法。

1. 线图

线图用于展示数据随时间或其他连续变量变化的趋势。

程序示例：

```
import matplotlib.pyplot as plt
plt.rcParams['font.sans-serif'] = ['SimHei']  # 设置中文字体为黑体
plt.rcParams['axes.unicode_minus'] = False  # 解决负号显示问题
# 数据
months = ['1月','2月','3月','4月','5月','6月']  # 月份
profit = [5000,6000,4500,7000,5500,8000]  # 月度利润(具有一定波动性)
# 绘制线图
plt.plot(months,profit,marker = 'o',linestyle = '-',color = 'r',label = '利润')
```

```
# 添加标题和标签
plt.title('月度利润变化趋势')
plt.xlabel('月份')
plt.ylabel('利润(元)')
plt.grid(True)        # 添加网格线
plt.legend()      # 显示图例
plt.show()      # 显示图表
```

运行结果如图 4－6 所示。

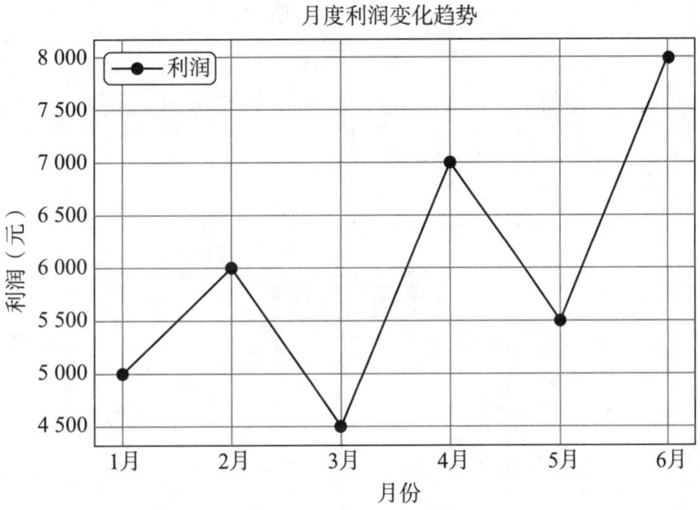

图 4－6　线图

2. 散点图

散点图用于展示两个变量之间的关系。
程序示例：

```
import matplotlib.pyplot as plt
import numpy as np
plt.rcParams['font.sans-serif'] = ['SimHei']   # 设置字体为黑体
plt.rcParams['axes.unicode_minus'] = False   # 解决负号显示问题
# 数据
ad_costs = np.array([10,20,30,40,50,60,70,80,90,100])   # 广告投入
(万元)
```

```
sales_revenue = ad_costs * 2 + np.random.uniform(-0.2,0.2,size=len(ad_costs)) * ad_costs * 2   # 销售收入(万元),加入20%波动性
# 绘制散点图
plt.scatter(ad_costs,sales_revenue,color='b',label='广告投入 vs 销售收入')
# 添加标题和标签
plt.title('广告投入与销售收入的关系')
plt.xlabel('广告投入(万元)')
plt.ylabel('销售收入(万元)')
plt.grid(True)     # 添加网格线
plt.legend()     # 显示图例
plt.show()     # 显示图表
```

运行结果如图 4-7 所示。

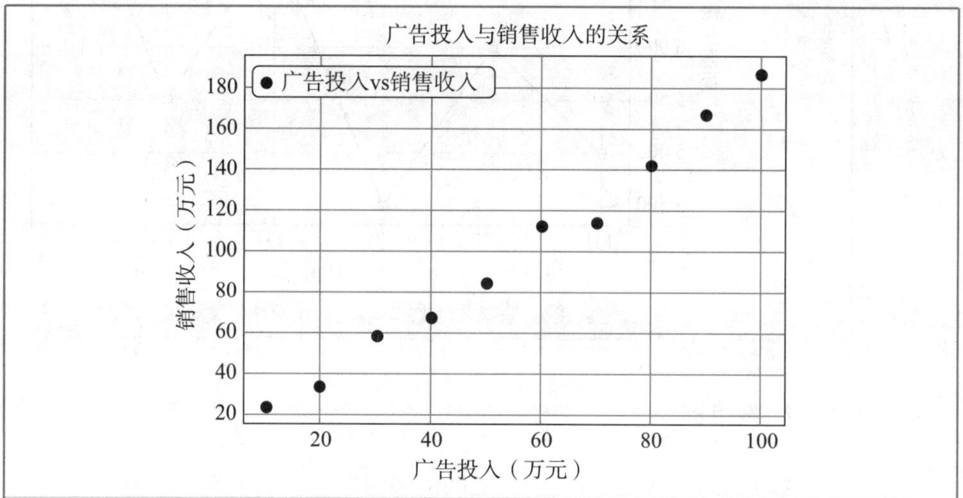

图 4-7　散点图

3. 柱状图

程序示例：

```
import matplotlib.pyplot as plt
import numpy as np
plt.rcParams['font.sans-serif'] = ['SimHei']   # 设置字体为黑体
plt.rcParams['axes.unicode_minus'] = False   # 解决负号显示问题
```

```
# 数据
categories = ['产品 A','产品 B','产品 C','产品 D']   # 产品类别
base_profit = np.array([100,150,120,200])   # 基础利润(万元)
profit = base_profit + np.random.uniform(-0.3,0.3,size = len(base_profit)) * base_profit   # 加入 30%波动性
# 绘制柱状图
plt.bar(categories,profit,color = ['r','g','b','y'])
# 添加标题和标签
plt.title('不同产品类别的季度利润')
plt.xlabel('产品类别')
plt.ylabel('利润(万元)')
plt.grid(True,axis = 'y')       # 添加网格线
plt.show()      # 显示图表
```

运行结果如图 4-8 所示。

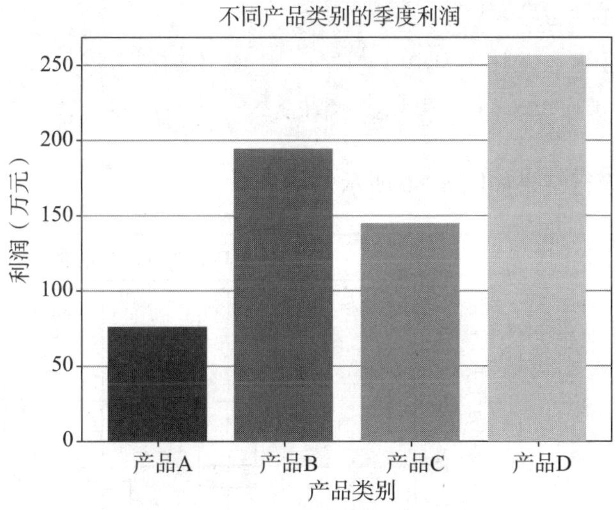

图 4-8　柱状图

4. 箱线图

程序示例：

```
import matplotlib.pyplot as plt
import numpy as np
```

```
plt.rcParams['font.sans-serif'] = ['SimHei']    # 设置字体为黑体
plt.rcParams['axes.unicode_minus'] = False    # 解决负号显示问题
# 数据
np.random.seed(42)    # 设置随机数种子,确保结果可复现
categories = ['产品 A','产品 B','产品 C','产品 D']    # 产品类别
data = [
    np.random.normal(100,35,50), # 产品 A 的利润,均值为 100,标准差为 35
    np.random.normal(150,35,50), # 产品 B 的利润,均值为 150,标准差为 35
    np.random.normal(120,35,50), # 产品 C 的利润,均值为 120,标准差为 35
    np.random.normal(200,35,50)  # 产品 D 的利润,均值为 200,标准差为 35
]
plt.boxplot(data,labels = categories)       # 绘制箱线图
# 添加标题和标签
plt.title('不同产品类别的利润分布')
plt.xlabel('产品类别')
plt.ylabel('利润(万元)')
plt.grid(True,axis = 'y')      # 添加网格线
plt.show()      # 显示图表
```

运行结果如图 4-9 所示。

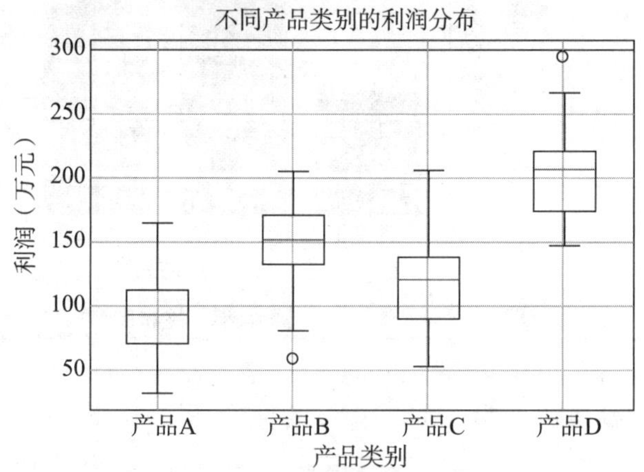

图 4-9 箱线图

5. 3D 图形

matplotlib 也支持绘制 3D 图形，通常使用 mpl_toolkits. mplot3d 模块。

程序示例：

```
import matplotlib.pyplot as plt
from mpl_toolkits.mplot3d import Axes3D
import numpy as np
plt.rcParams['font.sans-serif'] = ['SimHei']   # 设置字体为黑体
plt.rcParams['axes.unicode_minus'] = False   # 解决负号显示问题
# 数据
np.random.seed(42)   # 设置随机数种子,确保结果可复现
categories = ['产品 A','产品 B','产品 C','产品 D']   # 产品类别
regions = ['地区 1','地区 2','地区 3','地区 4']   # 地区
# 生成利润数据(具有 35%左右的波动性)
x = np.arange(len(categories))
y = np.arange(len(regions))
x,y = np.meshgrid(x,y)
# 均值为 100,标准差为 35
z = np.random.normal(100,35,size = (len(regions),len(categories)))
# 创建 3D 图形
fig = plt.figure(figsize = (10,6))
ax = fig.add_subplot(111,projection = '3d')
# 绘制 3D 曲面图
surface = ax.plot_surface(x,y,z,cmap = 'viridis',edgecolor = 'k')
# 添加标题和标签
ax.set_title('不同产品类别在不同地区的利润分布',pad = 20)
ax.set_xlabel('产品类别')
ax.set_ylabel('地区')
ax.set_zlabel('利润(万元)')
# 设置 x 轴和 y 轴刻度标签
ax.set_xticks(np.arange(len(categories)))
ax.set_xticklabels(categories)
```

```
ax.set_yticks(np.arange(len(regions)))
ax.set_yticklabels(regions)
# 添加颜色条
fig.colorbar(surface,ax = ax,shrink = 0.5,aspect = 5,label = '利润(万元)')
plt.show()      # 显示图表
```

运行结果如图4-10所示。

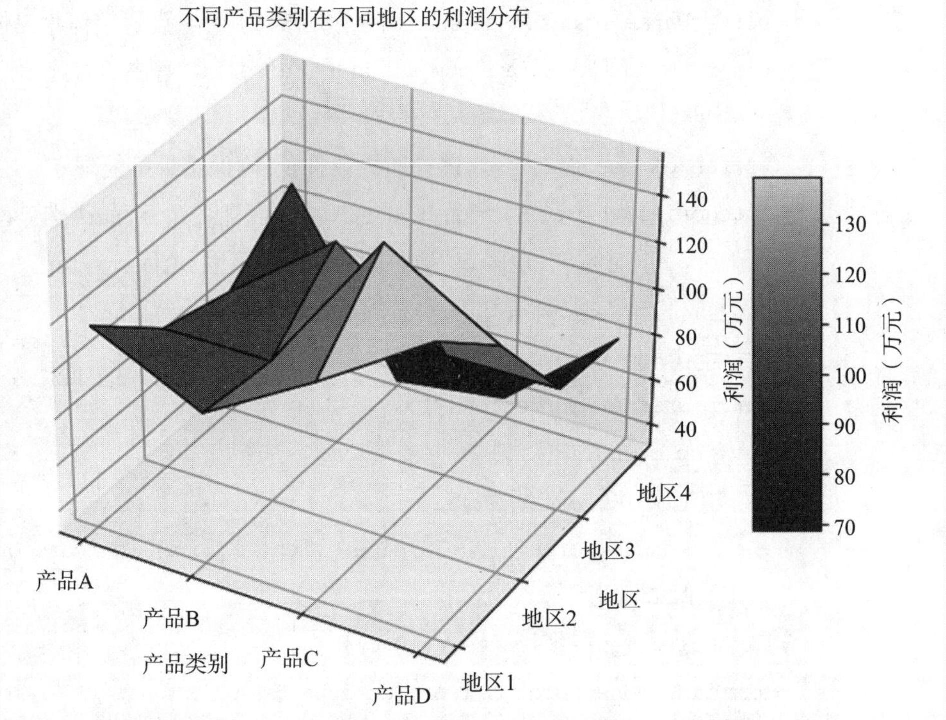

图4-10　3D图形

4.6　AI助手拓展学习

（1）详述pandas的read_excel（）函数，涵盖指定工作表、范围、表头索引等参数设置。给出读取简单、多表、复杂结构Excel文件的程序示例，以应对不同场景。

（2）全方位介绍PyQt库，含发展背景、核心功能与应用领域。分析其图形用户界面开发的优缺点，如控件丰富但学习曲线陡，结合案例说明。

（3）探讨Python绘图库中文显示问题的原因，介绍临时指定字体等解决方法，给出程序实现与适用场景分析，解决中文显示问题。

（4）介绍 pandas 等处理 Excel 数据的 Python 库，分析其特点、适用场景与功能，给出数据处理任务程序示例，提升处理效率。

（5）探讨财务软件数据转 Excel 的必要性与相应场景，介绍自带导出等转换方法，针对不同软件给出操作步骤与注意事项。

复习题

1. 思考题

（1）采用 Python 处理 Excel 数据有哪些优点和缺点？

（2）怎样利用 Python 第三方库的数据可视化功能来展示不同类型的会计数据？

2. 实验题

（1）实验数据。

① 工资表数据，见表 4-1。

表 4-1　工资表数据

部门	职工编码	姓名	类别	基本工资（元）	岗位补贴（元）	应发工资（元）	个人所得税（元）	其他扣款（元）	扣款合计（元）	实发合计（元）
行政部	101	孙　正	管理	15 000	2 000					
行政部	102	宋　嘉	管理	8 000	700					
采购部	201	何　沙	市场	10 000	1 000					
设计部	301	赵小兵	生产	12 000	3 000					
设计部	302	孙胜业	生产	8 000	600					
设计部	303	李天华	生产	9 000	800					
生产部	401	杨　真	生产	11 000	900					
销售部	501	刘一江	市场	12 500	1 100					
销售部	502	陈瓜瓜	市场	11 000	900					

说明：工资数据的日期为 2025 年 1 月。

② 个人所得税预扣率（居民个人工资、薪金所得预扣预缴适用），见表 4-2。

表4-2　个人所得税预扣率（居民个人工资、薪金所得预扣预缴适用）

级数	累计预扣预缴应纳税所得额	税率（%）	速算扣除数（元）
1	不超过36 000元	3	0
2	超过36 000元至144 000元的部分	10	2 520
3	超过144 000元至300 000元的部分	20	16 920
4	超过300 000元至420 000元的部分	25	31 920
5	超过420 000元至660 000元的部分	30	52 920
6	超过660 000元至960 000元的部分	35	85 920
7	超过960 000元的部分	45	181 920

注：扣减基数为5 000元。作为举例，为了简化不考虑其他扣除项目。

（2）任务要求。使用Python程序完成以下操作（尽量使用AI助手提示词完成）：

① 建立和读取工资表数据（Excel格式）。

② 计算个人所得税。

③ 计算应发工资和实发工资，并将结果更新到工资表相应列中。

④ 按照部门和类别对工资表数据进行汇总，创建部门和类别工资汇总表。

⑤ 在部门工资汇总表中，计算各列的合计值（包括基本工资、补贴、应发工资、扣款、实发工资）。

⑥ 将更新后的工资表和新建的部门工资汇总表保存为新的Excel文件。

（3）作业提交。提交Excel工资表原始数据文件、编写的Python程序、程序执行结果截图，并对过程中遇到的问题及解决方法进行说明。

在实现基本功能的基础上，尝试通过修改AI助手提示词来增加其他功能，例如计算类别之间的比例等。

提交AI生成的程序设计说明书。

3. 即测即评

扫码查看判断题、单项选择题、多项选择题。

第4章　即测即评

第5章 会计业务处理

5.1 独立程序设计

5.1.1 基于会计业务应用的模块化组织

在数字化过程中，程序扮演着至关重要的角色。在业务需求较为简单时，凭借简洁的代码就能实现诸如简单的数据记录、基础运算等功能。但业务需求变得复杂后，若依旧依赖单一程序，代码将会变得冗长杂乱，犹如一团乱麻。一旦某个环节出现问题，不仅调试与修复的难度较大，后续的功能拓展更是困难。合理组织相关程序，各个模块专注于特定功能，使得代码结构更加清晰明了。开发人员不仅能够在日常维护中迅速定位问题根源，及时修复漏洞，当需要增加功能时，也能有条不紊地在相应模块中进行开发与优化，或增加新的功能程序，以适应新的需要。

1. 模块划分原则

(1) 功能导向性原则。在会计业务应用的模块化组织中，功能导向性原则是首要考虑因素。会计业务涉及多个复杂且相互独立的功能实现，如账务处理、工资管理、固定资产管理、购销存流程控制、财务报表编制以及税务筹划等。因此，根据这些主要功能来划分模块，能够确保每个模块都专注于实现一个特定的会计功能。

具体来说，账务处理模块负责处理企业的日常账务活动，包括日记账的录入、分类账的更新等；工资处理模块专注于员工薪酬的计算、发放以及相关税务处理；固定资产处理模块涵盖资产的购置、折旧、报废等全生命周期管理；购销存处理模块整合了采购、销售和库存管理等多个环节，实现业务流程的自动化；财务报表模块负责生成和展示企业的财务状况，如资产负债表、利润表等关键报表；税务计算模块负责自动计算并生成各类税务报告，确保企业合规纳税。

这种功能导向的模块划分方式，使得代码结构更加清晰，每个模块的功能职责明确，便于开发人员理解和维护。同时，也为系统的扩展提供便利，新的功能模块可以轻松地添加到现有系统中，而不会影响其他模块的正常运行。

(2) 数据关联性原则。数据关联性原则也是模块划分中不可忽视的重要因素。在会计业务中，数据之间的关联关系错综复杂，如应收账款与销售收入、应付账款与采购成本等。因此，在模块划分时，需要充分考虑数据的流向和关联关系，将操作相同或相关数据的功能整合到一个模块中。

以应收账款管理模块为例，该模块不仅负责应收账款的记录和更新，还包括应收账款核销、坏账处理等相关功能。这些功能都与应收账款数据紧密相关，将它们整合到一个模块中，可以更有效地管理应收账款数据，提高数据处理效率。同时，也有助于保持数据的一致性和完整性，避免数据冗余和冲突。

此外，数据关联性原则还要求在模块设计时考虑数据的共享和交互机制。不同模块之间可能需要共享某些数据资源，如客户信息、产品信息等。因此，在模块划分时，需要预留数据接口，确保不同模块之间的数据能够方便传递和共享。

(3) 高内聚低耦合原则。在模块化设计中，高内聚低耦合是一个至关重要的原则。高内聚意味着模块内的功能应该紧密相关，共同服务于一个明确的目的。低耦合则要求模块之间的依赖关系尽可能简单，减少模块间的直接交互，从而降低系统复杂度，提高可维护性。

在会计业务应用的模块化组织中，应确保每个模块内部的功能紧密围绕其核心职责展开，如账务处理模块应专注于账务数据的处理和分析，而不涉及与工资、固定资产等其他模块的直接交互（除非定义数据接口）。同时，模块间的通信应通过明确的接口进行，避免直接访问对方内部数据，以减少模块间的耦合度。

(4) 可重用性和可扩展性原则。随着企业业务的不断发展，会计业务应用的需求也会不断变化。因此，在模块化设计时，需要考虑模块的可重用性和可扩展性。可重用性意味着模块可以被不同的系统或项目重复使用，而无须大量修改。这要求在设计模块时，尽量抽象出通用的功能和接口，使其能够适应不同的应用场景。可扩展性要求模块在不影响现有功能的前提下，能够添加新功能或调整现有功能。这通常涉及模块化架构的灵活性和模块化接口的开放性。为了实现可扩展性，可以在模块间定义清晰的边界和接口，以便在需要时添加新的模块或扩展现有模块的功能。

(5) 安全性和合规性原则。在会计业务应用中，安全性和合规性是至关重要的考虑因素。模块化设计应确保每个模块都符合相关的会计法规和标准，同时模块间的数据传输和存储应加密处理，以防止数据泄露和非法访问。

为了实现安全性和合规性，可以在模块化设计中引入审计和监控机制，记录模块间的交互和数据流动情况，同时要留下电子痕迹。此外，还可以采用身份验证和授权机制，确保只有授权用户才能访问和操作特定模块。

2. 模块划分实践

在遵循上述原则的基础上，可以开始具体的模块划分工作。以下是一些可能的模块划分示例。

(1) 基础设置和初始化模块。负责基础信息、科目代码、物料代码、期初数据的初始化等。

(2) 账务处理模块。负责账务数据的录入、审核、记账、查询等。

(3) 工资管理模块。负责员工薪酬的计算、发放、查询和报表等。

(4) 固定资产管理模块。负责固定资产的购置、折旧、报废等全生命周期管理。

(5) 购销存处理模块。整合采购、销售和库存管理功能，实现业务流程的自动化和数据分析。

(6) 财务报表模块。负责生成和展示企业的财务状况、经营成果和现金流量等关键报表。

(7) 税务计算模块。负责计算企业的各项税费、生成税务报告和合规性检查等。

这些模块之间通过明确的接口进行数据交换，共同构成了一个完整、高效、安全的会计业务应用系统。

3. 数据自动化模块处理举例

这里假设账务处理模块需要的数据都已经收集齐全，只需要按照步骤进行自动化处理。这种模式适合将不同的业务处理逻辑设计为一个函数，然后通过自动化的方式自动调用各功能函数，通过模块化后，就实现了不同的数据处理功能，然后统一调用实现流程化的处理。

```
# 账务处理模块组织示例
class AccountingSystem:
    def __init__(self):
        # 初始化科目余额表
        self.account_balances = {
            "1001":0, # 库存现金科目
            "1002":0, # 银行存款科目
            "2001":0, # 应付账款科目
            "3001":0, # 主营业务收入科目
            "3002":0, # 主营业务成本科目
        }
        # 初始化凭证列表
        self.vouchers = []
```

```
    # 1. 凭证录入功能
    def record_voucher(self,date,voucher_no,debit_account,debit_amount,credit_account,credit_amount):
        # 检查借贷是否平衡
        if debit_amount != credit_amount:
            print("借贷金额不平衡,凭证录入失败!")
            return
        # 更新科目余额
        self.account_balances[debit_account] += debit_amount
        self.account_balances[credit_account] -= credit_amount
        # 记录凭证
        voucher = {
            "date": date,
            "voucher_no":voucher_no,
            "debit_account":debit_account,
            "debit_amount":debit_amount,
            "credit_account":credit_account,
            "credit_amount":credit_amount,
        }
        self.vouchers.append(voucher)
        print(f"已录入凭证{voucher_no},日期为{date},借方科目:{debit_account},借方金额:{debit_amount},贷方科目:{credit_account},贷方金额:{credit_amount}")
    # 2. 科目余额查询功能
    def get_account_balance(self,account_code):
        if account_code in self.account_balances:
            return self.account_balances[account_code]
        else:
            return "科目不存在"
    # 3. 所得税计算功能
    def calculate_income_tax(self):
        profit = self.generate_profit_statement()
        income_tax = profit * 0.25    # 假设所得税税率为 25%
```

```
            print(f"应缴所得税:{income_tax}")
            return income_tax
        # 4. 资产负债表生成功能
        def generate_balance_sheet(self):
            print("资产负债表")
            print("资产:")
            print(f"库存现金:{self.account_balances['1001']}")
            print(f"银行存款:{self.account_balances['1002']}")
            print("负债:")
            print(f"应付账款:{self.account_balances['2001']}")
            print("所有者权益:")
            print(f"未分配利润:{self.generate_profit_statement()}")
    # 5. 利润表生成功能
        def generate_profit_statement(self):
            revenue = self.account_balances["3001"]   # 主营业务收入
            cost = self.account_balances["3002"]      # 主营业务成本
            profit = revenue-cost
            print("利润表")
            print(f"收入:{revenue}")
            print(f"成本:{cost}")
            print(f"利润:{profit}")
            return profit
        # 6. 期末结转功能
        def year_end_closing(self):
            profit = self.generate_profit_statement()
            self.account_balances["3001"] = 0   # 清零收入科目
            self.account_balances["3002"] = 0   # 清零成本科目
            self.account_balances["1001"] + = profit   # 将利润结转到
库存现金科目(简化处理)
            print(f"期末结转完成,本年利润{profit}已结转到库存现金科目")
    # 示例使用。调用相关功能实现自动处理
    if __name__ = = "__main__":
        # 初始化账务系统
```

```
    accounting_system = AccountingSystem()
    # 录入凭证
    accounting_system.record_voucher("2023-10-01","V20231001","1001",
10000,"3001",10000)  # 收入现金
    accounting_system.record_voucher("2023-10-02","V20231002","3002",
6000,"1001",6000)    # 支付成本
    # 查询科目余额
    print("库存现金科目余额:", accounting_system.get_account_
balance("1001"))
    # 计算所得税
    accounting_system.calculate_income_tax()
    # 生成利润表
    accounting_system.generate_profit_statement()
    # 生成资产负债表
    accounting_system.generate_balance_sheet()
    # 生成利润表
    accounting_system.generate_profit_statement()
    # 期末结转
    accounting_system.year_end_closing()
```

这种模式适合业务不复杂的模块，如果是复杂业务，程序就会非常长，不利于编写和管理。这里只是举例说明这种结构，实际设计的时候，要分模块实现。

4. 跨业务借鉴与螺旋式提升

在软件开发领域，面对新的业务需求时，重新从零开始编写程序往往既耗时又费力。跨业务借鉴提供了一种高效的解决方案，它允许开发者利用已有的成熟程序结构，快速适应新的业务场景。同时，通过螺旋式提升的方法，不断对程序进行优化和完善，能够使程序逐步满足不断变化的实际需求。这种方法也可以应用于文档编写，实现从不会到会的跃升。

（1）跨业务借鉴：从账务处理到固定资产管理。

① 借鉴思路。账务处理和固定资产管理虽然属于不同的业务范畴，但在程序结构上存在一定的相似性。例如，两者都需要对数据进行记录、查询和统计等操作。因此，可以基于已有的账务处理程序结构模式，将业务改为固定资产的相

关处理业务，并建立一个窗口界面，方便用户选择调用相关功能。

AI助手提示词

请基于后面所附的 Python 程序结构模式，将业务改为固定资产的相关会计处理业务，并建立一个窗口界面，在上面实现选择调用相关功能：[粘贴所选的程序]

将生成的程序在 Spyder 集成开发环境中运行，观察效果。建议选择三个 AI 助手分别生成程序，并进行比较。选择相对较好的一个，再使用提示词进行完善和优化。

② 借鉴步骤。AI 助手会自动做以下工作。

- 分析原程序结构：仔细研究简单账务处理程序的结构，包括类的定义、方法的实现以及数据的组织方式。例如，原程序中使用类来封装不同的功能模块，使用字典来存储科目余额和凭证信息。
- 确定新业务需求：明确固定资产管理业务的具体需求，如固定资产的录入、查询、折旧计算、折旧汇总和处置等功能。
- 修改和扩展程序：根据新业务需求，对原程序结构进行修改和扩展。例如，将科目余额表替换为固定资产列表，将凭证录入功能替换为固定资产录入功能等。

(2) 螺旋式提升：优化和完善固定资产模块程序。

① 多源生成与比较。为了获得更优质的固定资产模块程序，可以选择三个不同的 AI 助手分别根据上述提示词生成程序。然后，将生成的程序在 Spyder 集成开发环境中运行，观察其运行效果。比较程序的功能完整性、代码可读性、运行稳定性等。

② 选择最优程序进行优化。在比较三个 AI 助手生成的程序后，选择相对较好的一个作为种子程序。然后，使用以下提示词对该程序进行验证、修改和完善。

AI助手提示词

请对后面固定资产业务的 Python 程序进行验证、修改和完善：[粘贴所选的程序]

③ 持续迭代与滚动提升。根据选择的种子程序，结合实际需要完善数据字典和功能需求，提出新的优化方向。例如，增加固定资产的分类管理功能、优化折旧计算方法等。不断重复上述生成、比较和优化的过程，直到程序满足自

己的要求。

（3）方法总结。

① 第一步：跨越式借鉴。在面对新的业务需求时，不要局限于传统的开发方式，要敢于进行跨越式借鉴。充分利用已有的成熟程序结构，快速搭建新的业务系统框架。这种借鉴不仅可以节省开发时间，还能提高程序的可靠性和可维护性。

② 第二步：优中选优，迭代提升。通过多源生成和比较，选择最优的程序作为基础进行优化。在优化过程中，要根据实际需求不断提出新的改进方向，使程序逐步向业务需要的方向发展。这种迭代提升的方法可以确保程序始终满足不断变化的业务需求。

③ 第三步：拆分优化。随着程序功能的不断增加，生成的程序会越来越长，代码的复杂度也会相应提高。此时，需要对程序进行拆分，将其分解为多个独立的模块，然后采用前面的步骤逐个进行优化。这样可以降低代码的复杂度，提高开发效率和程序的可维护性。

5.1.2　Python 程序集中在一个界面上调用

在 Python 中，如果需要将多个功能或组件集中在一个界面上调用，通常会使用图形用户界面（GUI）库来实现。Python 提供了多种 GUI 库，常用的包括 tkinter、PyQt、wxPython 等。这些库能够创建窗口、按钮、文本框等组件，并将它们组织在一个界面上，从而为用户提供直观的操作方式。

tkinter 是 Python 标准库的一部分，无须额外安装即可使用。它提供了创建窗口、按钮、标签等各种 GUI 组件的功能。通过定义函数来实现各个模块的功能，然后将这些函数与 GUI 组件（如按钮）的事件绑定，当用户点击按钮时，对应的函数就会被调用。这种方式非常适合将多个功能集中在一个界面中，方便用户操作。

1. 模块调用举例

AI助手提示词

用 Python 编写一个简单的“会计系统”。

1. 程序功能

创建一个图形用户界面会计系统，支持以下功能：

(1) 输入收入；(2) 输入支出；(3) 查看收入；(4) 查看支出；(5) 退出。

建立“C:\PYEXCEL\专项收支流水账.xlsx”Excel文件（如果存在则打开文件）。项目有：日期、收入、支出。

输入业务时，日期自动取当前的系统日期填入。输入收入时将数据填写到“收入”，支出填写到“支出”。

退出时保存Excel文件。

2. 技术要点

GUI框架：使用tkinter库创建图形用户界面。

窗口布局：

主窗口：显示系统标题。

功能：输入收入；输入支出；查看收入；查看支出；退出。

输入和查看时弹出子窗口完成相关功能。

输入验证：

检查输入是否为空。

验证输入是否为有效数字。

按顺序保存每一笔输入业务。

根据输入数据更新收入和支出总额。

实时刷新主窗口中的收入和支出显示。

退出系统时保存Excel文件。

生成的程序：

```
import tkinter as tk
from tkinter import messagebox, simpledialog
from datetime import datetime
import openpyxl
import os
# Excel 文件路径
EXCEL_FILE = 'C:\\PYEXCEL\\专项收支流水账.xlsx'
# 初始化 Excel 文件
def init_excel():
    if not os.path.exists(EXCEL_FILE):
```

```
        # 如果文件不存在,创建新文件并添加表头
        wb = openpyxl.Workbook()
        ws = wb.active
        ws.title = '流水账'
        ws.append(['日期', '收入', '支出'])
        wb.save(EXCEL_FILE)
    else:
        # 如果文件存在,打开文件
        wb = openpyxl.load_workbook(EXCEL_FILE)
        ws = wb.active
    return wb, ws
# 获取当前日期
def get_current_date():
    return datetime.now().strftime('%Y-%m-%d')
# 添加记录
def add_record(wb, ws, income = None, expense = None):
    if income is not None:
        ws.append([get_current_date(), income, ''])
    elif expense is not None:
        ws.append([get_current_date(), '', expense])
    wb.save(EXCEL_FILE)
# 计算总收入和总支出
def update_totals(ws):
    incomes = [float(row[1]) for row in ws.iter_rows(min_row = 2, values_only = True) if row[1] and str(row[1]).strip()]
    expenses = [float(row[2]) for row in ws.iter_rows(min_row = 2, values_only = True) if row[2] and str(row[2]).strip()]
    return sum(incomes), sum(expenses)
# 会计系统 GUI
class AccountingSystem:
    def __init__(self, root):
        self.root = root
        self.root.title('会计系统')
```

```
        self.wb, self.ws = init_excel()
        self.total_income, self.total_expense = update_totals(self.ws)
        self.create_widgets()
        self.update_labels()
    # 创建 GUI 组件
    def create_widgets(self):
        # 系统标题
        self.title_label = tk.Label(self.root, text = "会计系统",
font = ("Arial", 16))
        self.title_label.pack(pady = 10)
        # 收入标签
        self.income_label = tk.Label(self.root, text = f"总收入:
{self.total_income} 元", font = ("Arial", 12))
        self.income_label.pack(pady = 5)
        # 支出标签
        self.expense_label = tk.Label(self.root, text = f"总支出:
{self.total_expense} 元", font = ("Arial", 12))
        self.expense_label.pack(pady = 5)
        # 添加收入按钮
        self.add_income_button = tk.Button(self.root, text = "输入
收入", command = self.add_income, width = 15)
        self.add_income_button.pack(pady = 5)
        # 添加支出按钮
        self.add_expense_button = tk.Button(self.root, text = "输入
支出", command = self.add_expense, width = 15)
        self.add_expense_button.pack(pady = 5)
        # 查看收入按钮
        self.show_income_button = tk.Button(self.root, text = "查看
收入", command = self.show_income, width = 15)
        self.show_income_button.pack(pady = 5)
        # 查看支出按钮
        self.show_expense_button = tk.Button(self.root, text = "查
看支出", command = self.show_expense, width = 15)
```

```
        self.show_expense_button.pack(pady=5)
        # 退出按钮
        self.exit_button = tk.Button(self.root, text="退出", command=self.exit_system, width=15)
        self.exit_button.pack(pady=10)
    # 添加收入
    def add_income(self):
        income = simpledialog.askfloat("输入收入", "请输入收入金额:")
        if income is not None and income > 0:
            add_record(self.wb, self.ws, income=income)
            self.total_income, self.total_expense = update_totals(self.ws)
            self.update_labels()
            messagebox.showinfo("成功", f"已添加收入: {income} 元")
        else:
            messagebox.showerror("错误", "请输入有效的收入金额!")
    # 添加支出
    def add_expense(self):
        expense = simpledialog.askfloat("输入支出", "请输入支出金额:")
        if expense is not None and expense > 0:
            add_record(self.wb, self.ws, expense=expense)
            self.total_income, self.total_expense = update_totals(self.ws)
            self.update_labels()
            messagebox.showinfo("成功", f"已添加支出: {expense} 元")
        else:
            messagebox.showerror("错误", "请输入有效的支出金额!")
    # 查看收入
    def show_income(self):
        incomes = [row[1] for row in self.ws.iter_rows(min_row=2, values_only=True) if row[1]]
        if incomes:
```

```
            messagebox.showinfo("收入信息", f"所有收入记录:\n{incomes}")
        else:
            messagebox.showinfo("收入信息", "暂无收入记录")
    # 查看支出
    def show_expense(self):
        expenses = [row[2] for row in self.ws.iter_rows(min_row=2, values_only=True) if row[2]]
        if expenses:
            messagebox.showinfo("支出信息", f"所有支出记录:\n{expenses}")
        else:
            messagebox.showinfo("支出信息", "暂无支出记录")
    # 更新标签显示
    def update_labels(self):
        self.income_label.config(text=f"总收入: {self.total_income} 元")
        self.expense_label.config(text=f"总支出: {self.total_expense} 元")
    # 退出系统
    def exit_system(self):
        self.wb.save(EXCEL_FILE)
        self.root.destroy()
# 主程序
if __name__ == '__main__':
    # 创建主窗口
    root = tk.Tk()
    root.geometry("300x350")
    app = AccountingSystem(root)
    root.mainloop()
```

运行结果如图5-1所示。

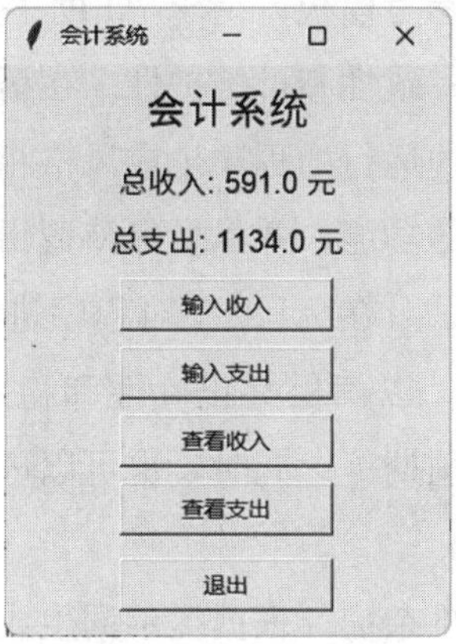

图5-1　独立程序调用

点击功能按钮，可以调用具体的应用功能界面。

2. 程序修改技巧

在利用 AI 助手生成程序的过程中，难免会遇到生成的程序存在错误或不符合预期的情况。关于如何有效地修改和完善这些程序，以下是一些实用的技巧和建议：

（1）尝试使用不同的 AI 助手。当生成的程序存在错误时，首先可以尝试使用不同的 AI 助手。不同的 AI 助手可能采用不同的算法和模型，从而生成不同的程序。通过对比不同 AI 助手生成的程序，往往可以找到更优质、更准确的解决方案。

（2）明确指出错误并请求修改。如果生成的程序运行有误，需要明确指出错误所在，并请求 AI 助手进行验证、修改和完善。在请求时，可以使用以下提示词模板：

第一步（试探）：所附 Python 程序有错，请验证并修改：[粘贴原始程序]。

第二步（如果前一步没有解决）：所附 Python 程序有错误（列举具体错误，如语法错误、逻辑错误、功能不符合预期等，或者粘贴出错信息），请验证、修改、完善：[粘贴原始程序]。

可以使用当前使用的 AI 助手，也可以换用其他的 AI 助手进行尝试。

（3）增加注释以提高可读性。如果生成的程序没有注释或注释不够详细，可以请求 AI 助手为程序添加或完善注释。注释对于理解代码逻辑、调试和后续维护都至关重要。在请求时，可以使用以下提示词模板：

所附 Python 程序没有注释或注释不够详细，请验证并增加、完善注释，使代码更加易于理解和维护。[粘贴原始程序]。

（4）提供参考程序以生成相似风格的代码。如果手头有相近并成功运行的程序，可以将其作为参考模板，请求AI助手生成逻辑和风格大致相同的代码。这有助于保持代码的一致性和可维护性。在请求时，可以使用以下提示词模板：

请参考所附成功运行的程序生成风格相似的代码：[粘贴参考程序]。新生成的代码应实现类似的功能，并尽量保持逻辑和风格的一致性。

（5）验证与测试。在AI助手对程序进行修改和完善后，需要对修改后的程序进行验证和测试，以确保其正确性和稳定性。这包括检查语法错误、逻辑错误、功能是否符合预期等。同时，也可以进行性能测试，以评估程序的运行效率和资源占用情况。

（6）程序的疑难杂症。根据提示词生成的程序错误相对少，如果是手工编写的程序，错误会很多。如模块格式错误、大小写错误、前后逻辑错误、函数参数错误、标点符号错误、关键词（如内置函数）。类似的错误很难找，用AI提示词去验证、修改就非常容易发现和更正。

5.2 Python中的程序组织方法

5.2.1 程序组织方法

程序是一个完整的、可独立运行的软件实体，它包含了一系列指令，用于完成特定的任务或一系列相关任务。这些指令按照特定的逻辑顺序组织，从程序启动到结束，会经过多个步骤来实现预期的功能。程序具有整体性和独立性，是一个完整的执行单元，通常有自己的输入（如用户输入、数据文件等）和输出（如屏幕显示结果、生成文件等），并且在操作系统层面可以作为一个单独的进程运行。

1. 脚本式编程（单个文件）

编程就是将整个程序的逻辑都集中在一个文件里，代码结构简单直观，易于阅读和理解。对于刚接触编程或者需要快速实现简单功能的开发者来说，可以快速上手并完成代码编写。在学习中，独立的功能程序可以采用这种方式编写。

适用于小型、功能单一的程序，如文件备份、数据提取小工具等。当程序规模较小时，可以在一个文件中实现多个功能。

2. 函数式模块化程序组织

函数主要用于将复杂的程序逻辑分解为较小的、易于理解和管理的单元。函数的规模相对较小，专注于完成一个特定的、相对独立的操作，如使用一种折旧计算方法、数据格式转换等。它是程序代码的基本组成部分，有助于提高代码的复用性和可读性。

（1）函数式模块化程序组织。函数式模块化程序组织是一种 Python 软件开发的设计方法，它将程序的功能分解为多个独立的、可复用的函数模块，每个模块都有特定的功能，并且通过合理的接口和调用关系组合在一起，以构建完整的程序实现所需要的功能。这种设计方法就像搭建积木一样，每个模块都有自己的独特功能，通过特定的接口调用构建出解决实际问题的程序。由于函数和模块的功能独立，当需要在程序的其他地方使用相同的功能时，可以直接复用已有的模块或函数。当程序出现问题时，模块化的设计使得定位问题变得更加容易。因为每个模块的功能较为清晰，开发人员可以快速确定问题所在的模块，然后在该模块中进一步查找具体的函数。

（2）核心原则。

① 模块化原则。程序被划分为多个模块，这些模块在功能上相对独立。例如，在一个会计业务系统中，账务处理模块、财务报表模块、预算管理模块等相互独立。账务处理模块负责会计凭证的录入、审核、记账等；财务报表模块专注于资产负债表、利润表、现金流量表等报表的生成与输出；预算管理模块处理预算的编制、执行监控、调整等操作。每个模块都像是一个小的独立单元，有自己的业务范围，模块之间的相互干扰较少。

② 函数化原则。每个模块内部通过函数来实现具体的功能。以账务处理模块为例，凭证函数用于记录会计凭证，其参数可能包括凭证日期、摘要、借方科目、借方金额、贷方科目、贷方金额等信息；凭证校验函数用于审核会计凭证，检查凭证的合法性与准确性；过账函数用于将审核通过的凭证进行记账操作，更新相应的账户数据等。

5.2.2　模块

在 Python 中，模块（module）是包含 Python 代码的文件，这些代码可以是函数、类和变量的定义，也可以是可执行的代码。模块使得代码的组织、重用和维护变得更加容易。

模块是将程序按照功能、结构或其他逻辑关系划分后的代码单元，通常是一个文件（在 Python 中以 .py 为扩展名），里面包含了函数、类以及变量的定义等。模块使得程序的结构更加清晰，便于开发、维护和代码复用。模块比函数规模更大，具有相对独立性，每个模块有自己的业务范围，通过接口（如函数调用、类的实例化等）与其他模块进行交互，从而共同构成完整的程序。

1. 定义模块

如创建名为 accounting_functions. py 的文件，用于存放与会计业务相关的函数、变量定义等代码。

```
# accounting_functions.py
def record_transaction(account,amount,transaction_type):
    """
    记录会计业务,简单输出业务信息
    :param account: 会计科目
    :param amount:业务金额
    :param transaction_type:业务类型(如收入、支出)
    """
    print(f"已记录一笔{transaction_type}业务,会计科目为{account},金
额为{amount}元.")
total_assets = 100000   # 模拟总资产初始值
```

2. 导入模块

使用 import 语句可以将模块导入 Python 脚本或另一个模块中。

```
# main.py
import accounting_functions
accounting_functions.record_transaction("银行存款",5000,"收入")
print(accounting_functions.total_assets)
```

上述代码在 main. py 中导入了 accounting_functions 模块，并调用了其中的 record_transaction() 函数来记录一笔收入业务，同时显示出模拟的总资产初始值。

3. 从模块中导入特定的部分

可以从模块中导入特定的函数、变量，而不需要导入整个模块。

```
# main.py
```

```
from accounting_functions import record_transaction,total_assets
record_transaction("库存现金",3000,"支出")
print(total_assets)
```

在这个 main. py 文件里，直接从 accounting_functions 模块中导入了 record_transaction() 函数和 total_assets 变量，然后调用函数记录一笔支出业务并显示总资产数值。

4. 使用别名

当导入模块或模块中的某个部分时，可以为其指定一个别名，以便在代码中使用更短的名称。

```
# main.py
import accounting_functions as af
af.record_transaction("应收账款",8000,"收入")
print(af.total_assets)
```

这里给 accounting_functions 模块指定了别名 af，后续可以使用别名来调用模块内的函数和访问变量，使代码更简洁易读。

5. 标准库和第三方库

库是一组相关的代码资源的集合，包括函数、类、模块等，用于提供特定领域或通用的功能，帮助开发者更高效地开发程序。包是一种对模块进行组织和管理的方式，通常是一个包含多个模块以及一个__init__. py 文件的目录，用于在逻辑上划分和封装相关的代码。

库（包）具有高度的复用性和通用性，通常是为了解决某一类常见问题而设计的，它们可以被不同的程序引用，并且在不同的项目中发挥相似的功能。库（包）的范围比模块更广泛，可能包含多个模块，并且有更完善的文档和版本管理。

Python 的标准库包含大量模块，这些模块提供了广泛的功能，如在会计相关程序中，可以使用标准库中的 datetime 模块来记录业务时间等。此外，如安装了一个第三方库 accounting_report_lib（需通过 pip 安装）用于生成会计报表，程序示例如下：

```
import datetime
import accounting_report_lib
```

```
# 获取当前时间记录业务时间
now = datetime.datetime.now()
print(f"当前业务时间为:{now}")
# 假设第三方库中存在生成资产负债表的函数 generate_balance_sheet()
balance_sheet = accounting_report_lib.generate_balance_sheet()
print(balance_sheet)
```

6. __name__特殊变量

每个 Python 模块都有一个内置的特殊变量__name__。当模块被直接运行时，__name__的值为__main__。当模块被导入时，__name__的值为模块名。这个特性常用于编写既可以独立运行又可以被导入为模块的代码。

```
# accounting_functions.py
def calculate_profit(revenue,cost):
    """
    简单计算利润
    :param revenue: 收入金额
    :param cost: 成本金额
    :return: 利润金额
    """
    return revenue - cost
if __name__ == "__main__":
    profit = calculate_profit(10000,6000)
    print(f"本次计算的利润为:{profit} 元")
```

在上述 accounting_functions.py 文件中，如果直接运行这个文件，会执行 if__name__=="__main__"代码块里的内容，计算并显示利润。从别的模块导入 accounting_functions 模块，这个代码块里的内容就不会自动执行。

7. 包

包是包含多个模块的目录，目录内必须包含一个名为__init__.py 的文件（可以为空），这个文件使得 Python 将该目录视为一个包。包允许组织更复杂的模块结构。

如创建了一个名为 accounting_package 的包，结构如下：

```
accounting_package/
    __init__.py
    transactions.py
    reports.py
```

在 transactions. py 中定义记录业务相关函数，在 reports. py 中定义生成报表相关函数，程序示例如下：

（1） transactions. py 程序模块。

```
# transactions.py
def record_purchase(account,amount):
    """
    记录采购业务
    :param account: 会计科目(如原材料采购科目等)
    :param amount: 采购金额
    """
    print(f"已记录采购业务,会计科目为{account},金额为{amount}元")
```

（2） reports. py 程序模块。

```
# reports.py
def generate_income_statement(revenue,cost):
    """
    生成利润表
    :param revenue: 收入金额
    :param cost: 成本金额
    :return: 利润表字符串表示
    """
    profit = revenue - cost
    return f"利润表:\n 收入:{revenue}元\n 成本:{cost}元\n 利润:
{profit}元"
```

（3） 主程序。可以使用点（.）语法从包中导入模块并调用相关函数。

```
# main.py
```

```
from accounting_package import transactions,reports
transactions.record_purchase("原材料",20000)
income_statement = reports.generate_income_statement(30000,15000)
print(income_statement)
```

8. 动态导入

除了使用import语句在文件顶部静态导入模块外，Python还允许在运行时动态地导入模块。

```
module_name = "accounting_functions"
mymodule = __import__(module_name)
mymodule.record_transaction("固定资产",50000,"购入")
```

上述代码在运行时根据给定的模块名动态导入模块，并调用其中的函数来记录一笔购入固定资产的业务。

模块是Python编程中的一个核心概念，使代码更具组织性、可重用性和可维护性。通过导入标准库模块和第三方库，Python提供了丰富的功能来处理各种任务。理解模块的工作原理，对于编写高质量的Python代码至关重要。

5.2.3 函数式模块化程序组织设计举例

1. 模块划分与函数设计

AI助手提示词

请基于会计业务，举一个与会计业务相关的函数式模块化程序组织设计的简单实例。有相关的业务模块和主程序，并描述调用关系。用中文显示信息。每个模块用独立的程序（.py）建立，并描述执行的调用关系。

（1）输入数据模块（input_data.py）。

功能：实现从用户那里获取收入和支出的数据。

```
# input_data.py
def get_income():
    income = float(input("请输入收入:"))
```

```
    return income
def get_expense():
    expense = float(input("请输入支出:"))
    return expense
```

(2) 计算利润模块 (calculate_profit. py)。

功能：接收收入和支出数据，并计算利润。

```
# calculate_profit. py
def calculate_profit(income, expense):
    profit = income - expense
    return profit
```

(3) 输出结果模块 (output_result. py)。

功能：显示计算出的利润。

```
# output_result. py
def print_profit(profit):
    print(f"利润为:{profit:. 2f}")
```

(4) 主程序 (main. py)。

功能：调用上述三个模块，完成业务数据处理。

```
# main. py
# 导入各个模块中的函数
from input_data import get_income, get_expense
from calculate_profit import calculate_profit
from output_result import print_profit
def main():
    # 调用输入数据模块
    income = get_income()
    expense = get_expense()
        # 调用计算利润模块
    profit = calculate_profit(income, expense)
        # 调用输出结果模块
    print_profit(profit)
```

```
if __name__ = = "__main__":
main()
```

2. 调用关系

主程序（main. py）调用输入数据模块（input_data. py）：main() 函数调用 get_income() 函数和 get_expense() 函数来获取收入和支出的数据。

主程序（main. py）调用计算利润模块（calculate_profit. py）：接收收入和支出数据后，main() 函数调用 calculate_profit() 函数来计算利润。

主程序（main. py）调用输出结果模块（output_result. py）：计算得到利润后，主程序中的 main() 函数调用 print_profit() 函数来显示利润。

通过这种函数式模块化程序组织设计，业务流程被清晰地分解为多个独立的模块，每个模块只负责特定的功能，提高了代码的可读性和可维护性。同时，这种设计方式也便于后续的扩展和修改，还可以将程序分享，发挥更大的作用。

5.3 工资业务处理与数据分析

5.3.1 工资业务概述

工资业务管理模块，主要流程是初始化、每月的数据变化录入、计算汇总后进行相关的查询、打印和凭证结转。工资核算信息化基本流程如图 5-2 所示。

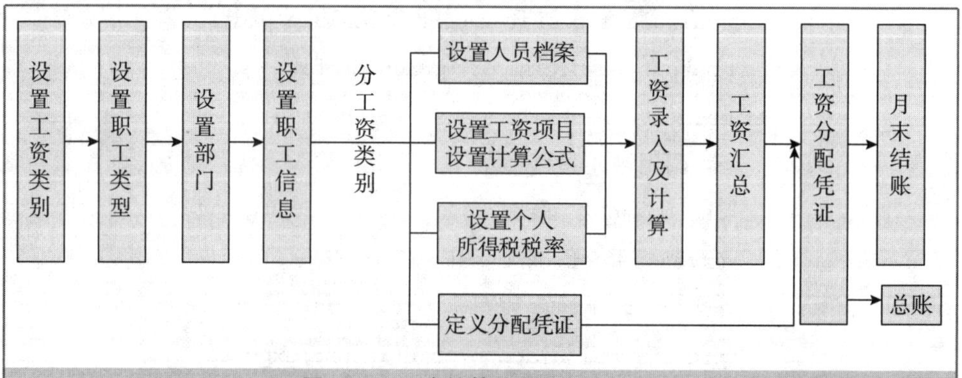

图 5-2 工资核算信息化基本流程

以下是主要功能说明：

（1）组织机构设置。组织机构设置是根据单位的组成情况，设置相应的二级部门组成机构、职工的岗位类别分类，以及职工的基本信息。一般在系统初始化时同时完成。有的系统是在人力资源管理中完成。

（2）工资初始化。根据国家和单位的工资政策设置工资种类和各类工资的对应项目结构，对每种工资项目结构定义其计算公式，根据工资发放特征，确定是否对工资尾数结余实行银行代储等。

（3）工资编辑。首先对上月工资数据进行修改和增删。在编辑时，一方面需要根据人力资源部门或其他部门提供的人员变动或工资补贴调整人员档案、职工工资变动等信息，对相应工资的固定项目进行修改。另一方面还应根据本月生产等部门的考勤记录、代扣款项等信息，对工资表中相应的变动项目（如病假扣款、事假扣款、奖金）进行修改。

（4）根据工资数据变动情况及计算公式计算工资，生成工资发放明细表。如果在工资初始化阶段定义尾数结余，则要计算工资尾数。

（5）按职工类别和部门类别进行汇总，生成工资结算汇总表。如果是现金发放工资，应计算出每一部门实发工资的票面分解值，生成票面分解一览表，以便向银行提款发放工资；对实行工资代储的工资种类及项目，一般自动产生银行储蓄存条、储蓄明细表及汇总表等。

（6）按工资的用途对工资费用进行分配，形成工资费用分配汇总表，为成本计算提供资料。

（7）按职工费用类别、规定的工资组成和规定计算比例，计算本月应提取的职工福利、工会经费、职工教育经费等费用，并生成对应的计提分配表。

（8）根据工资汇总数据、工资费用分配汇总表、各项计提分配表等内容，自动生成汇总转账凭证，传送到账务处理子系统和成本核算子系统，作为账务处理子系统和成本核算子系统登记总账和明细账的依据。

后面的案例是在上述内容基础上简化的一个案例，主要体现使用 Python 作为主要技术手段实现的方法。掌握后可以在此基础上扩展，或者设计其他的业务系统模块。

5.3.2　工资主要业务处理分析

要编写程序对工资数据进行处理，首先需要仔细分析业务过程，数据的构成，有什么限制条件，具体的使用对象等。在此基础上，设计数据表、业务流程和需要实现的功能。根据实际情况，分阶段完成程序的编写和运行。下面的业务分析，是基于重庆市的相关规定，各地的规定一般会有一些差异，在学会方法后要结合当地的具体规定。

1. 应发工资

应发工资＝基本工资＋补贴＋奖励＋加班费－各扣款项等

具体应用中一般还有加班费、奖金、津贴、缺勤扣款等项目。

2. 五险一金

五险一金缴纳基数按上一自然年的月平均收入（工资收入总额包括：工资、奖金、津贴和补贴）计算（不满全年的按照入职月份计算）。同时，缴费基数存在上限、下限，将自动封顶或提高，每年伴随调基期自动调整。如果当年新入职一家企业，则入职当月起五险一金基数将以基础工资为基数进行实时调整。

例如，重庆市2024年度基本养老保险、失业保险、工伤保险、基本医疗保险（含生育保险）缴费基数上限为21 793元、下限为4 359元。

五险一金职工个人承担金额的计算公式（五险一金的实际缴纳与各地政策有关）：

（1）基本养老保险＝职工个人上年度工资收入总额的月平均数×8%。

（2）基本医疗保险（含生育保险）＝职工个人上年度工资收入总额的月平均数×2%。

（3）大额医保为5元/月。

（4）失业保险＝职工个人上年度工资收入总额的月平均数×0.5%。

（5）工伤保险由企业承担。

（6）住房公积金（个人缴存部分）＝职工个人上年度工资收入总额的月平均数×8%。（住房公积金的缴存比例可由企业在8%～12%自行确定。）

（7）假设职工个人上年度工资收入总额的月平均数用A来表示，那么：

$$\text{个人五险一金} = A\times 8\% + A\times 2\% + 5 + A\times 0.5\% + A\times 8\%$$
$$= A\times 18.5\% + 5$$

（8）应用举例。以2024年重庆市的五险一金最低缴费基数4 359元为例计算（保留两位小数），如五险一金，企业每月需承担1 516.95元，个人每月承担811.42元，具体金额如表5－1所示。

表 5-1　五险一金计算表

险种	缴费基数（元）	企业缴纳		个人缴纳		小计（元）
		缴费比例（%）	金额（元）	缴费比例（%）	金额（元）	
基本养老保险	4 359.00	16.00	697.44	8.00	348.72	1 028.16
基本医疗保险（含生育保险）	4 359.00	8.50	370.52	2.00	87.18	457.70
大额医保	4 359.00	1.50	65.39		5.00	70.39
失业保险	4 359.00	0.50	21.80	0.50	21.80	43.60
工伤保险	4 359.00	0.30	13.08			13.08
社保（合计）			1 168.23		462.70	1 630.93
住房公积金	4 359.00	8.00	348.72	8.00	348.72	697.44
社保公积金（合计）			1 516.95		811.42	2 328.37

3. 个人所得税项目的计算

根据《中华人民共和国个人所得税法》的规定，企业员工的工资薪金需要缴纳个人所得税。税金由所在企业负责从工资中代扣代缴。

在一个纳税年度内，扣缴义务人以截至当前月份累计支付的工资薪金所得收入额减除累计减除费用、累计专项扣除、累计专项附加扣除和依法确定的累计其他扣除后的余额为预缴应纳税所得额，将此应纳税所得额对照个人所得税预扣率表（详见表 5-2），计算出累计应预扣预缴税额，减除已预扣预缴税额后的余额，作为本期应预扣预缴税额。该方法适用于综合所得，包括工资、薪金所得，劳务报酬所得，稿酬所得，特许权使用费所得，居民个人取得的综合所得需按纳税年度合并计算个人所得税。

表 5-2　个人所得税预扣率（居民个人工资、薪金所得预扣预缴适用）

级数	累计预扣预缴应纳税所得额	税率（%）	速算扣除数（元）
1	不超过 36 000 元	3	0
2	超过 36 000 元至 144 000 元的部分	10	2 520
3	超过 144 000 元至 300 000 元的部分	20	16 920
4	超过 300 000 元至 420 000 元的部分	25	31 920
5	超过 420 000 元至 660 000 元的部分	30	52 920
6	超过 660 000 元至 960 000 元的部分	35	85 920
7	超过 960 000 元的部分	45	181 920

注：起征点扣减数为 5 000 元。

专项附加扣除项目，包括子女教育支出、继续教育支出、大病医疗支出、住房贷款利息或者住房租金、赡养老人，以及3岁以下婴幼儿照护支出等，扣除的具体规则和标准如下：

(1) 子女教育。纳税人的子女接受全日制学历教育的相关支出，按照每个子女每月2 000元的标准定额扣除。

(2) 继续教育。在规定条件和期间期限内，学历（学位）继续教育按照每月400元定额扣除，同一学历（学位）继续教育的扣除期限不能超过48个月。职业资格继续教育，在取得相关证书的当年，按照3 600元定额扣除。

(3) 大病医疗。纳税人在纳税年度内，扣除医保报销后自负医药费超过1.5万元的部分，可在年度汇算清缴时，在8万元限额内据实扣除。

(4) 住房贷款利息。纳税人本人或配偶单独或共同发生的首套住房实际贷款利息支出，可按每月1 000元标准定额扣除，扣除期限最长不超过240个月。

(5) 住房租金。根据纳税人承租住房所在城市的不同，按每月定额800元、1 100元、1 500元扣除。

(6) 赡养老人。纳税人赡养年满60岁（含）以上父母或者子女均已去世年满60岁的祖父母、外祖父母，纳税人与兄弟姐妹分摊每月3 000元的扣除额度，每人分摊的额度不能超过每月1 500元。

(7) 3岁以下婴幼儿照护。纳税人照护3岁以下婴幼儿子女的相关支出，按照每个婴幼儿每月2 000元的标准定额扣除。扣除方式可以选择由父母一方按照标准的100%税前扣除，也可以选择由父母双方分别按照标准的50%扣除。

综合所得个人所得税具体计算方法举例：

一个员工2024年度综合所得（包括工资、薪金所得，劳务报酬所得，稿酬所得，特许权使用费所得）为180 000.00元，社保和公积金全年累计9 737.04元（个人承担部分可税前扣除），另外，员工本人申报了赡养老人专项附加扣除3 000.00元（独生子女）、子女教育专项附加扣除2 000.00元，那么

$$\begin{aligned}\text{该员工当年的应纳税所得额} &= 180\,000.00-5\,000.00\times12-9\,737.04-3\,000.00\times12 \\ &\quad -2\,000.00\times12=50\,262.96(\text{元})\end{aligned}$$

对照综合所得适用税率表，超过36 000.00元至144 000.00元的部分，适用税率为10%，速算扣除数为2 520.00元。

计算公式为：

$$\begin{aligned}\text{应纳税额} &= \text{应纳税所得额}\times\text{适用税率}-\text{速算扣除数} \\ &= 50\,262.96\times10\%-2\,520.00=2\,506.30(\text{元})\end{aligned}$$

个人所得税代缴。个人所得税一般由所在单位在当月发放工资时代扣代缴，然后在规定的申报期限内（一般是次月15日前）向税务机关申报缴纳。

在次年的6月30日前，个人需要在个人所得税APP中对上年的全年收入进行汇算清缴。在汇算时，对个人的收入数据及可税前扣除的事项进行核对，如有符合专项附加扣除申报条件但未进行申报的可进行补充。

4. 个人所得税计算连续计算方法举例

林先生在甲企业任职，2024年1—12月每月在甲企业取得工资薪金收入16 000元，每月缴纳五险一金2 500元，从1月开始享受赡养老人专项附加扣除3 000元，无其他扣除。

(1) 1月个人所得税计算过程。

$$\begin{aligned}\begin{matrix}\text{1月累计预扣预缴}\\\text{应纳税所得额}\end{matrix} &= \begin{matrix}\text{累计}\\\text{收入}\end{matrix} - \begin{matrix}\text{累计}\\\text{免税收入}\end{matrix} - \begin{matrix}\text{累计}\\\text{减除费用}\end{matrix} - \begin{matrix}\text{累计}\\\text{专项扣除}\end{matrix} - \begin{matrix}\text{累计专项}\\\text{附加扣除}\end{matrix} \\ &\quad - \begin{matrix}\text{累计依法确定的}\\\text{其他扣除}\end{matrix} \\ &= 16\,000 - 5\,000 - 2\,500 - 3\,000 \\ &= 5\,500(\text{元})\end{aligned}$$

对应税率为3%。

$$\begin{aligned}\begin{matrix}\text{1月应预扣}\\\text{预缴税额}\end{matrix} &= \left(\begin{matrix}\text{累计预扣预缴}\\\text{应纳税所得额}\end{matrix} \times \text{预扣率} - \begin{matrix}\text{速算}\\\text{扣除数}\end{matrix}\right) - \begin{matrix}\text{累计}\\\text{减免税额}\end{matrix} - \begin{matrix}\text{累计已预扣}\\\text{预缴税额}\end{matrix} \\ &= 5\,500 \times 3\% = 165(\text{元})\end{aligned}$$

(2) 2月个人所得税计算过程。

$$\begin{aligned}\begin{matrix}\text{2月累计预扣预缴}\\\text{应纳税所得额}\end{matrix} &= \begin{matrix}\text{累计}\\\text{收入}\end{matrix} - \begin{matrix}\text{累计}\\\text{免税收入}\end{matrix} - \begin{matrix}\text{累计}\\\text{减除费用}\end{matrix} - \begin{matrix}\text{累计}\\\text{专项扣除}\end{matrix} - \begin{matrix}\text{累计专项}\\\text{附加扣除}\end{matrix} \\ &\quad - \begin{matrix}\text{累计依法确定的}\\\text{其他扣除}\end{matrix} \\ &= 16\,000 \times 2 - 5\,000 \times 2 - 2\,500 \times 2 - 3\,000 \times 2 \\ &= 11\,000(\text{元})\end{aligned}$$

对应税率为3%。

$$\begin{aligned}\begin{matrix}\text{2月应预扣}\\\text{预缴税额}\end{matrix} &= \left(\begin{matrix}\text{累计预扣预缴}\\\text{应纳税所得额}\end{matrix} \times \text{预扣率} - \begin{matrix}\text{速算}\\\text{扣除数}\end{matrix}\right) - \begin{matrix}\text{累计}\\\text{减免税额}\end{matrix} - \begin{matrix}\text{累计已预扣}\\\text{预缴税额}\end{matrix} \\ &= 11\,000 \times 3\% - 165 = 165(\text{元})\end{aligned}$$

(3) 3 月个人所得税计算过程。

$$\text{3月累计预扣预缴应纳税所得额}=\text{累计收入}-\text{累计免税收入}-\text{累计减除费用}-\text{累计专项扣除}-\text{累计专项附加扣除}-\text{累计依法确定的其他扣除}$$

$$=16\ 000\times3-5\ 000\times3-2\ 500\times3-3\ 000\times3$$

$$=16\ 500(\text{元})$$

对应税率为 3%。

$$\text{3月应预扣预缴税额}=\left(\text{累计预扣预缴应纳税所得额}\times\text{预扣率}-\text{速算扣除数}\right)-\text{累计减免税额}-\text{累计已预扣预缴税额}$$

$$=16\ 500\times3\%-165-165=165(\text{元})$$

5. 扣款合计

扣款合计＝五险一金＋个人所得税＋其他扣款

6. 实发合计

实发合计＝应发工资－扣款合计

工资数据经过计算后，在 Excel 最后增加一行（用程序的方式实现），职工姓名栏填写“合计”，按列计算工资数据表的合计。

7. 企业根据工资提取相关费用的比例

工会经费：企业按照工资总额的 2% 提取工会经费，主要用于开展工会活动、维护职工权益等。

职工教育经费：企业发生的职工教育经费支出，不超过工资薪金总额 2.5% 的部分，准予在企业所得税税前扣除；超过部分，准予在以后纳税年度结转扣除。这部分费用用于职工的培训、继续教育等，提升职工的技能和素质。

职工福利费：职工福利费不超过工资薪金总额 14%的部分，准予在企业所得税税前扣除；超出部分，则需要缴纳企业所得税。

5.3.3 职工薪酬项目设计

本案例以计时工资为例进行业务分析和设计，保存方式为 Excel 表。本案例不是一个完全实用的完整系统，对数据项目及计算关系进行了简化，主要是学习这种方法。掌握之后，读者可以根据实际工作的需要，进行操作和调整，同时提升使用 AI 和 Python 的能力及分析设计能力。

1. 工资数据表

2024 年 1 月工资数据表如表 5－3 所示。具体项目在实际工作中会更多一些，这里进行了简化。表中的五险一金是个人缴纳部分。

表 5－3　工资数据表

部门	编码	姓名	类别	基本工资	岗位补贴	应发工资	上年平均工资	五险一金	抵减费用	应税所得额	个人所得税	其他扣款	扣款合计	实发工资
行政部	101	孙正	管理	15 000	2 000		4 359	811.42	3 000			500		
行政部	102	宋嘉	管理	8 000	700		4 359	811.42	2 000					
采购部	201	何沙	市场	10 000	1 000		4 359	811.42	1 500					
设计部	301	赵小兵	生产	12 000	3 000		4 359	811.42	1 500					
设计部	302	孙胜业	生产	8 000	600		4 359	811.42	2 000			300		
设计部	303	李天华	生产	9 000	800		4 359	811.42	2 000					
生产部	401	杨真	生产	11 000	900		4 359	811.42	1 500					
销售部	501	刘一江	市场	12 500	1 100		4 359	811.42	1 500					
销售部	502	陈瓜瓜	市场	11 000	900		4 359	811.42	2 000					

计算公式：

应发工资＝基本工资＋岗位补贴

上年平均工资＝4 359 元(这里为简化操作,按照当年发布的最低工资计算)

五险一金＝811.42 元(这里为简化操作,按照当年发布的最低工资计算)

应税所得额＝应发工资－五险一金－抵减费用

扣款合计＝五险一金＋个人所得税＋其他扣款

实发工资＝应发工资－扣款合计

2. 建立数据表

数据表均用 Excel 建立，建立“工资数据表”工作簿，表的名称用中文命名“C:\PYEXCEL\工资数据表.xlsx”，如图 5－3 所示。

一共建立 12 个表，分别是“1 月工资表”“2 月工资表”……“12 月工资表”。

	A	B	C	D	E	F	G	H	I	J	K	L	M	N	O
1	部门	编码	姓名	类别	基本工资	岗位补贴	应发工资	上年平均工资	五险一金	抵减费用	应税所得额	个人所得税	其他扣款	扣款合计	实发工资
2	行政部	101	孙正	管理	15000	2000		4359	811.42	3000			500		
3	行政部	102	宋嘉	管理	8000	700		4359	811.42	2000			0		
4	采购部	201	何沙	市场	10000	1000		4359	811.42	1500			0		
5	设计部	301	赵小兵	生产	12000	3000		4359	811.42	1500			0		
6	设计部	302	孙胜业	生产	8000	600		4359	811.42	2000			300		
7	设计部	303	李天华	生产	9000	800		4359	811.42	2000			0		
8	生产部	401	杨真	生产	11000	900		4359	811.42	1500			0		
9	销售部	501	刘一江	市场	12500	1100		4359	811.42	1500			0		
10	销售部	502	陈瓜瓜	市场	11000	900		4359	811.42	2000			0		

图 5-3 工资数据表

AI 助手提示词

请用 Python 编写程序，打开 Excel 文件（C:\PYEXCEL\工资数据表.xlsx），将数据为空的单元格（NaN）填充为 0，用表格（使用 tkinter 库实现）的方式显示工资数据表，每列的宽度为 8 个像素宽度。

生成的程序：

```
import pandas as pd
import tkinter as tk
from tkinter import ttk
# 读取 Excel 文件
file_path = r"C:\PYEXCEL\工资数据表.xlsx"
df = pd.read_excel(file_path)
# 将空值(NaN)填充为 0
df.fillna(0, inplace = True)
# 创建 GUI 窗口
root = tk.Tk()
root.title("工资数据表")
# 创建表格控件
tree = ttk.Treeview(root, columns = list(df.columns), show = "headings")
# 设置每列宽度为 8 像素
for col in df.columns:
    tree.heading(col, text = col)  # 设置列标题
    tree.column(col, width = 80)  # 设置列宽度为 80 像素(默认单位为像素)
```

```
# 插入数据到表格
for index,row in df.iterrows():
    tree.insert("","end",values = list(row))
# 显示表格
tree.pack(fill = "both",expand = True)
# 运行 GUI 主循环
root.mainloop()
```

运行结果如图 5-4 所示。

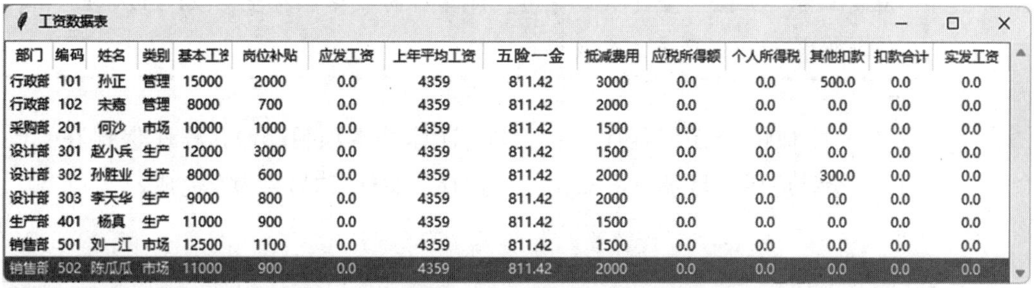

工资数据表

部门	编码	姓名	类别	基本工资	岗位补贴	应发工资	上年平均工资	五险一金	抵减费用	应税所得额	个人所得税	其他扣款	扣款合计	实发工资
行政部	101	孙正	管理	15000	2000	0.0	4359	811.42	3000	0.0	0.0	500.0	0.0	0.0
行政部	102	宋嘉	管理	8000	700	0.0	4359	811.42	2000	0.0	0.0	0.0	0.0	0.0
采购部	201	何沙	市场	10000	1000	0.0	4359	811.42	1500	0.0	0.0	0.0	0.0	0.0
设计部	301	赵小兵	生产	12000	3000	0.0	4359	811.42	1500	0.0	0.0	0.0	0.0	0.0
设计部	302	孙胜业	生产	8000	600	0.0	4359	811.42	2000	0.0	0.0	300.0	0.0	0.0
设计部	303	李天华	生产	9000	800	0.0	4359	811.42	2000	0.0	0.0	0.0	0.0	0.0
生产部	401	杨真	生产	11000	900	0.0	4359	811.42	1500	0.0	0.0	0.0	0.0	0.0
销售部	501	刘一江	市场	12500	1100	0.0	4359	811.42	1500	0.0	0.0	0.0	0.0	0.0
销售部	502	陈瓜瓜	市场	11000	900	0.0	4359	811.42	2000	0.0	0.0	0.0	0.0	0.0

图 5-4　工资数据表

AI 助手探秘

请介绍 tkinter 库的使用方法，介绍常用的函数和方法。

5.3.4　职工薪酬计算过程

会计业务中数据处理存在于各个业务环节，首先按照计算顺序进行梳理，然后要设定好计算方法。在设计计算程序时，要确保重复计算不会影响数据，不然就会出现累加、累减的情况，导致数据错误。职工薪酬的计算按照先后的数据链关系，分几步完成。

1. 计算基本项目

（1）计算内容。

应发工资＝基本工资＋岗位补贴

上年平均工资＝4 359 元（按照当年发布的最低工资计算）

五险一金=811.42 元（按照当年发布的最低工资计算）

应税所得额=应发工资−五险一金−抵减费用

（2）撰写 AI 助手提示词。

AI助手提示词

请用 Python 编写工资计算程序，打开 Excel 文件（C:\PYEXCEL\工资数据表.xlsx）。将数据为空的单元格（NaN）填充为 0。计算应发工资：应发工资=基本工资+岗位补贴。填入平均工资：上年平均工资=4 359 元。填入五险一金：五险一金=811.42 元。计算应税所得额：应税所得额=应发工资−五险一金−抵减费用。计算后的数据保存至 C:\PYEXCEL\工资数据表.xlsx。显示工资数据表。

（3）生成的程序（程序名：工资_计算基本项目.py）。程序保存在“C:\Python 会计应用”目录中，Spyder 中选择“文件”|“另存为”完成。

```
import pandas as pd
# 定义文件路径
file_path = r'C:\PYEXCEL\工资数据表.xlsx'
# 打开 Excel 文件并读取到 DataFrame 中
try:
    df = pd.read_excel(file_path)
    # 将空单元格填充为 0
    df.fillna(0, inplace = True)
    # 计算应发工资: 应发工资 = 基本工资 + 岗位补贴
    df['应发工资'] = df.get('基本工资', 0)  + df.get('岗位补贴', 0)
    # 填入平均工资
    last_year_avg_salary = 4359
    df['上年平均工资'] = last_year_avg_salary
    # 填入五险一金
    insurance_and_social_security = 811.42
    df['五险一金'] = insurance_and_social_security
    # 计算应税所得额: 应税所得额 = 应发工资 - 五险一金 - 抵减费用
    df['应税所得额'] = df['应发工资'] - df['五险一金'] - df.get('抵减费
用', 0)
```

```
    # 保存更改后的 DataFrame 回 Excel 文件
    df.to_excel(file_path, index = False)
    print("工资计算完成并已保存到原始文件.")
except Exception as e:
    print(f"处理文件时出错: {e}")
```

(4) 计算后的结果。在程序运行前，如果打开了 Excel 的“工资数据表”，一定要关闭后才能运行程序，不然会出错。运行后的 Excel 显示效果如图 5-5 所示。

	A	B	C	D	E	F	G	H	I	J	K	L	M	N	O
1	部门	编码	姓名	类别	基本工资	岗位补贴	应发工资	年平均工	五险一金	抵减费用	应税所得额	个人所得税	其他扣款	扣款合计	实发工资
2	行政部	101	孙正	管理	15000	2000	17000	4359	811.42	3000	13188.58	0	500	0	0
3	行政部	102	宋嘉	管理	8000	700	8700	4359	811.42	2000	5888.58	0	0	0	0
4	采购部	201	何沙	市场	10000	1000	11000	4359	811.42	1500	8688.58	0	0	0	0
5	设计部	301	赵小兵	生产	12000	3000	15000	4359	811.42	1500	12688.58	0	0	0	0
6	设计部	302	孙胜业	生产	8000	600	8600	4359	811.42	2000	5788.58	0	300	0	0
7	设计部	303	李天华	生产	9000	800	9800	4359	811.42	2000	6988.58	0	0	0	0
8	生产部	401	杨真	生产	11000	900	11900	4359	811.42	1500	9588.58	0	0	0	0
9	销售部	501	刘一江	市场	12500	1100	13600	4359	811.42	1500	11288.58	0	0	0	0
10	销售部	502	陈瓜瓜	市场	11000	900	11900	4359	811.42	2000	9088.58	0	0	0	0

图 5-5　填入数据和计算后的工资数据表

AI 助手探秘

如果对某条命令的理解不够，可以通过提示词进行深入了解，这样就可以利用案例来深度学习。如“请解释 Python 程序这条命令含义：df['应发工资']=df.get('基本工资',0) + df.get('岗位补贴',0)”。

AI 助手提供的信息可能是这样：

df：df 是一个 pandas 库中的 DataFrame 对象，它是一种二维的数据结构，类似于表格，用于存储和操作数据。

df['应发工资']：这是通过索引操作在 DataFrame 中创建一个新的列，名为应发工资。如果已经有这列，就直接使用。

df.get('基本工资',0)：get 是 DataFrame 的一个方法，用于根据列名获取列的数据。'基本工资'是要查找的列名。0 是一个默认值，如果基本工资这一列在 DataFrame 中不存在，将使用 0 作为默认值。因此，它会尝试从 DataFrame 中获取基本工资列的数据，如果该列存在，就使用该列的数据；如果不存在，将使用 0 作为该列的全部数据。

df.get('岗位补贴',0)：与 df.get('基本工资', 0) 类似，尝试从 DataFrame 中获取岗位补贴列的数据，如果该列存在，就使用该列的数据；如果不存在，将使用 0 作为该列的全部数据。

df['应发工资']=df. get('基本工资',0)+df. get('岗位补贴',0)：将基本工资列和岗位补贴列的数据相加（如果列不存在则使用 0 作为该列数据），并将结果存储在新创建的应发工资列中。

2. 计算个人所得税项目

（1）撰写 AI 助手提示词。

AI 助手提示词

请用 Python 编写工资计算程序，打开 Excel 文件（C:\PYEXCEL\工资数据表.xlsx）。计算个人所得税：根据 Excel 表中的"应税所得额"列项目，按照个人所得税政策计算 Excel 表中的"个人所得税"列项目，"个人所得税"计算结果保留两位小数。计算后的数据保存到 C:\PYEXCEL\工资数据表.xlsx。设置为中文文字显示。显示工资数据表。

（2）生成的程序（程序名：工资_个税计算.py）。

```
import pandas as pd
# 定义个人所得税税率和速算扣除数
tax_brackets = [
    (36000,0.03,0),
    (144000,0.1,2520),
    (300000,0.2,16920),
    (420000,0.25,31920),
    (660000,0.3,52920),
    (960000,0.35,85920),
    (float('inf'),0.45,181920)
]
def calculate_tax(income):
    for bracket in tax_brackets:
        if income <= bracket[0]:
            tax = income * bracket[1] - bracket[2]
            return max(tax,0)  # 确保税额不为负数
    return 0  # 实际上不应该到达这里,因为最后一个 bracket 是 inf
```

```
# 读取 Excel 文件
file_path = r'C:\PYEXCEL\工资数据表.xlsx'
df = pd.read_excel(file_path, engine = 'openpyxl')
# 确保 Excel 文件中的列名正确(假设列名为应税所得额)
if '应税所得额' not in df.columns:
    raise ValueError("Excel 文件中缺少必要的列名:'应税所得额'")
# 计算个人所得税
df['个人所得税'] = df['应税所得额'].apply(calculate_tax).round(2)
# 保存结果到同一个 Excel 文件
with pd.ExcelWriter(file_path, engine = 'openpyxl', mode = 'w') as writer:
    df.to_excel(writer, index = False, sheet_name = 'Sheet1')   # 假设数据在 Sheet1 中
# 显示工资数据表(在控制台输出)
print(df)
```

（3）程序运行结果。程序运行后的结果如图 5－6 所示。

	A	B	C	D	E	F	G	H	I	J	K	L	M	N	O
1	部门	编码	姓名	类别	基本工资	岗位补贴	应发工资	上年平均工资	五险一金	抵减费用	应税所得额	个人所得税	其他扣款	扣款合计	实发工资
2	行政部	101	孙正	管理	15000	2000	17000	4359	811.42	3000	13188.58	395.66	500	0	0
3	行政部	102	宋嘉	管理	8000	700	8700	4359	811.42	2000	5888.58	176.66	0	0	0
4	采购部	201	何沙	市场	10000	1000	11000	4359	811.42	1500	8688.58	260.66	0	0	0
5	设计部	301	赵小兵	生产	12000	3000	15000	4359	811.42	1500	12688.58	380.66	0	0	0
6	设计部	302	孙胜业	生产	8000	600	8600	4359	811.42	2000	5788.58	173.66	300	0	0
7	设计部	303	李天华	生产	9000	800	9800	4359	811.42	2000	6988.58	209.66	0	0	0
8	生产部	401	杨真	生产	11000	900	11900	4359	811.42	1500	9588.58	287.66	0	0	0
9	销售部	501	刘一江	市场	12500	1100	13600	4359	811.42	1500	11288.58	338.66	0	0	0
10	销售部	502	陈瓜瓜	市场	11000	900	11900	4359	811.42	2000	9088.58	272.66	0	0	0

图 5－6 个人所得税计算

3. 计算扣款合计和实发工资

（1）撰写 AI 助手提示词。

AI 助手提示词

请用 Python 编写工资计算程序，打开 Excel 文件（C:\PYEXCEL\工资数据表.xlsx）。计算扣款合计：扣款合计＝五险一金＋个人所得税＋其他扣款。计算实发工资：实发工资＝应发工资－扣款合计。计算结果均保留两位小数。计算后的数据保存到 C:\PYEXCEL\工资数据表.xlsx。显示工资数据表。

(2) 生成的程序(工资_实发工资.py)。

```
import pandas as pd
# 读取 Excel 文件
file_path = r'C:\PYEXCEL\工资数据表.xlsx'
df = pd.read_excel(file_path)
# 确保所有必要的列都存在
required_columns = ['应发工资','五险一金','个人所得税','其他扣款']
for col in required_columns:
    if col not in df.columns:
        raise ValueError(f"Excel 文件中缺少'{col}'列")
# 计算扣款合计
df['扣款合计'] = df['五险一金'] + df['个人所得税'] + df['其他扣款']
# 计算实发工资,并保留两位小数
df['实发工资'] = df['应发工资'] - df['扣款合计']
df['实发工资'] = df['实发工资'].round(2)
df['扣款合计'] = df['扣款合计'].round(2)   # 确保扣款合计也保留两位
小数
# 将计算结果保存到 Excel 文件
df.to_excel(file_path, index = False)
# 显示工资数据表
print(df)
```

(3) 计算后的结果。进行计算后的结果如图 5-7 所示。

	A	B	C	D	E	F	G	H	I	J	K	L	M	N	O
1	部门	编码	姓名	类别	基本工资	岗位补贴	应发工资	上年平均工资	五险一金	抵减费用	应税所得额	个人所得税	其他扣款	扣款合计	实发工资
2	行政部	101	孙正	管理	15000	2000	17000	4359	811.42	3000	13188.58	395.66	500	1707.08	15292.92
3	行政部	102	宋嘉	管理	8000	700	8700	4359	811.42	2000	5888.58	176.66	0	988.08	7711.92
4	采购部	201	何沙	市场	10000	1000	11000	4359	811.42	1500	8688.58	260.66	0	1072.08	9927.92
5	设计部	301	赵小兵	生产	12000	3000	15000	4359	811.42	1500	12688.58	380.66	0	1192.08	13807.92
6	设计部	302	孙胜业	生产	8000	600	8600	4359	811.42	2000	5788.58	173.66	300	1285.08	7314.92
7	设计部	303	李天华	生产	9000	800	9800	4359	811.42	2000	6988.58	209.66	0	1021.08	8778.92
8	生产部	401	杨真	生产	11000	900	11900	4359	811.42	1500	9588.58	287.66	0	1099.08	10800.92
9	销售部	501	刘一江	市场	12500	1100	13600	4359	811.42	1500	11288.58	338.66	0	1150.08	12449.92
10	销售部	502	陈瓜瓜	市场	11000	900	11900	4359	811.42	2000	9088.58	272.66	0	1084.08	10815.92

图 5-7 实发工资计算

4. 计算列项目合计

在工资数据经过计算后,在 Excel 最后增加一行(用程序的方式实现),职工姓名栏填写“合计”，按列计算表的合计。

（1）撰写 AI 助手提示词。

AI 助手提示词

请用 Python 编写工资计算程序，打开 Excel 文件（C:\PYEXCEL\工资数据表.xlsx）。对工资数据表的“部门”列搜索“合计”，如果有这一行，就删除这一行。在最末新增一行，并在这一行对应的“部门”列单元格填写“合计”。将基本工资、岗位补贴、应发工资、上年平均工资、五险一金、抵减费用、应税所得额、个人所得税、其他扣款、扣款合计、实发工资各列，按列计算合计。然后将按列计算的合计填入“合计”这一行对应列的单元格中。保存为 C:\PYEXCEL\工资数据表.xlsx。显示工资数据表。

（2）生成的程序（工资_计算项目合计.py）。

```
import pandas as pd
# 定义文件路径
file_path = r'C:\PYEXCEL\工资数据表.xlsx'
# 读取 Excel 文件到 DataFrame
df = pd.read_excel(file_path)
# 删除“部门”列为“合计”的行
df = df[df['部门'] != '合计'].reset_index(drop = True)
# 计算需要计算合计的列名列表
columns_to_sum = ['基本工资','岗位补贴','应发工资','上年平均工资','五险一金','抵减费用','应税所得额','个人所得税','其他扣款','扣款合计','实发工资']
# 计算这些列的合计值
sums = df[columns_to_sum].sum()
# 创建一个新的 DataFrame 行,用以添加到原始数据中
sum_row_df = pd.DataFrame([{'部门': '合计'}])
# 添加合计数值到新的行
for col in columns_to_sum:
    sum_row_df[col] = sums[col]
# 使用 pd.concat()函数将新的合计行添加到 DataFrame 的末尾
df = pd.concat([df,sum_row_df],ignore_index = True)
```

```
# 将修改后的 DataFrame 保存至 Excel 文件
df.to_excel(file_path, index = False)
# 显示修改后的工资数据表
print(df)
```

(3) 计算后的结果。计算后的 Excel 表如图 5 - 8 所示。

	A	B	C	D	E	F	G	H	I	J	K	L	M	N	O
1	部门	编码	姓名	类别	基本工资	岗位补贴	应发工资	上年平均工资	五险一金	抵减费用	应税所得额	个人所得税	其他扣款	扣款合计	实发工资
2	行政部	101	孙正	管理	15000	2000	17000	4359	811.42	3000	13188.58	395.66	500	1707.08	15292.92
3	行政部	102	宋嘉	管理	8000	700	8700	4359	811.42	2000	5888.58	176.66	0	988.08	7711.92
4	采购部	201	何沙	市场	10000	1000	11000	4359	811.42	1500	8688.58	260.66	0	1072.08	9927.92
5	设计部	301	赵小兵	生产	12000	3000	15000	4359	811.42	1500	12688.58	380.66	0	1192.08	13807.92
6	设计部	302	孙胜业	生产	8000	600	8600	4359	811.42	2000	5788.58	173.66	300	1285.08	7314.92
7	设计部	303	李天华	生产	9000	800	9800	4359	811.42	2000	6988.58	209.66	0	1021.08	8778.92
8	生产部	401	杨真	生产	11000	900	11900	4359	811.42	1500	9588.58	287.66	0	1099.08	10800.92
9	销售部	501	刘一江	市场	12500	1100	13600	4359	811.42	1500	11288.58	338.66	0	1150.08	12449.92
10	销售部	502	陈瓜瓜	市场	11000	900	11900	4359	811.42	2000	9088.58	272.66	0	1084.08	10815.92
11	合计				96500	11000	107500	39231	7302.78	17000	83197.22	2495.94	800	10598.7	96901.28

图 5 - 8 工资数据表（计算合计）

5.3.5 工资数据分析

1. 按部门计算应发工资的比率

计算部门的应发工资合计，用程序生成 Excel 格式"部门汇总表"，按部门计算应发工资所占的比率，如表 5 - 4 所示。

表 5 - 4 应发工资部门汇总表

部门	应发工资合计	比率
办公室		
采购部		
设计部		
生产部		
销售部		
合计		

比率＝部门应发工资合计/部门应发工资总计

AI 助手提示词

请用 Python 编写工资计算程序，打开 Excel 文件（C:\PYEXCEL\工资数据表.xlsx）。

(1) 建立部门汇总表。在“工资数据表.xlsx”上建立一个新表“部门汇总表”(如果已经存在该表，先删除)，项目有“部门”“应发工资合计”“比率”。

(2) 进行部门汇总。选择“Sheet1”，按照“部门”列对“应发工资”进行汇总，删除“部门”列中“合计”这一行。将结果存入“部门汇总表”。

(3) 计算比率。取每行“应发工资合计”除以“应发工资合计”的合计，将计算结果填入“比率”单元格。

(4) 计算应发工资合计。按照“部门”列对“应发工资合计”进行汇总，存入最后一行，保存为 C:\PYEXCEL\工资数据表.xlsx，设置 pandas 显示选项，支持中文字符宽度对齐。显示工资数据表中的“部门汇总表”。

生成的程序(程序名：工资_计算部门比率.py)：

```
import pandas as pd
# 设置 pandas 显示选项,支持中文字符宽度对齐
pd.set_option('display.unicode.east_asian_width',True)
# 读取 Excel 文件
file_path = r'C:\PYEXCEL\工资数据表.xlsx'
sheet_name = 'Sheet1'  # 选择 Sheet1
df = pd.read_excel(file_path,sheet_name = sheet_name)
# (1) 建立部门汇总表
# 如果"部门汇总表"已经存在,先删除
with pd.ExcelWriter(file_path,mode = 'a',engine = 'openpyxl',if_sheet_
exists = 'replace') as writer:
    if '部门汇总表' in writer.book.sheetnames:
        writer.book.remove(writer.book['部门汇总表'])
# (2) 进行部门汇总
# 按照"部门"列对"应发工资"进行汇总
department_summary = df.groupby('部门')['应发工资'].sum().reset_
index()
department_summary = department_summary[department_summary['部门'] ! =
'合计']  # 删除"部门"列中"合计"这一行
# 将结果存入"部门汇总表"
```

```
    with pd.ExcelWriter(file_path, mode = 'a', engine = 'openpyxl', if_sheet_exists = 'replace') as writer:
        department_summary.to_excel(writer, sheet_name = '部门汇总表', index = False)
    # (3) 计算比率
    # 取每行"应发工资合计"除以"应发工资合计"的合计
    total_salary = department_summary['应发工资'].sum()
    department_summary['比率'] = department_summary['应发工资'] / total_salary
    # (4) 计算应发工资合计
    # 按照"部门"列对"应发工资合计"进行汇总,存入最后一行
    total_row = pd.DataFrame({'部门': ['合计'],'应发工资': [total_salary],'比率': [1.0]})
    department_summary = pd.concat([department_summary, total_row], ignore_index = True)
    # 将最终结果存入"部门汇总表"
    with pd.ExcelWriter(file_path, mode = 'a', engine = 'openpyxl', if_sheet_exists = 'replace') as writer:
        department_summary.to_excel(writer, sheet_name = '部门汇总表', index = False)
    # 显示工资数据表中的"部门汇总表"
    print("部门汇总表:")
    print(department_summary)
```

部门汇总表如图 5－9 所示。

	A	B	C
1	部门	应发工资	比率
2	生产部	11900	0.110698
3	行政部	25700	0.23907
4	设计部	33400	0.310698
5	采购部	11000	0.102326
6	销售部	25500	0.237209
7	合计	107500	1

图 5－9　部门汇总表

2. 按类别计算应发工资的比率

按照类别计算应发工资所占的比率（如表5-5所示），并以图形的方式展示（饼图、柱状图）。

表5-5　应发工资类别汇总表

类别	应发工资合计	比率
管理		
生产		
市场		
合计		

AI助手提示词

请用Python编写工资计算程序，打开Excel文件（C:\PYEXCEL\工资数据表.xlsx）。

（1）建立部门汇总表。在“工资数据表.xlsx”上建立一个新表“类别汇总表”（如果已经存在该表，先删除），项目有“类别”“应发工资合计”“比率”。

（2）进行部门汇总。选择“Sheet1”，按照“类别”列对“应发工资”进行汇总，删除“类别”列中“合计”这一行。将结果存入“类别汇总表”。

（3）计算比率。取每行“应发工资合计”除以“应发工资合计”的合计，将计算结果填入“比率”单元格。

（4）计算应发工资合计。按照“类别”列对“应发工资合计”进行汇总，存入最后一行，保存至C:\PYEXCEL\工资数据表.xlsx，设置pandas显示选项，支持中文字符宽度对齐。显示工资数据表中的“类别汇总表”。

生成的程序（程序名：工资_计算类别比率.py）：

```
import pandas as pd
# 设置pandas显示选项,支持中文字符宽度对齐
pd.set_option('display.unicode.east_asian_width',True)
# 打开Excel文件
file_path = r'C:\PYEXCEL\工资数据表.xlsx'
sheet_name = 'Sheet1'
```

```
new_sheet_name = '类别汇总表'
# 读取 Sheet1 数据
df = pd.read_excel(file_path, sheet_name = sheet_name)
# 删除"类别"列中"合计"这一行
df = df[df['类别'] != '合计']
# 按照"类别"列对"应发工资"进行汇总
category_summary = df.groupby('类别')['应发工资'].sum().reset_index()
category_summary.rename(columns = {'应发工资': '应发工资合计'},
inplace = True)
# 计算比率
total_salary = category_summary['应发工资合计'].sum()
category_summary['比率'] = category_summary['应发工资合计'] / total_salary
# 将结果存入"类别汇总表"
with pd.ExcelWriter(file_path, mode = 'a', engine = 'openpyxl', if_sheet_
exists = 'replace') as writer:
    category_summary.to_excel(writer, sheet_name = new_sheet_name,
index = False)
# 按照"类别"列对"应发工资合计"进行汇总,存入最后一行
total_row = pd.DataFrame({
    '类别': ['合计'],
    '应发工资合计': [total_salary],
    '比率': [1.0]
})
category_summary = pd.concat([category_summary, total_row], ignore_
index = True)
# 保存到 Excel 文件
with pd.ExcelWriter(file_path, mode = 'a', engine = 'openpyxl', if_sheet_
exists = 'replace') as writer:
    category_summary.to_excel(writer, sheet_name = new_sheet_name,
index = False)
# 显示工资数据表中的"类别汇总表"
print(category_summary)
```

类别汇总表如图 5－10 所示。

	A	B	C
1	类别	发工资合	比率
2	市场	36500	0.339534884
3	生产	45300	0.421395349
4	管理	25700	0.239069767
5	合计	107500	1

图 5－10　类别汇总表

5.3.6　工资业务处理程序组织

1. 设计概述

设计一个主界面，在该界面显示所有项目，调用相关程序，然后选择执行。

2. 主界面及模块调用

使用图形界面来调用相关的功能模块，实现业务的操作。

AI 助手提示词

基于 Python 编写程序。

基于 tkinter 图形界面，显示相关功能，通过功能调用相应的程序，具体界面和调用程序如下：

显示“工资业务处理”，用中号的字显示，颜色为蓝色。

显示“计算基本项目”，调用：工资_计算基本项目.py，程序执行完毕显示“工资_计算基本项目”。

显示“计算个税和实发工资”，调用：工资_个税计算.py 和工资_计算实发工资.py，程序执行完毕显示“计算个税和实发工资”。

显示“计算合计”，调用：工资_计算项目合计.py，程序执行完毕显示“计算项目合计”。

显示“计算部门和类别比率”，调用：工资_计算部门比率.py 和工资_计算类别比率.py，程序执行完毕显示“计算部门比率和类别比率”。

显示“退出”，点击后退出程序运行。

生成的程序（工资业务处理.py）：

```
import tkinter as tk
from tkinter import messagebox
import subprocess
# 定义功能函数
def run_script(script_name, success_message):
    try:
        # 调用外部 Python 脚本
        result = subprocess.run(["python", script_name], check = True, text = True, capture_output = True)
        # 显示执行成功消息
        messagebox.showinfo("执行成功", f"{success_message}\n输出:{result.stdout}")
    except subprocess.CalledProcessError as e:
        # 显示执行失败消息
        messagebox.showerror("执行失败", f"脚本 {script_name} 执行失败:\n{e.stderr}")
# 创建主窗口
root = tk.Tk()
root.title("工资业务处理")
root.geometry("400x300")  # 设置窗口大小
# 设置标题
title_label = tk.Label(root, text = "工资业务处理", font = ("宋体", 20), fg = "blue")
title_label.pack(pady = 10)
# 定义按钮和对应的功能
buttons = [
    ("计算基本项目", "工资_计算基本项目.py", "工资_计算基本项目"),
    ("计算个税和实发工资", ["工资_个税计算.py", "工资_计算实发工资.py"], "计算个税和实发工资"),
    ("计算合计", "工资_计算项目合计.py", "计算项目合计"),
```

```
        ("计算部门和类别比率",["工资_计算部门比率.py","工资_计算类别比率.py"],"计算部门比率和类别比率"),
        ("退出",None,None)
    ]
    # 添加按钮到界面
    for button_text,script_name,success_message in buttons:
        if button_text == "退出":
            # 退出按钮
            exit_button = tk.Button(root,text = button_text,command = root.quit,bg = "red",fg = "white")
            exit_button.pack(pady = 5,fill = tk.X,padx = 20)
        else:
            # 功能按钮
            if isinstance(script_name,list):
                # 如果脚本是多个,依次调用
                button = tk.Button(
                    root,text = button_text,
                    command = lambda sn = script_name,sm = success_message: [run_script(s,sm) for s in sn]
                )
            else:
                # 单个脚本
                button = tk.Button(
                    root,text = button_text,
                    command = lambda sn = script_name,sm = success_message: run_script(sn,sm)
                )
            button.pack(pady = 5,fill = tk.X,padx = 20)
    # 运行主循环
    root.mainloop()
```

程序运行结果，如图 5-11 所示。

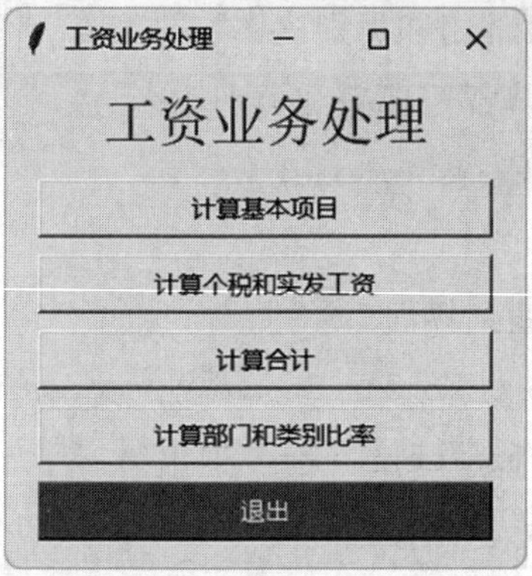

图 5-11　功能集成界面

选择相应功能进行执行，完成具体的任务。

5.4　AI 助手拓展学习

(1) Python 程序组织的方式有哪几种？具体怎么实现？

(2) Python 模块之间怎样传递数据？

(3) 对 Python 程序有哪些排错方法？

(4) 有没有其他第三方库可以辅助 Python 程序排错？

(5) 怎样对 Python 程序进行优化和完善？

复习题

1. 思考题

(1) 会计信息系统由哪些模块组成？相互之间的主要数据关系是怎样的？

(2) 固定资产模块由哪几个主要数据表组成？表之间的数据关系是怎样的？主要由哪些子模块些组成？与账务系统的数据关系是怎样的？

2. 实验题

按照本章对工资的业务分析，继续完善工资业务的相关功能，并通过 AI 提示词生成 Python 程序。例如针对部门分类数据生成图形展示，增加数据的录入和修改等。提交 AI 生成的程序设计说明书。

3. 即测即评

扫码查看判断题、单项选择题、多项选择题。

第 5 章　即测即评

第 6 章

会计数据分析

6.1　会计数据分析概述

6.1.1　会计数据分析

1. 会计数据分析概述

会计数据分析是指运用一定的方法和技术，对会计信息及相关财务数据进行收集、整理、加工、分析和解释的过程，以获取有价值的信息，为企业决策、管理控制、绩效评估等提供支持。它涵盖了财务报表分析、成本分析、预算分析、财务比率分析等多个方面，涉及企业经济活动的各个环节。

会计数据分析的主要目的如下：

（1）提高企业财务管理水平。通过分析会计数据，发现企业财务管理的不足，为企业制定合理的财务策略提供依据。

（2）优化资源配置。分析会计数据，有助于企业合理配置资源，提高资源利用效率。

（3）预测企业发展趋势。通过对会计数据的分析，预测企业未来的发展趋势，为决策提供参考。

（4）评价企业经营成果。分析会计数据，可以客观评价企业的经营成果，为激励和约束企业提供依据。

（5）防范财务风险。通过会计数据分析，揭示企业潜在的财务风险，提前采取应对措施。

2. 会计数据分析敏感度

会计数据分析敏感度是指会计数据的某个指标发生变化时，对企业的财务状况、经营成果和现金流量产生影响的程度。敏感度高意味着指标的微小变化会引起企业关键方面的显著变动，而敏感度低则表示指标变化对企业的影响相对较小。这一概念对于企业管理者、投资者和债权人等利益相关者来说至关重要，有助于他们准确把握企业的风险水平和经营绩效。相关数据可以通过公开的数据获得，也可以根据 AI 获得的数据计算、分析得到，再结合企业的实际情况来确定。

6.1.2 会计数据分析模型及步骤

1. 会计数据分析模型

会计数据分析模型是一种用于分析和解释会计数据的工具或方法，它通过运用数学和统计技术来揭示财务信息背后的趋势、模式和潜在问题。以下为几种常见的会计数据分析模型。

（1）比率分析模型。比率分析通过计算财务报表中不同项目之间的比率来评估企业的财务状况。例如，流动比率（流动资产/流动负债）可以反映企业的短期偿债能力；速动比率（(流动资产－存货)/流动负债）则更能体现企业不依赖存货时的偿债能力。

在设计比率分析模型时，需要先从会计核算数据源获取财务报表分析数据，然后建立数据间的动态链接，进行数据采集以及利用数据进行比率分析。

（2）趋势分析模型。趋势分析是通过比较连续几期的财务报表数据来观察数据的变化趋势，从而预测未来可能的发展方向。这种模型有助于识别企业财务状况的长期变化趋势，如收入增长、成本控制等。

（3）综合分析模型。综合分析模型结合了多种财务指标和分析方法，对企业的财务状况进行全面评估。例如，杜邦分析模型是一种常用的综合分析模型，它通过分解净资产收益率来揭示企业盈利能力、营运效率和财务杠杆等多个方面的信息。

（4）财务计划模型。财务计划模型用于制订和调整企业的财务计划，包括预算编制、资金筹集、投资决策等。这种模型通常涉及对未来现金流量的预测和规划，以确保企业财务目标的实现。

总的来说，会计数据分析模型是财务管理中不可或缺的工具之一。随着信息技术的发展和大数据时代的到来，会计数据分析模型的应用范围和深度将不断拓宽和深化。

2. 会计数据分析步骤

（1）数据收集。收集企业内部和外部相关的会计数据。

（2）数据整理。对收集到的数据进行清洗、筛选和整理。

（3）数据分析。运用各种分析方法，对整理后的数据进行深入分析。

（4）结果呈现。将分析结果以图表、报告等形式呈现，便于决策者理解和应用。

（5）提出建议。根据分析结果，为企业提供改进财务管理、优化经营策略等方面的建议。

6.2 会计日常业务数据实时分析

6.2.1 会计日常实时业务数据

会计日常实时业务数据是企业经营活动的即时反映，涵盖收入、成本、费用、资产、负债、税务、现金流量等多个方面。实时记录和分类这些数据有助于企业即时掌握财务状况，支持决策和实时跟踪管理。常规的查询和分析任务，通过信息化系统（如 ERP、财务软件）就可以基本实现。

会计日常实时业务数据是指企业在日常经营活动中即时产生的财务信息，通常需要实时记录和处理，主要包括以下内容。

1. 收入类数据

收入类数据内容包括销售收入（商品或服务）、其他收入（如利息收入、租金收入）。例如，每日销售订单金额、实时收款记录（现金、银行转账、第三方支付）。

2. 成本类数据

成本类数据内容包括商品采购成本、生产成本（原材料成本、人工成本、制造费用）。例如，采购发票金额、生产领料单数据、实时库存变动成本。

3. 费用类数据

费用类数据内容包括销售费用（广告费、运输费）、管理费用（办公费、差旅费）、财务费用（利息支出、手续费）。例如，员工报销单、日常费用支付记录、银行手续费明细。

4. 资产类数据

资产类数据内容包括库存现金及银行存款、应收账款、存货、固定资产。例如，银行账户余额变动、应收账款新增或收回、存货出入库记录、固定资产购置或处置。

5. 负债类数据

负债类数据内容包括应付账款、短期借款、长期借款。例如，供应商发票录入、借款合同签订及还款记录、应付职工薪酬计提。

6. 税务类数据

税务类数据内容包括增值税、企业所得税、个人所得税。例如，销售开票数据（增值税）、工资个税扣缴记录、税务申报表数据。

7. 现金流量类数据

现金流量类数据内容包括经营活动现金流量（销售收入、向供应商付款）、投资活动现金流量（购置固定资产、投资收益）、筹资活动现金流量（借款、股东分红）。例如，每日现金收支明细、银行流水记录、投资或融资交易记录。

8. 预算与核算类数据

预算与核算类数据内容包括预算执行情况、成本核算数据。例如，实际收入与预算对比、生产成本实时核算、费用支出与预算差异分析。

9. 其他实时数据

其他实时数据内容包括折旧与摊销、坏账准备、资产减值准备。例如，固定资产折旧计提、应收账款坏账准备调整、存货跌价准备记录。

6.2.2 会计日常业务数据实时分析方法及举例

会计日常业务数据实时分析是指利用现代信息技术和工具，对企业在经营活动中产生的财务数据进行即时处理、分析和反馈，以支持决策和优化管理。

1. 实时分析方法

（1）数据可视化。可视化主要用于实时监控，发现异常后及时处理。主要使用图表（如折线图、柱状图、饼图）展示实时动态数据变化。

（2）关键绩效指标（KPI）监控。设定并监控关键财务指标（如毛利率、净利率、资产负债率等），实时预警异常指标。

（3）趋势分析。分析收入、成本、利润等数据的实时变化趋势，识别周期性或突发性波动。

(4) 差异分析。对比实际数据与预算、历史数据或行业标准，发现差异并分析原因。

(5) 预测分析。基于实时数据预测未来收入、成本、现金流量等。

(6) 异常检测。使用算法或规则检测异常数据（如异常收入、异常费用）。如采用机器学习模型、规则引擎来进行实时监控。

(7) 自动化报告。ERP 自动生成实时财务报告（如日报、周报、半月报）后，进行分析。通过实时分析，发现周期性的变化规律和市场的动态变化，及时调整策略扩大市场规模或实施控制。

2. 会计日常业务数据实时分析举例

(1) 用本福特定律分析费用报销数据。

在审计费用报销数据过程中，借助本福特定律能够有效识别异常费用支出。本福特定律，也称第一数字定律，属于数字统计领域的一种内在规律。该定律表明，在数据集合中，以 1 开头的数字出现的概率并非简单的 1/9，而是约为 1/9 的 3 倍，达到 30.1%；以 2 开头的数字出现的概率为 17.6%，以 3～9 开头的数字出现的概率依序递减，以 9 开头的数字出现的概率最低，仅为 4.6%。

在费用报销审计场景下，若差旅费、业务招待费等报销金额的数字分布与本福特定律相悖，便极有可能存在虚假报销情形。例如，当报销金额频繁以 9 开头，且单笔金额显著偏大，同时与过往报销数据以及公司实际业务需求不符时，审计人员需将此类报销凭证列为重点审查对象，详细核实是否存在虚报费用、套取资金等违规行为。

本福特定律为审计人员在数据分析过程中挖掘财务舞弊线索提供了强有力的工具。审计人员将本福特定律运用于审计流程中的分析性程序，能够有效察觉财务造假迹象。在编制实质性科目底稿时，可针对银行流水、应收账款、成本费用、主营业务收入等关键科目展开检查，对比分析这些科目数据与本福特定律概率分布的差异情况，以此探寻审计线索，揪出欺诈舞弊行为。

本福特定律的适用范围极为广泛，自然界以及日常生活中获取的绝大多数数据均符合这一规律。不过，本福特定律在实际应用中仍存在一定局限性，主要受制于以下几个关键因素：

① 数据规模。数据需具备一定规模，能够充分代表总体样本。数据量越大，基于本福特定律的分析结果就越精确。

② 数据范围。数据不能有人为预先设定的最大值和最小值范围，否则会干

扰本福特定律的适用性。

③ 人为影响。目标数据应尽量减少人为干预。凡是经过人为随意修改的数据，通常难以契合本福特定律的要求。

AI助手提示词

请运用本福特定律，针对后面的案例，用Python编写程序对费用报销明细账进行分析，将可疑的报销数据显示出来。

Excel文件：C:\PYEXCEL\费用报销明细账.xlsx。

项目：日期、报销人、费用项目、金额。

生成的程序：

```
import pandas as pd
# 本福特定律下首位数字出现的概率
benford_probs = {
    1: 0.301,
    2: 0.176,
    3: 0.125,
    4: 0.097,
    5: 0.079,
    6: 0.067,
    7: 0.058,
    8: 0.051,
    9: 0.046
}
# 计算首位数字
def first_digit(n):
    return int(str(n)[0])
# 读取Excel数据
file_path = r'C:\PYEXCEL\费用报销明细账.xlsx'
try:
    df = pd.read_excel(file_path)
    # 计算每个金额的首位数字
```

```
        df['首位数字'] = df['金额'].apply(first_digit)
        # 计算每个首位数字的实际出现频率
        actual_probs = df['首位数字'].value_counts(normalize = True).to_
dict()
        # 找出可疑数据(这里简单以频率偏差超过 0.1 为例,可根据实际调整)
        suspicious_data = []
        for digit in range(1, 10):
            if abs(actual_probs.get(digit, 0) - benford_probs[digit]) > 0.1:
                suspicious_data.extend(df[df['首位数字'] = = digit].to_
dict('records'))
        # 显示可疑数据
        if suspicious_data:
            suspicious_df = pd.DataFrame(suspicious_data)
            print(suspicious_df)
        else:
            print("未发现可疑报销数据")
    except FileNotFoundError:
        print(f"文件未找到,请检查路径:{file_path}")
    except Exception as e:
        print(f"读取文件或处理数据时出错:{e}")
```

运行结果略。

可以根据筛选出来的报销数据，进行必要的审计。

(2) 用 Python 编写销售预测分析。

某电子产品制造业企业主要生产智能手环，现对其过去5年的销售数据进行分析，并尝试预测未来一年的销售情况，以此展示趋势分析在销售预测中的应用。在日常实时监控中，可以利用规律性预测指标来对比实际运行情况，及时发现并处理问题。

在业务开展过程中，可以对下月、下周等开展预测。

① 过去5年的销售数据。企业2020—2024年智能手环的年度销售数据（单位：万个）如下：

年份	2020	2021	2022	2023	2024
销售量	15	18	22	25	30

② 计算年度销售量的增长量。

增长量＝本期销售量－上期销售量

例如：

2021年相对2020年的增长量＝18－15＝3(万个)
2022年相对2021年的增长量＝22－18＝4(万个)
2023年相对2022年的增长量＝25－22＝3(万个)
2024年相对2023年的增长量＝30－25＝5(万个)

③ 计算年度销售量的增长率。

增长率＝(本期销售量－上期销售量)/上期销售量×100%

例如：

2021年相对2020年的增长率＝(18－15)/15×100%＝20%
2022年相对2021年的增长率＝(22－18)/18×100%≈22.22%
2023年相对2022年的增长率＝(25－22)/22×100%≈13.64%
2024年相对2023年的增长率＝(30－25)/25×100%＝20%

④ 绘制销售量趋势图。以年份为横轴，销售量为纵轴，绘制折线图。可以直观看到销售量呈逐年上升趋势，且上升的幅度有一定波动。

⑤ 基于趋势分析的销售预测。假设根据过往的增长趋势，预计未来2025年和2026年销售量仍会保持一定的增长幅度，我们采用两种简单的预测方法进行预测：

- 平均增长量预测法。首先计算过去几年销售量的平均增长量：

平均增长量＝(3＋4＋3＋5)/4＝3.75(万个)
2025年预测销售量＝2024年销售量＋平均增长量
＝30＋3.75＝33.75(万个)

- 平均增长率预测法。先计算过去几年销售量的平均增长率：

平均增长率＝(20%＋22.22%＋13.64%＋20%)/4≈18.97%
2025年预测销售量＝2024年销售量×(1＋平均增长率)
＝30×(1＋18.97%)＝30×1.189 7≈35.69(万个)

AI助手提示词

请基于所附的案例，用Python编写运算的程序，并以作图的方式呈现，图形用中文显示。[案例如前]

生成的程序：

```
import matplotlib.pyplot as plt
import numpy as np
# 设置中文字体显示
plt.rcParams['font.sans-serif'] = ['SimHei']  # 设置中文字体为黑体
plt.rcParams['axes.unicode_minus'] = False  # 解决负号显示问题
# (1) 过去 5 年的销售数据
years = np.array([2020, 2021, 2022, 2023, 2024])
sales = np.array([15, 18, 22, 25, 30])  # 单位:万个
# (2) 计算年度销售量的增长量
growth_amount = np.diff(sales)  # 计算增长量
print("年度销售量的增长量(万个):", growth_amount)
# (3) 计算年度销售量的增长率
growth_rate = np.diff(sales)/sales[:-1] * 100  # 计算增长率
print("年度销售量的增长率(%):", growth_rate)
# (4) 绘制销售量趋势图
plt.figure(figsize = (10, 6))
plt.plot(years, sales, marker = 'o', linestyle = '-', color = 'b', label = '销
售量')
plt.title('智能手环年度销售量趋势图', fontsize = 16)
plt.xlabel('年份', fontsize = 14)
plt.ylabel('销售量(万个)', fontsize = 14)
plt.grid(True)
plt.legend()
plt.show()
# (5) 基于趋势分析的销售预测
# ① 平均增长量预测法
average_growth_amount = np.mean(growth_amount)  # 计算平均增长量
predicted_sales_amount = sales[-1] + average_growth_amount  #
2025 年预测销售量
print(f"2025 年预测销售量(平均增长量预测法):{predicted_sales_a-
mount:.2f} 万个")
```

```
    # ② 平均增长率预测法
    average_growth_rate = np.mean(growth_rate)   # 计算平均增长率
    predicted_sales_rate = sales[-1] * (1 + average_growth_rate/100)
    # 2025 年预测销售量
    print(f"2025 年预测销售量(平均增长率预测法):{predicted_sales_rate:.2f} 万个")
    # 绘制预测结果
    years_extended = np.append(years, [2025, 2026])   # 扩展年份到 2026 年
    sales_extended_amount = np.append(sales, [predicted_sales_amount, predicted_sales_amount + average_growth_amount])   # 平均增长量预测
    sales_extended_rate = np.append(sales, [predicted_sales_rate, predicted_sales_rate * (1 + average_growth_rate/100)])   # 平均增长率预测
    plt.figure(figsize = (10, 6))
    plt.plot(years, sales, marker = 'o', linestyle = '-', color = 'b', label = '实际销售量')
    plt.plot(years_extended[-2:], sales_extended_amount[-2:], marker = 'o', linestyle = '--', color = 'r', label = '平均增长量预测')
    plt.plot(years_extended[-2:], sales_extended_rate[-2:], marker = 'o', linestyle = '--', color = 'g', label = '平均增长率预测')
    plt.title('智能手环年度销售量及预测趋势图', fontsize = 16)
    plt.xlabel('年份', fontsize = 14)
    plt.ylabel('销售量(万个)', fontsize = 14)
    plt.grid(True)
    plt.legend()
    plt.show()
```

运行结果：

智能手环年度销售量趋势图如图 6-1 所示。

智能手环年度销售量及预测趋势图如图 6-2 所示。

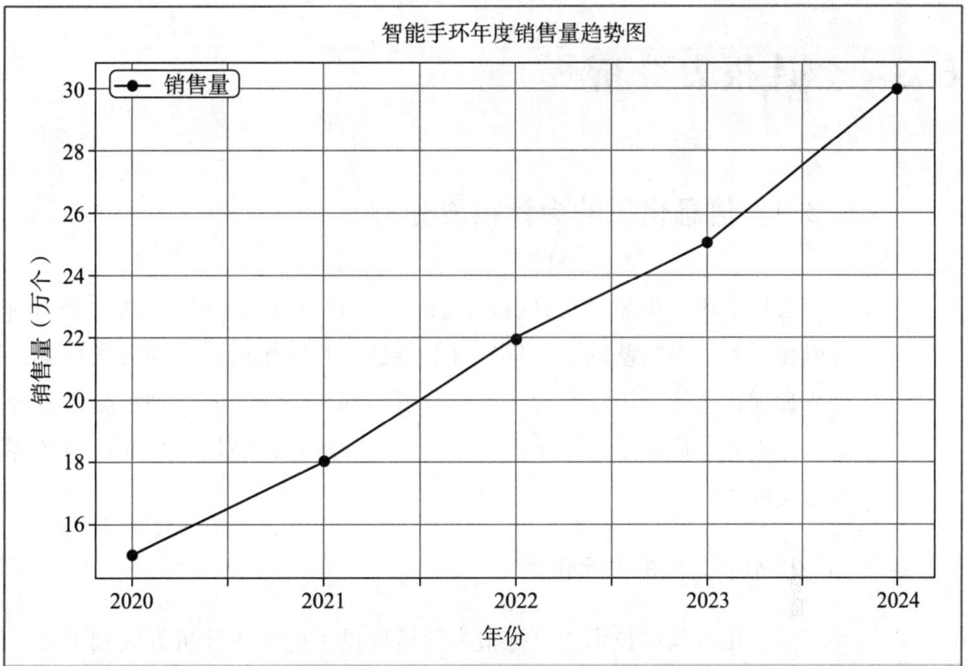

图 6-1 智能手环年度销售量趋势图

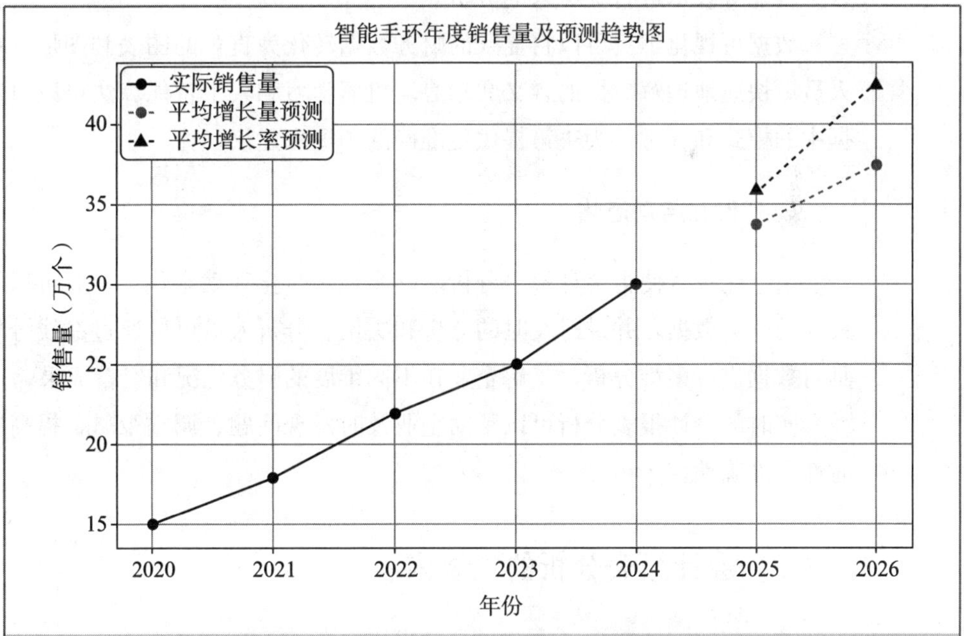

图 6-2 智能手环年度销售量及预测趋势图

6.3 会计报表分析

6.3.1 信息化下的会计报表分析

会计报表分析是常规分析，也是最基本的总括性分析。基于 Python 来分析，可以在财务报表的基础上收集如行业数据、其他相近行业的关联数据、行业标杆企业数据，进行更为综合的多维度分析。基于企业经济活动情况的分析总在不断变化，因此掌握一个工具来进行非固定的分析，以满足不断变化的经济活动需要非常关键。

1. 分析方法的多元化

信息化工具和技术为会计报表分析提供了更多的分析方法和手段。除了传统的比率分析、趋势分析和结构分析等方法，还可以运用数据可视化、机器学习和人工智能等技术进行更深入的分析。

数据可视化工具可以将复杂的财务数据转化为直观的图表和图形，帮助分析人员更快速地理解数据的含义和趋势。机器学习和人工智能算法可以自动识别数据中的模式和异常，为决策提供更准确的预测和建议。

2. 实时化与动态化

信息化技术使得会计报表分析能够实现实时化和动态化。企业可以随时获取最新的财务数据，并进行及时的分析和决策。分析人员可以通过在线分析处理工具对数据进行多维分析，了解企业在不同维度的财务状况和经营成果。

实时的会计报表分析可以帮助企业及时发现问题、调整策略，提高决策的及时性和准确性。

6.3.2 会计报表分析的主要内容

1. 财务状况分析

通过对资产负债表的分析，了解企业的资产、负债和所有者权益的结构和规模，评估企业的偿债能力、营运能力和盈利能力。

分析企业流动资产和流动负债的比例，评估企业的短期偿债能力；分析企业固定资产和长期负债的比例，评估企业的长期偿债能力。

计算企业的应收账款周转率、存货周转率等指标，评估企业的营运能力；计算企业的毛利率、净利率、净资产收益率等指标，评估企业的盈利能力。

2. 经营成果分析

通过对利润表的分析，了解企业收入、成本和利润的构成和变化趋势，评估企业的经营业绩和盈利能力。

分析企业营业收入和营业成本的比例，评估企业的毛利率；分析企业销售费用、管理费用和财务费用的比例，评估企业的费用控制能力。

计算企业的净利润增长率、营业收入增长率等指标，评估企业的发展潜力和成长能力。

3. 现金流量分析

通过对现金流量表的分析，了解企业的现金流入和流出情况，评估企业的现金流量状况和偿债能力。

分析企业经营活动现金流量、投资活动现金流量和筹资活动现金流量的比例，评估企业的现金流量结构；计算企业的现金流量比率、现金流量充足率等指标，评估企业的偿债能力和现金流量质量。

6.3.3 会计报表数据导出

财务软件里面的科目、凭证、账簿、报表等数据，一般都有导出功能，可以导出多种格式的数据文件。利用导出的电子数据，结合其他相关数据进行充分的分析。

1. 数据格式转换

在具体单位的应用中，可以根据需要选择数据源，然后按照统一的格式转换为数据分析需要的数据格式。

我们这里选择用友 U8V15.0 导出资产负债表和利润表，格式为 .xls。也可以存储为 CSV 格式。

在 U8V15.0 的 UFO 报表中，先打开报表，选择“文件”|“另存为”，文件类型选择“MS Excel 文件（.xls）”，如图 6-3 所示。

点击“另存为”保存。.xls 是 Excel 早期版本（Excel 97-2003）使用的二进制文件格式，用于存储电子表格数据、图表、宏等信息。不同财务软件之间导

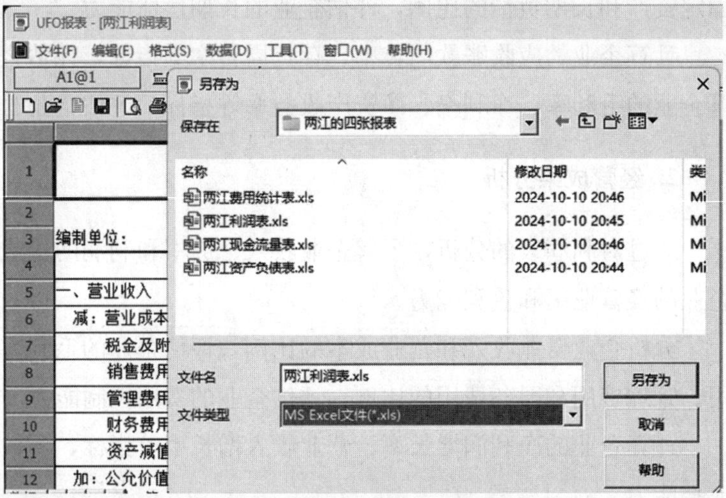

图 6-3　报表导出为 Excel 文件

出软件有些差异，需要通过帮助信息进行了解。导出的文件要在 pandas 中进行数据读取测试，检查是否兼容。

2. 数据报表编号和命名

为了便于统一管理数据表资源，需要制定统一的报表命名规则，具体要根据单位的情况来设计。建议以年份来管理报表。

独立单位的命名：年＋月＋表名.xls。

集团单位的命名：单位编号＋年＋月＋表名.xls。

统一的目录设计：为了便于自动化处理，要统一建立目录来管理各类数据。

6.4　资产负债表分析

6.4.1　资产分析

1. 资产结构分析

资产结构分析是对企业资产的各个组成部分的比例关系及其相互影响进行的研究。它主要是分析企业各类资产（如流动资产、固定资产、无形资产等）占总资产的比重，以及不同资产之间的相互配置情况，以评估企业资产的合理性、稳定性和流动性，从而揭示企业的经营特点、财务风险和盈利能力。

（1）流动资产比率。

流动资产比率＝流动资产÷总资产×100％

该比率展示了流动资产在总资产中所占的比重，用于衡量企业资产的流动性程度。较高的流动资产比率意味着企业资产的流动性较强，能够较为容易地将资产转换为现金来应对短期债务或其他资金需求。例如在零售行业，由于商品存货频繁周转，流动资产比率通常较高。

（2）固定资产比率。

固定资产比率＝固定资产÷总资产×100％

该比率体现了固定资产在总资产中的占比，反映企业资产的固化程度。对于重资产行业，如制造业、电力行业等，固定资产比率相对较高，因为这些行业依赖大量的生产设备、厂房等固定资产来开展生产经营活动。

（3）无形资产比率。

无形资产比率＝无形资产÷总资产×100％

该比率表示无形资产在总资产中的占比情况。无形资产包括专利、商标、著作权、商誉等。在一些高科技企业或品牌价值较高的企业中，无形资产比率可能较高，因为这些企业的核心竞争力可能更多地依赖于技术创新或品牌形象。

（4）长期投资比率。

长期投资比率＝长期投资÷总资产×100％

该比率用于衡量企业总资产中有多少是用于长期投资的，如长期股权投资、长期债权投资等。该比率可以反映企业的投资战略和资金配置方向，对于多元化经营或战略投资较多的企业，长期投资比率可能会较高。

（5）存货占流动资产比率。

存货占流动资产比率＝存货÷流动资产×100％

这一比率有助于分析流动资产的内部结构，明确存货在流动资产中所占的地位。存货占流动资产比率较高可能意味着企业存货管理面临挑战，或者企业所处行业需要保持较高的存货水平来满足市场需求，如季节性商品销售行业。

（6）应收账款占流动资产比率。

应收账款占流动资产比率＝应收账款÷流动资产×100％

该比率反映应收账款在流动资产中的占比。该比率较高可能表明企业在销售信用政策上较为宽松，或者销售收款的效率较低，存在一定的资金回收风险。例如在一些面向企业销售的行业中，应收账款占流动资产比率可能相对较高。

(7) 货币资金占流动资产比率。

货币资金占流动资产比率＝货币资金÷流动资产×100%

该比率体现货币资金在流动资产中的占比，是衡量企业资金充裕程度和即时支付能力的一个指标。货币资金占流动资产比率较高意味着企业有较强的资金流动性和即时偿债能力，但也可能反映企业资金利用效率不高。

2. 资产结构分析应用举例

AI助手提示词

某公司2023年财务报表中的相关数据如下：

总资产：10 000 000元；流动资产：4 000 000元；固定资产：3 000 000元；无形资产：1 000 000元；长期投资：1 500 000元；存货：1 200 000元；应收账款：800 000元；货币资金：600 000元。

请按照下面列示的指标进行分析并用Python实现：

(1) 流动资产比率＝流动资产÷总资产×100%。

(2) 固定资产比率＝固定资产÷总资产×100%。

(3) 无形资产比率＝无形资产÷总资产×100%。

(4) 长期投资比率＝长期投资÷总资产×100%。

(5) 存货占流动资产比率＝存货÷流动资产×100%。

(6) 应收账款占流动资产比率＝应收账款÷流动资产×100%。

(7) 货币资金占流动资产比率＝货币资金÷流动资产×100%。

生成的程序：

```
# 定义财务数据
total_assets = 10_000_000  # 总资产
current_assets = 4_000_000  # 流动资产
fixed_assets = 3_000_000  # 固定资产
intangible_assets = 1_000_000  # 无形资产
long_term_investments = 1_500_000  # 长期投资
inventory = 1_200_000  # 存货
accounts_receivable = 800_000  # 应收账款
cash = 600_000  # 货币资金
```

```
    # 计算各项比率
    current_assets_ratio = (current_assets/total_assets) * 100
    fixed_assets_ratio = (fixed_assets/total_assets) * 100
    intangible_assets_ratio = (intangible_assets/total_assets) * 100
    long_term_investments_ratio = (long_term_investments/total_assets) * 100
    inventory_to_current_assets_ratio = (inventory/current_assets) * 100
    accounts_receivable_to_current_assets_ratio = (accounts_receivable/
current_assets) * 100
    cash_to_current_assets_ratio = (cash/current_assets) * 100
    # 输出结果
    print(f"(1) 流动资产比率: {current_assets_ratio:.2f}%")
    print(f"(2) 固定资产比率: {fixed_assets_ratio:.2f}%")
    print(f"(3) 无形资产比率: {intangible_assets_ratio:.2f}%")
    print(f"(4) 长期投资比率: {long_term_investments_ratio:.2f}%")
    print(f"(5) 存货占流动资产比率: {inventory_to_current_assets_
ratio:.2f}%")
    print(f"(6) 应收账款占流动资产比率: {accounts_receivable_to_
current_assets_ratio:.2f}%")
    print(f"(7) 货币资金占流动资产比率: {cash_to_current_assets_
ratio:.2f}%")
```

运行结果:

```
(1)流动资产比率: 40.00%
(2)固定资产比率: 30.00%
(3)无形资产比率: 10.00%
(4)长期投资比率: 15.00%
(5)存货占流动资产比率: 30.00%
(6)应收账款占流动资产比率: 20.00%
(7)货币资金占流动资产比率: 15.00%
```

6.4.2 负债分析

负债分析是指对企业所承担的债务进行全面、系统的研究和评估过程。它主要涉及对负债的规模、结构、期限、成本以及偿债风险等多个方面进行分析，以判断债务状况对财务状况和经营活动的影响。

（1）流动比率。

流动比率＝流动资产÷流动负债

该比率用于衡量企业流动资产对流动负债的覆盖程度，评估企业的短期偿债能力。一般而言，流动比率越高，企业的短期偿债能力越强。例如，食品零售行业可能因为存货周转快，流动比率稍低也能保持良好的短期偿债能力；机械制造行业由于生产周期长、存货和应收账款占用资金多，可能需要较高的流动比率来保障短期偿债能力。

（2）速动比率。

速动比率＝(流动资产－存货)÷流动负债

考虑到存货的变现速度相对较慢，速动比率在计算短期偿债能力时剔除了存货因素。速动比率更精准地反映了企业在不依赖存货变现的情况下，用速动资产（流动资产减去存货后的余额）偿还流动负债的能力。通常认为速动比率应不低于1。

（3）现金比率。

现金比率＝(货币资金＋交易性金融资产)÷流动负债

这是最保守的短期偿债能力衡量指标，它只考虑货币资金和交易性金融资产这些几乎可以立即用于偿债的资产与流动负债的关系。现金比率越高，表明企业直接用现金及现金等价物偿还债务的能力越强。

（4）资产负债率。

资产负债率＝负债总额÷资产总额×100％

该比率是衡量企业长期偿债能力的关键指标，反映了企业总资产中有多少是通过负债筹集的。资产负债率越高，企业的长期偿债压力越大，财务风险越高。不同行业的合理资产负债率水平差异较大，例如金融行业资产负债率普遍较高，可能达到80％～90％；而一些轻资产的互联网服务企业，资产负债率可能在30％～50％。

（5）产权比率。

产权比率＝负债总额÷所有者权益总额×100％

该比率体现了负债与所有者权益的相对关系，表明债权人提供的资金与股东提供的资金的比例。产权比率越高，意味着企业的财务结构中债务占比越大，企业的长期偿债风险相对较高，同时也反映出财务杠杆较高。

（6）权益乘数。

权益乘数＝资产总额÷所有者权益总额

权益乘数表明企业资产总额是所有者权益的倍数，该指标越大，说明企业负债程度越高，财务杠杆作用越强。通过权益乘数可以直观地了解企业的负债经营程度对企业资产规模的放大效应。

（7）流动负债占负债总额比率。

流动负债占负债总额比率＝流动负债÷负债总额×100％

该比率用于分析企业负债中流动负债的占比情况。如果该比率较高，说明企业在短期内面临较大的偿债压力；反之，如果非流动负债占比较高，则企业的短期偿债压力相对较小，但长期偿债负担可能较重。

（8）长期负债占负债总额比率。

长期负债占负债总额比率＝长期负债÷负债总额×100％

与上述流动负债占负债总额比率相对应，此比率用于衡量长期负债在负债总额中的占比，帮助分析企业的长期负债结构和长期偿债风险。

（9）应付账款周转率。

应付账款周转率＝营业成本÷平均应付账款余额

平均应付账款余额＝(应付账款期初余额＋应付账款期末余额)÷2

该比率反映企业应付账款的周转速度，通过营业成本与平均应付账款余额的比率来计算。应付账款周转率越高，说明企业偿还应付账款的速度越快，可能反映企业的资金状况较好或者与供应商的议价能力较强；反之，应付账款周转率较低可能意味着企业存在利用应付账款进行资金融通或者存在付款困难等情况。

（10）带息负债比率。

带息负债比率＝带息负债÷负债总额×100％

带息负债包括短期借款、长期借款、应付债券等带有利息的负债。该比率用于衡量企业负债中有多少是需要支付利息的负债，该比率越高，企业的利息负担越重，财务风险也相对较高。在分析企业的偿债压力和财务成本时，带息负债比率是一个重要的参考指标。

应用举例：

AI助手提示词

某公司2024年的部分财务数据如下：

资产总额：10 000 000元；流动资产：4 000 000元（货币资金：600 000元、交易性金融资产：200 000元、存货：1 200 000元）；流动负债：2 000 000元；负债总额：5 000 000元（流动负债：2 000 000元、长期负债：3 000 000元、带息负债：4 000 000元）；所有者权益总额：5 000 000元；营业成本：6 000 000元；应付账款期初余额：500 000元；应付账款期末余额：700 000元。

请用Python计算相关指标并显示计算结果。指标如下：

（1）流动比率＝流动资产÷流动负债。

（2）速动比率＝（流动资产－存货）÷流动负债。

（3）现金比率＝（货币资金＋交易性金融资产）÷流动负债。

（4）资产负债率＝负债总额÷资产总额×100%。

（5）产权比率＝负债总额÷所有者权益总额×100%。

（6）权益乘数＝资产总额÷所有者权益总额。

（7）流动负债占负债总额比率＝流动负债÷负债总额×100%。

（8）长期负债占负债总额比率＝长期负债÷负债总额×100%。

（9）应付账款周转率＝营业成本÷平均应付账款余额；平均应付账款余额＝（应付账款期初余额＋应付账款期末余额）÷2。

（10）带息负债比率＝带息负债÷负债总额×100%。

生成Python程序后在Spyder上运行。

6.4.3 所有者权益分析

所有者权益分析是对企业资产扣除负债后，由所有者享有的剩余权益进行的系统性分析。所有者权益是所有者对企业资产的剩余索取权，其金额为资产减去负债后的余额，包括实收资本（或股本）、资本公积、盈余公积和未分配利润等。这种分析主要通过对所有者权益各组成部分的数量、结构及其变动情况进行分析，以评估企业的资本实力、财务稳定性、利润分配政策和企业的自我发展能力等诸多重要方面。

（1）实收资本（或股本）比率。

$$实收资本(或股本)比率=实收资本(或股本)\div所有者权益总额\times100\%$$

该比率反映了企业所有者初始投入资本在所有者权益总额中的占比。实收资本（或股本）是企业设立或股份制改造时股东投入的资本，这个比率可以帮助投资者和债权人了解企业的资本基础，比率越高，说明企业的初始资本投入在所有者权益中的占比越大，对企业的资本稳定性有重要意义。

（2）资本公积比率。

$$资本公积比率=资本公积\div所有者权益总额\times100\%$$

资本公积主要来源于资本（或股本）溢价、接受捐赠、拨款转入等。资本公积比率展示了资本公积在所有者权益中的比重，它可以体现企业在经营过程中除了股东正常投入以外的资本积累情况，比如企业在股权融资过程中可能产生较高的资本公积，这个比率能反映出这种非经营性积累的程度。

（3）盈余公积比率。

$$盈余公积比率=盈余公积\div所有者权益总额\times100\%$$

盈余公积是企业从净利润中提取的积累资金，包括法定盈余公积和任意盈余公积。盈余公积比率表示盈余公积在所有者权益中的占比，体现了企业对利润的留存用于后续发展或其他用途（如弥补亏损）的程度，较高的盈余公积比率说明企业有较强的内部积累意识。

（4）未分配利润比率。

$$未分配利润比率=未分配利润\div所有者权益总额\times100\%$$

未分配利润是企业留待以后年度分配或待分配的利润。未分配利润比率能够反映企业可供分配但尚未分配的利润在所有者权益中的占比，未分配利润比率较高可能意味着企业有较多的利润可供分配给股东，或者企业正在积累资金用于扩大再生产等战略目的。

（5）资本保值增值率。

$$资本保值增值率=\frac{扣除客观因素后的}{年末所有者权益}\div年初所有者权益\times100\%$$

该比率主要用于衡量企业所有者权益的保值增值情况。如果该比率等于100%，说明企业的所有者权益在本年度实现了保值；如果大于100%，则表示所有者权益增值；小于100%则意味着所有者权益减值。客观因素可能包括资本的投入或撤出、资产评估增值或减值等情况，在计算时需要考虑这些因素对所有者权益的真实影响。

（6）所有者权益增长率。

$$\begin{matrix}所有者\\权益增长率\end{matrix}=\left(\begin{matrix}年末\\所有者权益\end{matrix}-\begin{matrix}年初\\所有者权益\end{matrix}\right)\div\begin{matrix}年初\\所有者权益\end{matrix}\times100\%$$

该比率直观地反映了所有者权益在一年中的增长幅度，不考虑资本投入等客观因素。该比率越高，说明企业的所有者权益增长越快，可能是由于企业盈利积累或者其他权益性交易带来的良好发展态势。

（7）全面摊薄净资产收益率。

全面摊薄净资产收益率＝净利润÷期末所有者权益×100%

该比率反映了期末单位所有者权益所创造的净利润，是衡量企业自有资本使用效率的一个重要指标。它能够直观地显示出在特定会计期末，企业所有者权益的收益水平。

（8）加权平均净资产收益率。

加权平均净资产收益率＝净利润÷平均净资产×100%
平均净资产＝(年初所有者权益＋年末所有者权益)÷2

该比率考虑了企业在年度内所有者权益的加权平均情况，更准确地反映企业在整个会计期间内运用净资产获取利润的能力。与全面摊薄净资产收益率相比，它避免了因期末或期初数据的片面性而导致的对企业盈利能力的评估偏差。

应用举例：

AI助手提示词

某公司2024年的所有者权益相关数据如下：

年初所有者权益：8 000 000元；年末所有者权益：10 000 000元；实收资本（或股本）：5 000 000元；资本公积：1 500 000元；盈余公积：1 000 000元；未分配利润：2 500 000元；净利润：1 200 000元。

根据案例用Python实现如下指标的计算并显示计算结果。

（1）实收资本（或股本）比率＝实收资本（或股本）÷所有者权益总额×100%。

（2）资本公积比率＝资本公积÷所有者权益总额×100%。

（3）盈余公积比率＝盈余公积÷所有者权益总额×100%。

（4）未分配利润比率＝未分配利润÷所有者权益总额×100%。

（5）资本保值增值率＝扣除客观因素后的年末所有者权益÷年初所有者权益×100%。

（6）所有者权益增长率＝（年末所有者权益－年初所有者权益）÷年初所有者权益×100%。

（7）全面摊薄净资产收益率＝净利润÷期末所有者权益×100%。

（8）加权平均净资产收益率＝净利润÷平均净资产×100%；平均净资产＝（年初所有者权益＋年末所有者权益）÷2。

生成 Python 程序后在 Spyder 上运行。

6.4.4 资产负债表分析程序举例

某单位 2023 年 4 月 30 日的资产负债表，如图 6－4 所示。

	A	B	C	D	E	F
1			资产负债表			会企 01 表
2	编制单位：		___年___月___日			单位：元
3 4	资产	期末余额	上年年末余额	负债和所有者权益（或股东权益）	期末余额	上年年末余额
5	流动资产：			流动负债：		
6	货币资金	1 909 341.23	1 150 542.00	短期借款	200 000.00	
7	交易性金融资产			交易性金融负债		
8	衍生金融资产			衍生金融负债		
9	应收票据	20 000.00		应付票据	20 000.00	
10	应收账款	1 516 736.87	290 600.00	应付账款	538 990.60	367 407.00
11	应收款项融资			预收款项		
12	预付款项			合同负债		
13	其他应收款	3 800.00	2 100.00	应付职工薪酬	330 858.00	4 800.00
14	存货	3 750 729.31	4 328 253.00	应交税费	209 605.87	4 400.00
15	合同资产			其他应付款	2 100.00	
16	持有待售资产			持有待售负债		
17	一年内到期的非流动资产			一年内到期的非流动负债		
18	其他流动资产	−95.00		其他流动负债	73 450.00	
19	流动资产合计	7 200 512.41	5 771 495.00	流动负债合计	1 375 004.47	376 607.00
20	非流动资产：			非流动负债：		
21	债权投资			长期借款		
22	其他债权投资			应付债券		
23	长期应收款			其中：优先股		
24	长期股权投资			永续债		
25	其他权益工具投资			租赁负债		
26	其他非流动金融资产			长期应付款		
27	投资性房地产			预计负债		
28	固定资产	3 590 490.07	36 211 376.00	递延收益		
29	在建工程			递延所得税负债		
30	生产性生物资产			其他非流动负债		
31	油气资产			非流动负债合计		
32	使用权资产			负债合计	1 375 004.47	376 607.00
33	无形资产	56 062.50	117 000.00	所有者权益（或股东权益）：		
34	开发支出			实收资本（或股本）	7 840 444.00	7 770 444.00
35	商誉			其他权益工具		
36	长期待摊费用			其中：优先股		
37	递延所得税资产			永续债		
38	其他非流动资产			资本公积		
39	非流动资产合计	3 646 552.57	3 738 376.00	减：库存股		
40				其他综合收益		
41				专项储备		
42				盈余公积		
43				未分配利润	1 631 616.51	1 362 820.00
44				所有者权益（或股东权益）合计	9 472 060.51	9 133 264.00
45	资产总计	10 847 064.98	9 509 871.00	负债和所有者权益（或股东权益）总计	10 847 064.98	9 509 871.00

图 6－4 资产负债表

要求：资产负债表存储在“C:\PYEXCEL\资产负债表.xls”中，基于这个Excel表，用Python进行资产负债率分析，公式为：资产负债率=负债总额÷资产总额×100%。

AI助手提示词

基于Python、pandas编写程序。打开“C:\PYEXCEL\资产负债表.xls”文件，显示报表数据。

资产负债率=负债总额÷资产总额×100%。资产负债率=负债总计行的期末余额÷资产合计行的期末余额（资产负债率=Excel表E32÷Excel表B45）

显示资产总额和负债总额。显示资产负债率。

生成的程序：

```
import pandas as pd
# 打开Excel文件
file_path = r"C:\PYEXCEL\资产负债表.xls"
df = pd.read_excel(file_path)
# 显示报表数据
print("报表数据:")
print(df)
# 获取资产总额和负债总额
# 假设资产总计在B45单元格,负债合计在E32单元格
# 注意:pandas读取Excel时,行和列的索引从0开始
asset_total = df.iloc[44, 1]  # B45单元格,行索引44,列索引1
liability_total = df.iloc[31, 4]  # E32单元格,行索引31,列索引4
# 显示资产总额和负债总额
print(f"资产总额: {asset_total}")
print(f"负债总额: {liability_total}")
# 计算资产负债率
debt_to_asset_ratio = (liability_total/asset_total) * 100
# 显示资产负债率
print(f"资产负债率: {debt_to_asset_ratio:.2f}%")
```

程序运行结果：

```
资产总额：10847064.98
负债总额：1375004.47
资产负债率：12.68%
```

6.4.5　资产负债表 AI 自动分析

1. 资产负债表 AI 自动分析过程

AI助手提示词

基于上传的 Excel 资产负债表.xls 中的数据对相关指标进行常规分析。(1) 编写 Python 程序进行资产负债表分析，并列示分析结果。(2) 根据分析结果编写常规的资产负债表分析报告。

生成的结果：

资产负债表分析报告

一、数据概述

文件名为 '资产负债表.xls'，包含了某企业资产负债相关的数据。

数据内包含了资产以及负债和所有者权益两大板块，细分有流动资产、非流动资产、流动负债、非流动负债等项目，且分别记录了各项目的期末余额和上年年末余额。

二、资产结构分析

1. 分析程序

```
import matplotlib.pyplot as plt
# 提取资产相关数据
asset_data = pd.DataFrame({
    '项目': ['流动资产合计', '非流动资产合计'],
    '期末余额': [7200512.41, 3646552.57],
    '上年年末余额': [5771495, 3738376]
})
# 计算资产占比(保留两位小数)
```

```
asset_data['期末占比'] = (asset_data['期末余额'] / asset_data['期末余额'].sum()).map(lambda x: f"{x * 100:.2f}%")
asset_data['上年年末占比'] = (asset_data['上年年末余额'] / asset_data['上年年末余额'].sum()).map(lambda x: f"{x * 100:.2f}%")
print('资产结构占比:')
print(asset_data)
# 设置图片清晰度
plt.rcParams['figure.dpi'] = 300
# 设置中文字体
plt.rcParams['font.sans-serif'] = ['WenQuanYi Zen Hei']
# 创建画布
fig, axes = plt.subplots(1, 2, figsize=(10, 5))
# 绘制期末资产占比饼图
axes[0].pie(asset_data['期末余额'], labels=asset_data['项目'], autopct='%1.2f%%')
axes[0].set_title('期末资产占比')
# 绘制上年年末资产占比饼图
axes[1].pie(asset_data['上年年末余额'], labels=asset_data['项目'], autopct='%1.2f%%')
axes[1].set_title('上年年末资产占比')
plt.show()
```

2. 资产结构占比数据

项目	期末余额	上年年末余额	期末占比	上年年末占比
流动资产合计	7 200 512.41	5 771 495	66.38%	60.69%
非流动资产合计	3 646 552.57	3 738 376	33.62%	39.31%

从资产结构占比数据来看，流动资产在期末和上年年末都占据了资产的较大比重。期末流动资产占比为66.38%，相较于上年年末的60.69%有所上升，这可能表明企业在期末时资产的流动性进一步增强，更便于在短期内变现以满足经营需求或应对突发情况。非流动资产占比相应下降，从上年年末的39.31%降至期末的33.62%，可能是企业在本期内对非流动资产进行了调整，如处置了部分固定资产、长期股权投资等。

3. 资产结构占比饼图

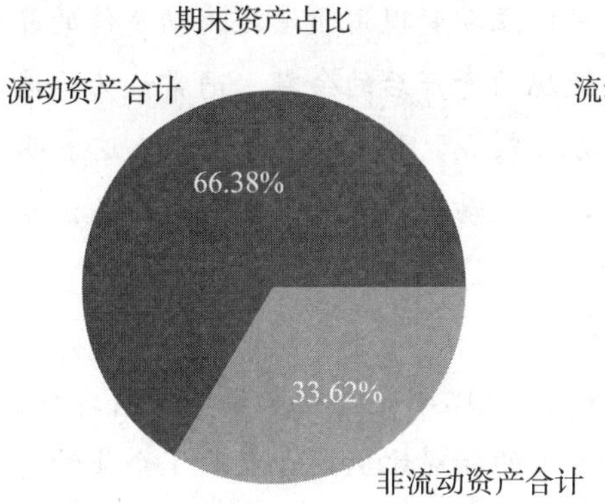

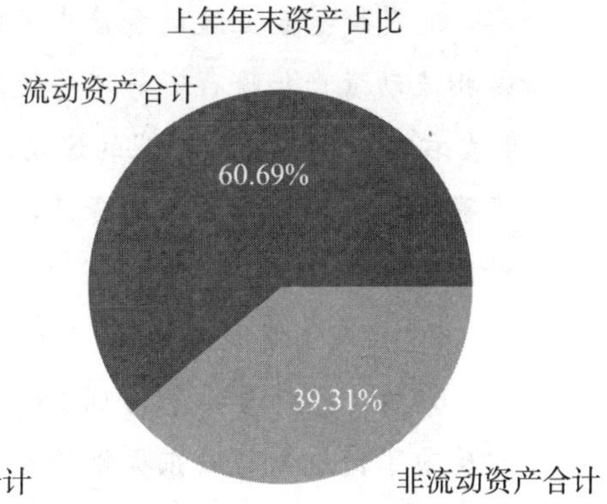

三、负债结构分析

1. 分析程序（略）

2. 负债结构占比数据

项目	期末余额	上年年末余额	期末占比	上年年末占比
流动负债合计	1 375 004.47	376 607.00	100.00%	100.00%
非流动负债合计	0.00	0.00	0.00%	0.00%

从给出的数据可以看出，该企业无论是在期末还是上年年末，负债均全部为流动负债，非流动负债余额为0。这表明企业的负债结构相对简单，且短期偿债压力较大。期末流动负债余额较上年年末显著增加，从376 607增加到1 375 004.47，这可能意味着企业在本期间内更多地依赖短期债务来满足资金需求，例如可能是为了应对临时性的经营资金缺口、短期项目投资或者季节性的业务扩张等。然而，过高的流动负债占比也可能使企业面临较大的短期偿债风险，如果企业在短期内无法及时筹措到足够的资金来偿还到期债务，可能会导致资金链紧张甚至断裂。

3. 负债结构占比饼图（略）

四、偿债能力分析

1. 短期偿债能力指标

（1）流动比率。流动比率为5.24。流动比率是流动资产对流动负债的比率，用来衡量企业流动资产在短期债务到期以前，可以变现用于偿还负债的能力。一般认为，流动比率在2左右较为合适，这表明企业有较强的短期偿债能力。该企业的流动比率达到5.24，远高于一般认为的合适水平，说明企业流动资产相对流动负债来说非常充足，短期偿债能力很强，有足够的流动资产来覆盖短期债务。不过，过高的流动比率也可能暗示企业流动资产的利用效率不高，存在资金闲置的情况。

(2) 速动比率。速动比率为2.51。速动比率是指速动资产对流动负债的比率，它是衡量企业流动资产中可以立即变现用于偿还流动负债的能力。速动资产是指流动资产扣除存货等不易变现的资产后的余额。通常认为，速动比率维持在1左右较为正常。该企业的速动比率高于1，且达到2.51，这表明企业即使不考虑存货等变现相对困难的资产，其速动资产也能够很好地覆盖流动负债，短期偿债能力相当可靠。

2. 长期偿债能力指标

产权比率计算结果为0.15。产权比率是负债总额与所有者权益总额的比率，它反映了债权人与股东提供的资本的相对比例，也表明了企业的基本财务结构是否稳定。一般来说，产权比率越低，表明企业自有资本占总资产的比重越大，长期偿债能力越强。该企业产权比率仅为0.15，说明企业的负债相对所有者权益较少，长期偿债能力很强，财务结构较为稳健，债权人的权益保障程度较高。

综合来看，该企业无论是短期偿债能力还是长期偿债能力都很强。但从短期偿债能力指标过高的情况来看，企业可能需要关注流动资产的利用效率，合理配置资产，以提高资金的使用效益。

五、总结与建议

1. 总结

企业资产流动性增强，流动资产占比上升，非流动资产占比下降。

负债结构单一，全部为流动负债，期末流动负债较年初显著增加，短期偿债压力较大。

偿债能力方面，短期偿债能力和长期偿债能力都很强，但短期偿债指标过高可能存在资金闲置问题。

2. 建议

(1) 资产配置优化。对流动资产进行合理规划，评估是否存在闲置资金，可考虑将部分闲置资金用于短期投资或扩大生产，提高资金使用效率。

(2) 负债结构调整。适当增加非流动负债的比例，如通过长期借款、发行债券等方式筹集资金，以减轻短期偿债压力，优化负债结构。

(3) 持续关注偿债能力。虽然目前偿债能力较强，但仍需持续关注市场变化和企业经营状况，确保偿债能力的稳定性。定期进行偿债能力分析，及时调整财务策略。

---

2. 生成资产负债表分析报告后的处理工作

(1) 一般选择3个AI助手进行分析，对生成的结果进行提炼和修改。

（2）阅读Python程序，分析程序的解读过程或方法，看其分析的数据公式是否正确。

（3）手工对部分数据进行验算。

（4）根据生成的效果调整提示词，以满足期望的效果。

（5）修改文档。

① 增加希望写作的内容，补充种子内容。

② 补充必要的数据。

③ 将文档提交给AI助手进行修改。

AI助手提示词

请对所附的资产负债表分析报告进行修改和完善，并增加“XXXXXX”方面的内容，用词要专业严谨：[粘贴报告]。

6.5 利润表分析

6.5.1 盈利能力分析

盈利能力分析是指通过一系列财务指标和方法，对企业在一定时期内获取利润的能力进行评估和分析。盈利能力分析主要研究企业如何有效地利用各种经济资源来创造利润，是财务分析的重要组成部分，为投资者、债权人、管理层等利益相关者提供关于企业经营成果和财务健康状况的关键信息。

（1）毛利率。

毛利率＝(营业收入－营业成本)/营业收入×100％

该比率体现了企业产品或服务的基本盈利性。它反映了企业在扣除直接成本（营业成本）后剩余的利润空间，用于衡量企业产品或服务的竞争力和成本控制能力。

（2）净利率。

净利率＝净利润/营业收入×100％

该比率表示企业每一元营业收入能带来多少净利润，是衡量企业盈利能力的综合指标。考虑了所有成本和费用（包括营业成本、期间费用、税金等），反映企业最终的盈利水平。

(3) 资产净利率。

资产净利率=净利润/平均总资产×100%

平均总资产=(期初总资产+期末总资产)/2

该比率衡量企业运用全部资产获取利润的能力，反映资产利用的综合效果。它可以帮助投资者和管理者评估企业资产的运营效率。

(4) 净资产收益率。

净资产收益率=净利润/平均净资产×100%

平均净资产=(期初净资产+期末净资产)/2

该比率反映股东权益的收益水平，用以衡量公司运用自有资本的效率，是评价企业自有资本及其积累获取报酬水平最具综合性与代表性的指标。

AI助手提示词

某企业2024年的财务数据如下：

营业收入：15 000 000元；营业成本：9 000 000元；净利润：2 000 000元；期初总资产：12 000 000元；期末总资产：15 000 000元；期初净资产：8 000 000元；期末净资产：10 000 000元。

根据案例数据用Python实现如下指标的计算并显示计算结果。

(1) 毛利率=（营业收入－营业成本）/ 营业收入×100%。

(2) 净利率=净利润/营业收入×100%。

(3) 资产净利率=净利润/平均总资产×100%；平均总资产=（期初总资产+期末总资产）/2。

(4) 净资产收益率=净利润/平均净资产×100%；平均净资产=（期初净资产+期末净资产）/2。

生成程序并运行。利润表同样可以采用上传Excel利润表的方式进行常规的利润表分析，并生成分析报告。

6.5.2 成本费用控制分析

成本费用控制分析是一种管理活动，它是指企业对生产经营过程中的成本和费用进行系统的监测、评估、调整和优化的过程，其目的是确保成本和费用在预算范围内，或者在保证产品或服务质量的前提下，尽可能地降低成本费用，以实现企业经济效益的最大化。

这一过程涉及对成本费用的各个构成部分，如原材料成本、人工成本、制造费用、销售费用、管理费用等进行详细分析。通过将实际成本费用与预算、标准成本或同行业先进水平等基准进行对比，找出成本费用控制的关键点和潜在的节约空间，进而采取针对性的控制措施。

（1）成本费用利润率。

$$成本费用利润率=利润总额/成本费用总额\times100\%$$

$$\begin{matrix}成本费用\\总额\end{matrix}=\begin{matrix}营业\\成本\end{matrix}+\begin{matrix}税金\\及附加\end{matrix}+\begin{matrix}销售\\费用\end{matrix}+\begin{matrix}管理\\费用\end{matrix}+\begin{matrix}财务\\费用\end{matrix}+\begin{matrix}研发\\费用\end{matrix}$$

该比率反映企业投入成本费用与获取利润之间的关系，体现企业经营耗费所带来的经营成果。该比率越高，表明企业为获取利润付出的代价越小，成本费用控制得越好，盈利能力越强。

（2）期间费用率。

$$期间费用率=(销售费用+管理费用+财务费用)/营业收入\times100\%$$

该比率用于衡量企业期间费用（销售费用、管理费用和财务费用）占营业收入的比重，体现企业对期间费用的控制能力。期间费用率越低，说明企业在运营过程中的费用控制能力越强。

AI助手提示词

某企业2024年的财务数据如下：

营业收入：20 000 000元；营业成本：12 000 000元；税金及附加：500 000元；销售费用：1 000 000元；管理费用：800 000元；财务费用：200 000元；研发费用：1 500 000元；利润总额（净利润前）：4 000 000元。

根据案例数据用Python实现如下指标的计算并显示计算结果。

（1）成本费用利润率=利润总额/成本费用总额×100%；成本费用总额=营业成本+税金及附加+销售费用+管理费用+财务费用+研发费用。

（2）期间费用率=(销售费用+管理费用+财务费用)/营业收入×100%。

生成程序并运行。

6.5.3 经营效益分析

经营效益分析是指运用一系列分析方法和指标，对企业在经营活动过程中投入的各种资源（包括人力、物力、财力等）与产出的成果（如利润、收入、产品或服务等）之间的关系进行全面、系统的评估。它主要衡量企业利用资源进行生产经营活动的效率和效果，包括对企业的盈利能力、资产运营能力、偿债能力、发展能力等多个维度的综合考量，以判断企业经营是否健康、高效，是否达到预期目标。

(1) 营业利润率。

营业利润率=营业利润/营业收入×100%

该比率反映企业经营业务的获利能力，不包括非经常性损益的影响，是衡量企业核心经营活动盈利能力的重要指标。营业利润率越高，表明企业经营活动的盈利能力越强。

(2) 主营业务利润率。

主营业务利润率=主营业务利润/主营业务收入×100%

该比率用于评估企业主营业务的盈利情况，突出主营业务在企业盈利中的核心地位。可以帮助管理者和投资者了解企业主要经营业务的竞争力和盈利能力。

AI助手提示词

某企业 2024 年的财务数据如下：

营业收入：20 000 000 元；营业成本：12 000 000 元；营业利润：4 000 000 元；主营业务收入：18 000 000 元；主营业务成本：10 000 000 元；主营业务利润：5 000 000 元。

根据案例数据用 Python 实现如下指标的计算并显示计算结果。

(1) 营业利润率=营业利润/营业收入×100%。

(2) 主营业务利润率=主营业务利润/主营业务收入×100%。

生成程序并运行。

6.5.4 分析程序举例

某企业 2023 年 4 月利润表如图 6-5 所示。

	A	B	C
1	利润表		
2			会企02表
3	编制单位：　　　　　　　　　　　　　　____年____月		单位：元
4	项目	本期金额	上期金额
5	一、营业收入	2 085 200.00	
6	减：营业成本	1 454 922.30	
7	税金及附加	22 457.77	
8	销售费用	62 702.58	
9	管理费用	267 874.54	
10	研发费用		
11	财务费用	7 964.17	
12	其中：利息费用		
13	利息收入		
14	加：其他收益		
15	投资收益（损失以"—"号填列）		
16	其中：对联营企业和合营企业的投资收益		
17	以摊余成本计量的金融资产终止确认收益（损失以"—"号填列）		
18	净敞口套期收益（损失以"—"号填列）		
19	公允价值变动收益（损失以"—"号填列）		
20	信用减值损失（损失以"—"号填列）		
21	资产减值损失（损失以"—"号填列）	−9 640.13	
22	资产处置收益（损失以"—"号填列）		
23	二、营业利润（亏损以"—"号填列）	259 638.51	
24	加：营业外收入		
25	减：营业外支出		
26	三、利润总额（亏损总额以"—"号填列）	259 638.51	
27	减：所得税费用		
28	四、净利润（净亏损以"—"号填列）	259 638.51	
29	（一）持续经营净利润（净亏损以"—"号填列）		
30	（二）终止经营净利润（净亏损以"—"号填列）		
31	五、其他综合收益的税后净额		
32	（一）不能重分类进损益的其他综合收益		
33	1. 重新计量设定受益计划变动额		
34	2. 权益法下不能转损益的其他综合收益		
35	3. 其他权益工具投资公允价值变动		
36	4. 企业自身信用风险公允价值变动		
37	……		
38	（二）将重分类进损益的其他综合收益		
39	1. 权益法下可转损益的其他综合收益		
40	2. 其他债权投资公允价值变动		
41	3. 金融资产重分类计入其他综合收益的金额		
42	4. 其他债权投资信用减值准备		
43	5. 现金流量套期储备		
44	6. 外币财务报表折算差额		
45	……		
46	六、综合收益总额		
47	七、每股收益		
48	（一）基本每股收益		
49	（二）稀释每股收益		

图6-5　利润表

要求：基于利润表，进行毛利率分析，公式为：毛利率＝(营业收入－营业成本)÷营业收入×100%)。

AI助手提示词

请编写 Python 程序：利润表存放在“C:\PYEXCEL\利润表.xls”中，显示 Excel 表中营业收入（B5）和营业成本（B6）的数据。毛利率计算公式：(B5－B6)÷B5，显示计算结果，显示格式为“毛利率为：毛利率的计算值”。

生成的程序：

```
import pandas as pd
# 定义 Excel 文件的路径
file_path = r"C:\PYEXCEL\利润表.xls"
# 读取 Excel 文件,假设 Excel 文件只有一个工作表
df = pd.read_excel(file_path, sheet_name = 0, header = None)
# 获取营业收入和营业成本
营业收入 = df.iat[4, 1]  # B5,索引从 0 开始,行 4(第 5 行),列 1(第 2 列)
营业成本 = df.iat[5, 1]  # B6,索引从 0 开始,行 5(第 6 行),列 1(第 2 列)
# 计算毛利率
毛利率 = (营业收入 - 营业成本)/营业收入
# 显示结果
print(f"营业收入:{营业收入}")
print(f"营业成本:{营业成本}")
print(f"毛利率为:{毛利率:.2%}")  # 使用格式化字符串显示百分比形式,小数两位
```

运行结果为：

```
B5 的数据:2085200.00
B6 的数据:1454922.30
毛利率为:30.23%
```

类似比率分析的基本处理流程和算法相似，可以在此基础上完善为自己希望的表现形式。

6.5.5　资产负债表和利润表 AI 综合分析

AI 助手提示词

基于上传的 Excel 资产负债表. xls、Excel 利润表. xls 中的数据对相关会计指标进行常规分析。(1) 编写 Python 程序进行相关指标的分析，并列示分析结果。(2) 根据分析结果编写常规的分析报告。

选择 AI 助手，上传 Excel 格式的资产负债表和利润表。输入提示词后将自动生成分析报告。可以选择多个 AI 助手比较生成结果。在实际工作中要注意对上传资料脱敏，防止信息泄露。

生成后的内容如下，Python 程序和相关部分内容略。

资产负债表与利润表综合分析报告

一、数据概述

资产负债表文件名为“资产负债表.xls”，包含了某企业资产负债的相关数据。数据内包含了资产以及负债和所有者权益两大板块，细分有流动资产、非流动资产、流动负债、非流动负债等项目，且分别记录了各项目的期末余额和上年年末余额。

利润表文件名为“利润表.xls”，记录了企业在 2023 年 4 月的利润情况。包含营业收入、营业成本、税金及附加等项目，展示了企业从营业收入到净利润的计算过程，但上期金额数据缺失。

二、资产负债结构分析

1. 资产结构占比数据

项目	期末余额	上年年末余额	期末占比	上年年末占比
流动资产合计	7 200 512.41	5 771 495	66.38%	60.69%
非流动资产合计	3 646 552.57	3 738 376	33.62%	39.31%

从资产结构来看，流动资产在期末和上年年末都占据了资产的较大比重。期末流动资产占比为 66.38%，相较于上年年末的 60.69% 有所上升，这可能表明企业在期末时资产的流动性进一步增强，更便于短期内变现以满足经营需求或应对突发情况。非流动资产占比相应下降，从上年年末的 39.31% 降至期末的 33.62%，可能是企业在本期内对非流动资产进行了调整，如处置了部分固定资

产、长期股权投资等。

2. 资产结构占比饼图（略）

三、利润表分析

1. 利润表关键数据及占比情况

项目	本期金额	占营业收入比例
营业收入	2 085 200.00	100.00%
营业成本	1 454 922.30	69.77%
税金及附加	22 457.77	1.08%
销售费用	62 702.58	3.01%
管理费用	267 874.54	12.85%
财务费用	7 964.17	0.38%
资产减值损失	−9 640.13	0.46%
营业利润	259 638.51	12.45%
利润总额	259 638.51	12.45%
净利润	259 638.51	12.45%

文字说明（略）。

2. 各项成本费用占营业收入比例柱状图

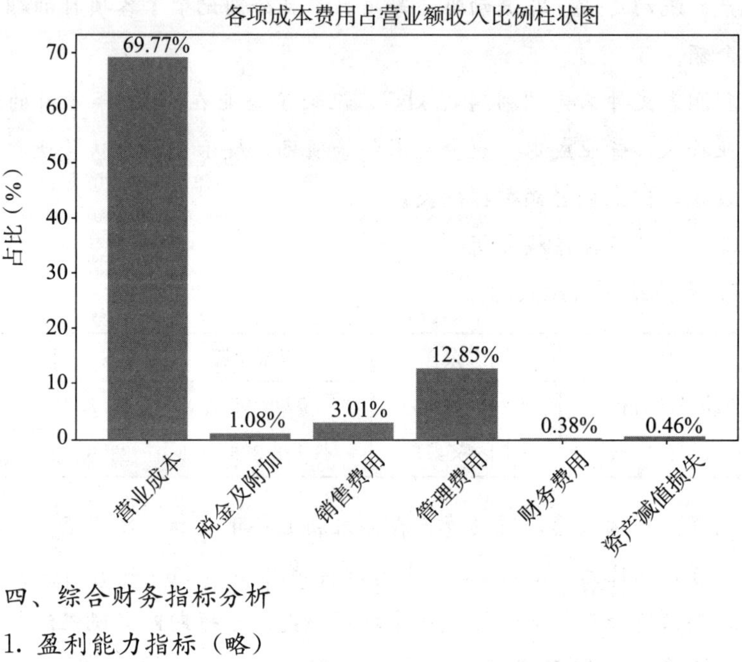

四、综合财务指标分析

1. 盈利能力指标（略）

2. 偿债能力指标（略）

3. 营运能力指标（略）

五、总结与建议

1. 总结（略）

2. 建议（略）

6.5.6　程序调试方法

通过提示词生成的程序或自己编写的程序，都可能存在部分语法错误，Python调用的第三方库也可能存在兼容问题或版本不适配的问题，因此在实际开发过程中，程序调试是一个必然的过程，寻找错误需要掌握一些方法。

1. 语法检查

（1）使用编辑器自带功能。很多代码编辑器都具备语法检查和高亮显示功能。编写代码时，编辑器会实时指出语法错误的位置，比如括号不匹配、冒号缺失、关键字拼写错误等，根据编辑器的提示及时修正这些明显的语法问题，能避免程序因基本语法错误而无法运行。

（2）命令行语法检查工具。例如Python中，可以在命令行运行“python-m py_compile C:\工资_个税计算.py”来对指定的Python脚本进行语法编译检查。如果存在语法错误，会显示相应的错误提示信息，告知错误所在行及具体错误内容，方便定位和修改。

2. print语句调试

（1）跟踪变量值。在程序的关键位置插入print语句，输出变量的值、中间计算结果等。比如在一个函数内部，想要查看输入参数的值以及经过几步运算后变量的变化情况，就可以适时地添加print语句。通过观察输出内容，可以判断程序的执行流程是否符合预期，变量的值是否在正确的范围内变化，从而发现逻辑错误所在。

（2）确认程序执行流程。在代码的不同分支、循环结构的入口和出口等关键节点添加print语句，输出一些提示信息，例如“进入循环”“执行某分支语句”等，以此来确认程序实际执行到了哪些地方，有没有按照设想的逻辑顺序执行。例如在一个包含多个if...elif...else分支的条件判断语句中，通过添加print语句可以清楚知道到底进入了哪个分支进行处理。

3. 使用调试器

（1）断点设置。在集成开发环境中，可在代码的特定行设置断点。程序运行到断点处会暂停，此时可以查看当前的变量值、调用栈信息等。比如调试一个复杂的函数调用链时，在每个重要函数的入口处设置断点，当程序暂停在断点处，就能深入分析传入该函数的参数是否正确，以及函数内部的具体执行情况，帮助排查函数调用过程中出现的问题。

（2）单步执行。设置好断点后，能够以单步执行的方式（逐行、逐函数等）推进程序运行，仔细观察每一步的执行效果，包括变量的赋值、修改，函数的调用、返回等情况。这对于分析复杂的逻辑流程、查找隐藏较深的错误特别有用，比如在调试递归函数时，通过单步执行可以清晰看到每次递归调用时的参数变化和返回值情况。

4. 日志记录调试

在程序中引入日志记录模块，按照不同的级别记录程序运行过程中的各种信息，比如函数的调用情况、重要数据的处理过程、异常发生时的详细环境等。Python 的 logging 模块是一个用于记录日志的标准库。它提供了一种灵活的方式来记录程序运行过程中的各种信息，包括调试信息、错误信息、警告信息等。

5. 异常处理与分析

在程序中合理使用 try-except 语句块，主动捕获可能出现的异常情况，比如除零错误、文件读取失败、网络连接异常等。当发生异常时，在 except 子句中可以输出详细的异常信息（如异常类型、异常消息等），帮助了解程序出错的直接原因，进而分析是输入数据问题、外部资源问题还是代码逻辑问题导致的异常。

6. 代码审查

仔细阅读代码，从逻辑、算法、数据结构等方面进行检查，思考是否存在不合理的地方，比如变量的定义和使用是否清晰，循环和条件判断的边界条件是否正确，函数的功能是否完整、准确地实现等。有时候，仅仅通过重新审视代码就能发现一些隐藏的错误或者可以优化的地方。

7. 单元测试

针对程序中的各个功能模块（函数、类等）编写单元测试用例，使用测试框架（Python 中的 unittest、pytest 等）来模拟不同的输入情况，验证模块的输出是否符合预期。

AI助手探秘

请说明 Python 中 unittest、pytest 的使用方法。

8. 隔离问题

（1）缩小问题范围。当程序出现问题时，如果涉及多个模块或者复杂的逻辑交互，可以尝试逐步简化或隔离相关部分，比如注释掉一些暂时无关紧要的代码、禁用部分功能模块，观察问题是否依然存在。通过这种方式，将问题范围缩小到尽可能小的模块或代码段内，便于集中精力排查和解决。

（2）替换可疑组件。如果怀疑某个第三方库、函数或者某个自定义的模块存在问题，可以尝试用其他替代方案进行替换测试。

9. 网络调试经验搜索

使用与 Python 网络调试具体问题相关的关键词，可在百度等搜索引擎中找到相关的技术文章、博客、论坛帖子等，其中往往包含他人的调试经验和解决方案。

6.5.7　Spyder 调试

当把程序粘贴到 Spyder，进行运行后如果提示出错信息，可以使用 Spyder 自带的调试方法来进行调试。

1. 运行功能

Spyder 中文版集成开发环境下的运行功能如图 6-6 所示。

常用的功能：

（1）运行。运行整个程序。

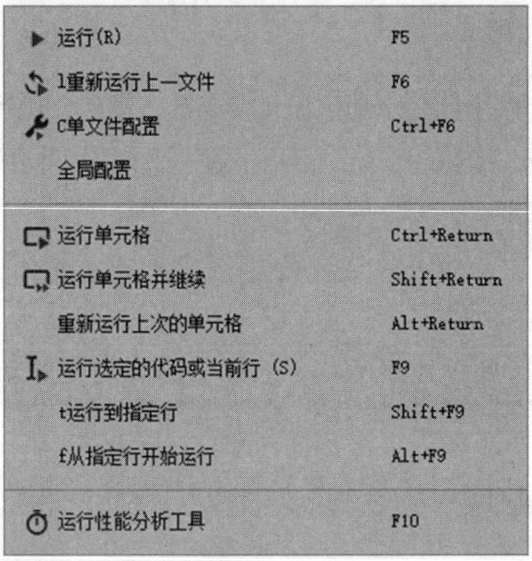

图 6-6　运行功能

(2) 运行选定的代码或当前行。逐行向下运行。

2. 调试功能

选择“调试”后显示相关的功能，点击“调试文件”后进入调试状态，如图 6-7 所示。

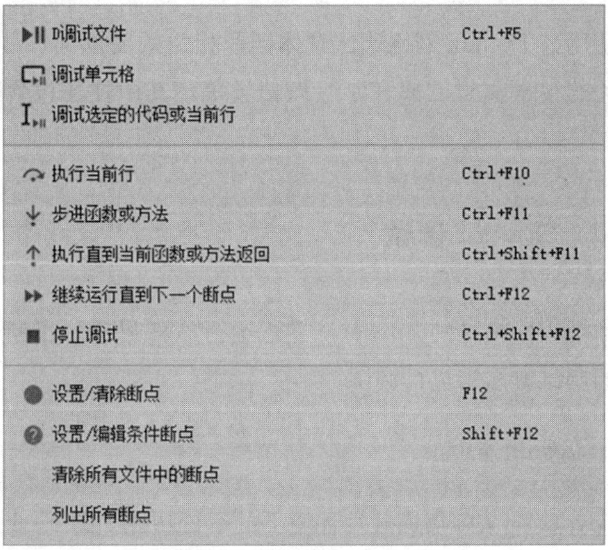

图 6-7　调试功能

(1) 设置断点。

① 打开 Python 文件。在 Spyder 中文版的“编辑器”窗口中打开要调试的

Python 文件。这个窗口就像是一个文本编辑器，专门用于编写和查看 Python 代码。

② 定位断点位置。找到你认为可能出现问题或者想要仔细查看执行情况的代码行。例如，如果你怀疑某个函数调用的参数有问题，就在函数调用之前的那一行设置断点。

③ 设置断点。点击代码行号左侧的空白区域，会出现一个红点，这就是断点。可以设置多个断点，以便在不同的位置暂停程序执行。比如，在一个循环的开头和循环内部可能出现问题的位置都设置断点，这样就能全面检查循环的执行过程。也可以将光标定位到想要设置断点的行，然后按下 F12 键来设置断点。

(2) 调试操作。当程序执行到设置的断点时，会暂停执行，此时可以进行以下操作来检查程序状态。

① 变量浏览器。在 Spyder 的右侧面板中有一个变量浏览器。当程序暂停时，变量浏览器会显示当前作用域内的所有变量及其值。可以通过展开变量对象来查看其内部的属性和元素。

② 逐行执行。每次执行一行代码，有助于观察每一行代码的执行效果以及变量值的变化。

(3) 调试控制台。在 Spyder 的底部有一个调试控制台（IPython 控制台），在调试过程中，所有的 print 语句输出以及 Python 解释器的错误信息和调试信息都会显示在这里。

通过综合运用多种调试方法，逐步积累经验，找到并解决程序中的错误和问题。找问题是一个比较艰难的过程，找的过程中可以不断向 AI 助手提问，查找相关的问题和原因。

6.6 会计报表的扩展性分析

6.6.1 历史会计报表分析

1. 历史会计报表数据收集与整理

历史会计报表分析是通过对企业过去多个期间的会计报表进行系统研究和解读，以了解企业的财务状况和经营成果的演变过程，为企业未来的决策提供依据。

(1) 数据收集。收集企业多个期间（通常为数年）的资产负债表、利润表和现金流量表等主要会计报表。这些报表可以从企业内部财务部门获取，也可以在上市公司的官方网站、证券交易所网站或相关金融数据库中找到。

（2）数据整理。确保所收集的数据格式统一、准确无误。可能需要对数据进行一些预处理，如调整报表格式、统一会计期间（例如将季度报表调整为年度报表）、核对数据的一致性等。

2. 趋势分析

（1）资产负债表趋势分析。

① 资产趋势。分析各项资产在不同期间的金额变化趋势。例如，观察货币资金是否逐年增加或减少，固定资产净值的变动情况等。可以通过计算资产的增长率来更直观地了解资产的扩张或收缩趋势。对于一些关键资产项目，如应收账款、存货等，还需要分析其周转天数或周转率的变化趋势，以评估企业资产管理效率的变化。

② 负债趋势。研究各类负债的金额变化趋势，包括流动负债和非流动负债。关注负债总额的增长速度是否超过资产总额的增长速度，这可能暗示企业的财务风险是否增加。同时，分析重要负债项目如短期借款、长期借款的利率和还款期限的变化情况，以及应付账款的账龄结构和付款政策的演变。

③ 所有者权益趋势。考察所有者权益总额及其各组成部分（如实收资本、资本公积、盈余公积和未分配利润）的变化趋势。所有者权益的增长可能源于企业的盈利留存、新的资本投入或其他综合收益等。通过分析所有者权益的变化趋势，可以了解企业的净资产积累情况和发展态势。

（2）利润表趋势分析。

① 营业收入趋势。分析营业收入在不同期间的增长或下降趋势。可以计算营业收入的年增长率，并进一步探究是哪些业务板块或产品推动了收入的增长或导致了收入的下降。同时，分析营业收入的季节性波动情况，如果存在明显的季节性，需要考虑如何在不同季节合理安排生产和销售策略。

② 成本费用趋势。分析营业成本、销售费用、管理费用和财务费用等成本费用项目的变化趋势。观察成本费用的增长速度与营业收入的增长速度是否匹配，如果成本费用增长过快，需要寻找成本控制的关键点。例如，如果营业成本的增长主要是由于原材料价格上涨，那么企业可能需要考虑寻找替代原材料或与供应商重新谈判价格。

③ 利润趋势。分析营业利润、利润总额和净利润的变化趋势。关注利润的可持续性，即利润是主要由核心经营业务产生，还是受到营业外收入和支出的较

大影响。如果净利润的增长主要依赖于营业外收入，如政府补贴或资产处置收益，那么这种增长可能不具有可持续性。

3. 结构分析

（1）资产负债表结构分析。

① 资产结构。分析流动资产与非流动资产在总资产中的占比及其变化趋势。不同行业的企业可能具有不同的理想资产结构。例如，制造业企业可能需要较多的固定资产，而服务业企业可能更侧重于流动资产。通过比较不同期间的资产结构，可以了解企业是否在根据自身经营战略和市场环境调整资产配置。同时，对重要资产项目如货币资金、应收账款、存货、固定资产等进行详细分析，了解它们在总资产中的占比和变化情况。

② 负债结构。研究流动负债与非流动负债在总负债中的占比及其变化趋势。合理的负债结构应考虑企业的现金流量状况和偿债能力。例如企业如果有稳定的现金流量，可能可以承受较高比例的流动负债；如果现金流量不稳定，可能需要更多地依赖非流动负债。分析重要负债项目如短期借款、应付账款、长期借款等在总负债中的占比和变化情况，以及它们与企业偿债能力的关系。

③ 所有者权益结构。分析实收资本（或股本）、资本公积、盈余公积和未分配利润在所有者权益中的占比及其变化趋势。不同企业的所有者权益结构可能因资本投入方式、利润分配政策等因素而有所不同。通过分析所有者权益结构的变化趋势，可以了解企业的资本结构调整情况和利润分配倾向。

（2）利润表结构分析。

① 收入结构。分析不同业务板块或产品的收入在总收入中的占比及其变化趋势。对于多元化经营的企业，了解收入结构的变化对于评估企业的经营风险和发展潜力至关重要。例如，如果一家企业的主要收入来源从一个业务板块逐渐转移到另一个业务板块，可能意味着企业的经营战略发生了变化，需要进一步分析新业务板块的市场前景和盈利能力。

② 成本费用结构。研究营业成本、销售费用、管理费用和财务费用在总成本费用中的占比及其变化趋势。通过分析成本费用结构的变化，可以了解企业在成本控制和费用管理方面的进展情况。例如，如果企业的销售费用在总成本费用中的占比逐渐降低，可能意味着企业的销售策略更加有效，或者企业在降低销售成本方面取得了进展。

③ 利润结构。分析营业利润、利润总额和净利润在总利润中的占比及其变化趋势。通过分析利润结构的变化，可以了解企业的盈利模式是否发生了变化，

以及盈利的可持续性。如果企业的净利润在总利润中的占比逐渐增加，可能意味着企业在所得税管理方面取得了进展，或者企业的核心经营业务盈利能力更强。

4. 不同期间的财务比率变化分析

对流动比率、速动比率、资产负债率、应收账款周转率、存货周转率、固定资产周转率、毛利率、净利率、净资产收益率等指标分不同期间进行对比分析，了解其变化的趋势和规律。

综合纵向分析、横向分析和财务比率分析的结果，对企业的财务状况和经营成果进行全面评估。考虑企业的行业背景、市场环境、经营战略等因素，分析企业在过去多个期间内的发展轨迹和趋势变化。

5. 应用举例

AI助手提示词

根据HN公司2020—2024年的相关数据（见表6-1），用Python程序实现2025年、2026年的趋势分析，用图形显示趋势图，图形中的文字用中文显示。

表6-1　HN公司2020—2024年财务数据　　单位：万元

年份	总资产	营业收入	成本费用	净利润
2020	10 000	8 000	6 000	2 000
2021	11 200	8 500	6 300	2 500
2022	12 000	9 000	7 200	2 400
2023	13 500	11 400	7 900	2 300
2024	14 800	11 700	8 800	2 800

生成的程序：

```
import matplotlib.pyplot as plt
import pandas as pd
import numpy as np
from sklearn.linear_model import LinearRegression
# 数据准备
data = {
```

```
    '年份': [2020, 2021, 2022, 2023, 2024],
    '总资产': [10000, 11200, 12000, 13500, 14800],
    '营业收入': [8000, 8500, 9000, 11400, 11700],
    '成本费用': [6000, 6300, 7200, 7900, 8800],
    '净利润': [2000, 2500, 2400, 2300, 2800]
}
# 创建 DataFrame
df = pd.DataFrame(data)
# 设置年份为索引
df.set_index('年份', inplace = True)
# 线性回归预测函数
def predict_future(data, future_years):
    X = np.array(data.index).reshape(-1, 1)  # 年份作为特征
    y = np.array(data)                        # 指标值作为目标
    model = LinearRegression()
    model.fit(X, y)
    future_X = np.array(future_years).reshape(-1, 1)  # 预测年份
    future_y = model.predict(future_X)                # 预测值
    return future_y
# 预测 2025 年和 2026 年的指标
future_years = [2025, 2026]
df_future = pd.DataFrame(index = future_years)
for column in df.columns:
    df_future[column] = predict_future(df[column], future_years)
# 合并历史数据和预测数据
df_all = pd.concat([df, df_future])
# 设置 matplotlib 支持中文显示
plt.rcParams['font.sans-serif'] = ['SimHei']   # 设置字体为 SimHei
plt.rcParams['axes.unicode_minus'] = False     # 解决负号显示问题
# 绘制趋势图
plt.figure(figsize = (12, 8))
# 总资产趋势
plt.subplot(2, 2, 1)
```

```
    plt.plot(df_all.index,df_all['总资产'],marker='o',color='b',label=
'总资产')
    plt.title('总资产趋势', fontsize=14)
    plt.xlabel('年份', fontsize=12)
    plt.ylabel('总资产(万元)', fontsize=12)
    plt.legend()
    # 营业收入趋势
    plt.subplot(2, 2, 2)
    plt.plot(df_all.index, df_all['营业收入'], marker='o', color='g', la-
bel='营业收入')
    plt.title('营业收入趋势', fontsize=14)
    plt.xlabel('年份', fontsize=12)
    plt.ylabel('营业收入(万元)', fontsize=12)
    plt.legend()
    # 成本费用趋势
    plt.subplot(2, 2, 3)
    plt.plot(df_all.index, df_all['成本费用'], marker='o', color='r', la-
bel='成本费用')
    plt.title('成本费用趋势', fontsize=14)
    plt.xlabel('年份', fontsize=12)
    plt.ylabel('成本费用(万元)', fontsize=12)
    plt.legend()
    # 利润趋势
    plt.subplot(2, 2, 4)
    plt.plot(df_all.index, df_all['净利润'], marker='o', color='purple',
label='净利润')
    plt.title('利润趋势', fontsize=14)
    plt.xlabel('年份', fontsize=12)
    plt.ylabel('净利润(万元)', fontsize=12)
    plt.legend()
    # 调整布局
    plt.tight_layout()
    # 显示图形
```

```
plt.show()
# 输出预测结果
print("2025 年和 2026 年预测结果:")
print(df_future)
```

得到的趋势图如图 6-8 所示。

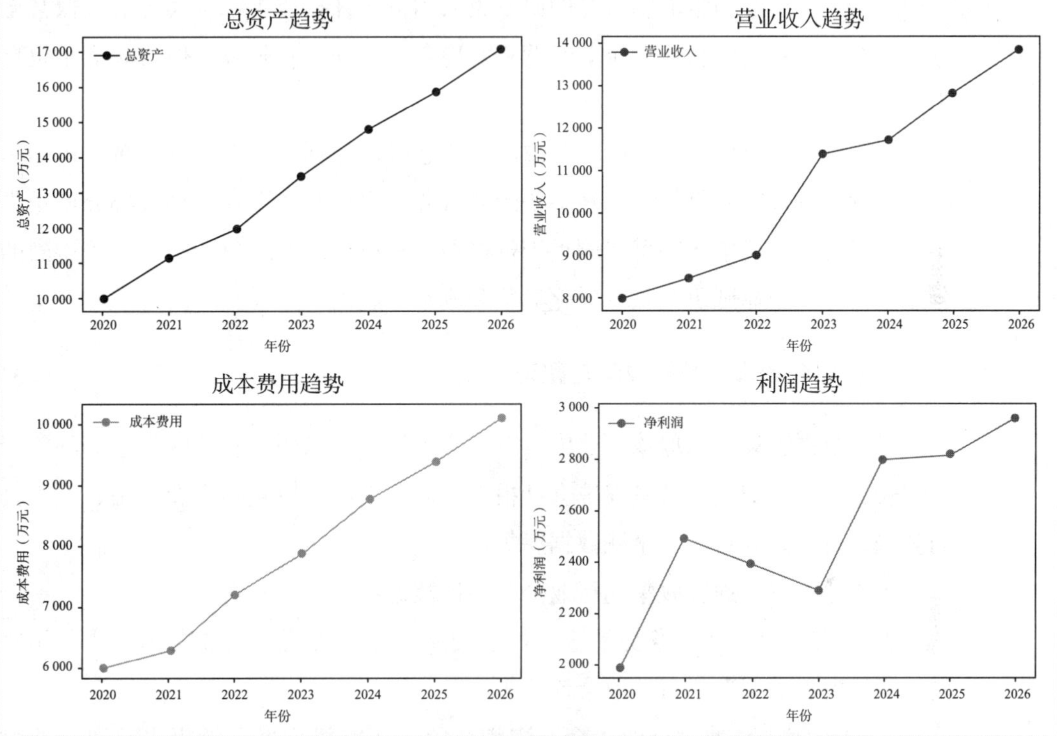

图 6-8　财务测算趋势图

```
2025 年和 2026 年预测结果为：
        总资产    营业收入    成本费用    净利润
2025    15 870    12 810       9 400     2 820
2026    17 060    13 840      10 120     2 960
```

6.6.2　行业会计报表分析

1. 行业概况与特点

行业会计报表分析是对特定行业内企业的会计报表进行分析，以了解该行业的财务特征、经营状况和发展趋势。

（1）行业定义与范围。明确所分析行业的定义和涵盖范围。例如，制造业是一个广泛的行业，包括机械制造、电子制造、食品制造等细分领域。了解行业的边界有助于准确选取分析样本和确定分析重点。

（2）行业发展阶段。判断行业所处的发展阶段，如导入期、成长期、成熟期或衰退期。不同发展阶段的行业具有不同的财务特征和经营策略。例如，处于导入期的行业，企业通常面临较高的研发投入和市场开拓成本，利润可能较低甚至亏损；处于成熟期的行业，企业经营相对稳定，盈利水平较高，但市场竞争也更为激烈。

（3）行业竞争格局。分析行业内的竞争态势，包括竞争企业的数量、市场集中度、竞争方式等。例如，在寡头垄断的行业，少数几家企业占据大部分市场份额，它们之间的竞争策略可能侧重于价格控制和市场份额的争夺；在竞争激烈的分散型行业，企业则更注重差异化竞争和成本控制。

2. 行业会计报表数据收集与整理

（1）数据收集。选取该行业内具有代表性的企业作为样本，收集它们的资产负债表、利润表和现金流量表等会计报表。数据来源可以包括企业年报、上市公司公告、行业研究报告、金融数据库等。

主要通过以下途径收集同行业公开会计数据：

① 上市公司。从证券交易所（如上交所、深交所的相关数据库）或公司官网的“投资者关系”栏目获取会计报表。

② 行业报告。通过行业协会、咨询公司或研究机构发布的报告获取行业财务数据。

③ 政府与监管机构。使用国家统计局、税务局或央行发布的行业经济数据。

④ 财经平台。使用公开平台查询行业财务数据。

⑤ 新闻与学术。从财经媒体或学术论文中提取相关数据。

数据收集方法包括手动下载、使用自动化工具（如爬虫、API）或购买数据服务。收集后需进行相关处理，同时遵守使用数据的相关法律法规。

AI助手探秘

怎样收集同行业公开会计数据？

（2）数据整理。对收集到的数据进行整理和预处理，确保数据格式统一、可比。可能需要对不同企业的会计政策差异进行调整，例如，统一存货计价方法、折旧方法等，以便进行准确的比较分析。

3. 行业会计报表分析举例

（1）收集数据。收集数据有多种方式，这里选择从公开数据中收集。本例用Python爬取新浪财经中的利润表数据。爬虫收集数据是指通过编写自动化程序，从互联网上的网站或网页中提取所需信息的过程。爬虫程序模拟人类浏览网页的行为，访问目标网站，解析网页内容，并从中提取结构化数据（如文本、表格、图片等），然后将这些数据存储到本地或数据库中，以供进一步分析、使用。

由于一些网站也使用了爬虫技术，获取数据就比较复杂。因此，通过AI自动生成的程序在一些网站并不能正常运行，或者当时能够获取成功，但网站在不断变化，后面也不一定可行。如果要深度使用爬虫技术，就需要专门学习这方面的知识，逐步积累这方面的技术。对于企业来说，也可以找专门提供这方面服务的公司来获取数据。

AI助手探秘

怎样通过爬虫技术获取新浪财经中上市公司的会计数据？用Python编写具体的爬虫程序实例。

（2）应用举例。

① 通过爬虫获取数据。进入新浪财经（https://finance.sina.com.cn）获取数据。

AI助手提示词

利用Python爬取新浪财经中的利润表数据。输入日期和股票代码，爬取新浪财经中个股的利润表数据，保存为Excel数据格式，Excel文件名为股票代码，保存到C:\PYEXCEL。

生成的程序：

```
import requests
from bs4 import BeautifulSoup
import pandas as pd
import os
```

```
# 获取用户输入的股票代码和日期范围
stock_code = input("请输入股票代码(例如:600585):")
start_year = int(input("请输入开始年份(例如:2013):"))
end_year = int(input("请输入结束年份(例如:2023):"))
# 检查保存目录是否存在,不存在则创建
save_dir = r"C:\PYEXCEL"
if not os.path.exists(save_dir):
    os.makedirs(save_dir)
# 存储所有年份数据的列表
all_data = []
for year in range(start_year, end_year + 1):
    try:
        # 构造利润表的URL
        url = f"https://money.finance.sina.com.cn/corp/go.php/vFD_Pro
fitStatement/stockid/{stock_code}/ctrl/{year}/displaytype/4.phtml"
        # 发送HTTP请求获取网页内容
        response = requests.get(url)
        response.encoding = 'gbk'  # 新浪财经的网页编码通常是gbk
        html_content = response.text
        # 使用BeautifulSoup解析HTML内容
        soup = BeautifulSoup(html_content, "html.parser")
        # 找到利润表表格元素
        table = soup.find("table", {"id": "ProfitStatementNewTable0"})
        if not table:
            print(f"未找到{year}年的利润表表格")
            continue
        # 提取表格数据
        data = []
        for row in table.find_all("tr"):
            row_data = []
            for cell in row.find_all("td"):
                row_data.append(cell.text.strip())
            # 过滤掉空行
```

```
                if len(row_data) != 0:
                    data.append(row_data)
                    # 将每年的数据添加到 all_data 列表中
            all_data.append(data)
        except Exception as e:
            print(f"获取 {year} 年数据时出错: {e}")
    # 将数据转换为 DataFrame 格式
    df_list = []
    for year_data in all_data:
        if year_data:  # 确保 year_data 不为空
            df = pd.DataFrame(year_data[1:], columns=year_data[0])
            df_list.append(df)
    # 合并所有年份的数据
    if df_list:
        result_df = pd.concat(df_list, axis=0)  # 按行合并
        # 构造保存的 Excel 文件名
        excel_file_name = os.path.join(save_dir, f"{stock_code}.xlsx")
        # 将结果保存为 Excel 文件
        result_df.to_excel(excel_file_name, index=False)
        print(f"数据已成功保存到 {excel_file_name}")
    else:
        print("未获取到任何数据,请检查输入参数或网络连接。")
```

运行程序，输入信息：

```
请输入股票代码（例如：600585）：000625
请输入开始年份（例如：2013）：2020
请输入结束年份（例如：2023）：2023
```

代码运行的主要步骤如下：

- 获取用户输入。使用 input() 函数分别获取用户输入的股票代码、开始年份和结束年份，以此确定要爬取的数据范围和对应的企业。
- 创建保存目录。检查指定的保存目录 C:\PYEXCEL 是否存在，如果不存在则通过 os.makedirs() 函数创建该目录，确保后续可以正常保存文件。
- 循环爬取各年份数据。针对指定年份范围内的每一年，构造对应的新浪财经利润表页面的 URL，发送 requests 请求获取网页内容，再利用 BeautifulSoup

解析 HTML，找到利润表表格元素并提取其中的数据，将各年的数据依次添加到 all_data 列表中。

● 数据整理与合并。将每年提取到的数据转换为 pandas 的 DataFrame 格式，然后通过 concat() 函数按列方向合并所有年份的数据，形成最终的结果数据框。

● 保存为 Excel 文件。根据股票代码构造好保存的 Excel 文件名，并通过 to_excel() 函数将合并后的数据保存到指定目录下对应的 Excel 文件中，同时输出提示信息告知用户保存成功。

生成的报表（部分）如图 6－9 所示。

	A	B	C	D	E
1	报表日期	2020-12-31	2020-09-30	2020-06-30	2020-03-31
2	一、营业总收入	8,456,554.41	5,584,158.23	3,278,165.75	1,156,407.75
3	营业收入	8,456,554.41	5,584,158.23	3,278,165.75	1,156,407.75
4	二、营业总成本	8,633,226.07	5,821,610.48	3,474,227.28	1,272,297.95
5	营业成本	7,247,347.17	4,958,934.17	2,973,461.57	1,055,513.10
6	税金及附加	322,827.36	207,650.98	120,628.64	44,362.30
7	销售费用	341,329.69	204,765.34	127,071.71	64,983.62
8	管理费用	427,355.50	236,062.95	116,415.28	40,413.86
9	财务费用	-21,022.44	-15,473.60	-9,805.35	-2,769.59
10	研发费用	315,388.80	229,670.64	146,455.44	69,794.67
11	资产减值损失	--	--	--	--
12	公允价值变动收益	203,539.07	181,624.35	175,367.47	34,103.56
13	投资收益	315,361.42	352,489.86	300,080.37	145,211.28
14	其中:对联营企业和合营	-56,673.25	-21,902.20	-52,828.22	-66,741.31
15	汇兑收益	--	--	--	--
16	三、营业利润	262,410.45	317,752.25	281,172.69	69,086.62
17	加:营业外收入	6,193.86	3,966.41	3,117.89	681.11
18	减：营业外支出	8,945.80	5,114.21	5,135.16	649.12
19	其中：非流动资产处置	--	--	--	--
20	四、利润总额	259,658.50	316,604.44	279,155.41	69,118.60
21	减：所得税费用	-69,189.36	-31,826.10	18,993.13	6,761.60
22	五、净利润	328,847.86	348,430.54	260,162.28	62,357.00

图 6－9　利润表（部分）

如果上面的程序不能运行，可以用这样的提示词试试“请验证所附的程序，并修改：[附上这个爬虫程序]”。

② 趋势分析。

AI助手提示词

请用 Python 编写程序，Excel 数据表保存在“C:\PYEXCEL\000625. xlsx”中，Excel 第一列为指标名称。横轴名称为“日期”，第 1 行的 E1、D1、C1、B1 单元格为报表日期，按照此顺序排列。纵轴名称为“营业总收入”，第 2 行 E2、D2、C2、B2 单元格为营业总收入，按此顺序排列。用折线图显示数据增长的趋势，图上文字用中文显示。

生成的程序：

```
import pandas as pd
import matplotlib.pyplot as plt
# 读取 Excel 文件
file_path = r"C:\PYEXCEL\000625.xlsx"
df = pd.read_excel(file_path, header=None)  # 不使用表头,直接读取所有数据
# 提取日期和营业总收入数据
# 第 1 行的 E1、D1、C1、B1 单元格为日期(列索引为 4, 3, 2, 1)
dates = df.iloc[0, [4, 3, 2, 1]].values  # 提取日期并按 E1、D1、C1、B1 顺序排列
# 第 2 行的 E2、D2、C2、B2 单元格为营业总收入(列索引为 4, 3, 2, 1)
revenue = df.iloc[1, [4, 3, 2, 1]].values  # 提取营业总收入并按 E2、D2、C2、B2 顺序排列
# 绘制折线图
plt.figure(figsize=(10, 6))
plt.plot(dates, revenue, marker='o', linestyle='-', color='b')
# 设置图表标题和标签
plt.title("营业总收入增长趋势", fontsize = 16, fontproperties = 'SimHei')
plt.xlabel("日期", fontsize=14, fontproperties='SimHei')
plt.ylabel("营业总收入", fontsize=14, fontproperties='SimHei')
# 设置 x 轴日期显示格式
plt.xticks(rotation=45)
# 显示网格
plt.grid(True)
# 显示图表
plt.tight_layout()
plt.show()
```

显示的折线图如图 6－10 所示。

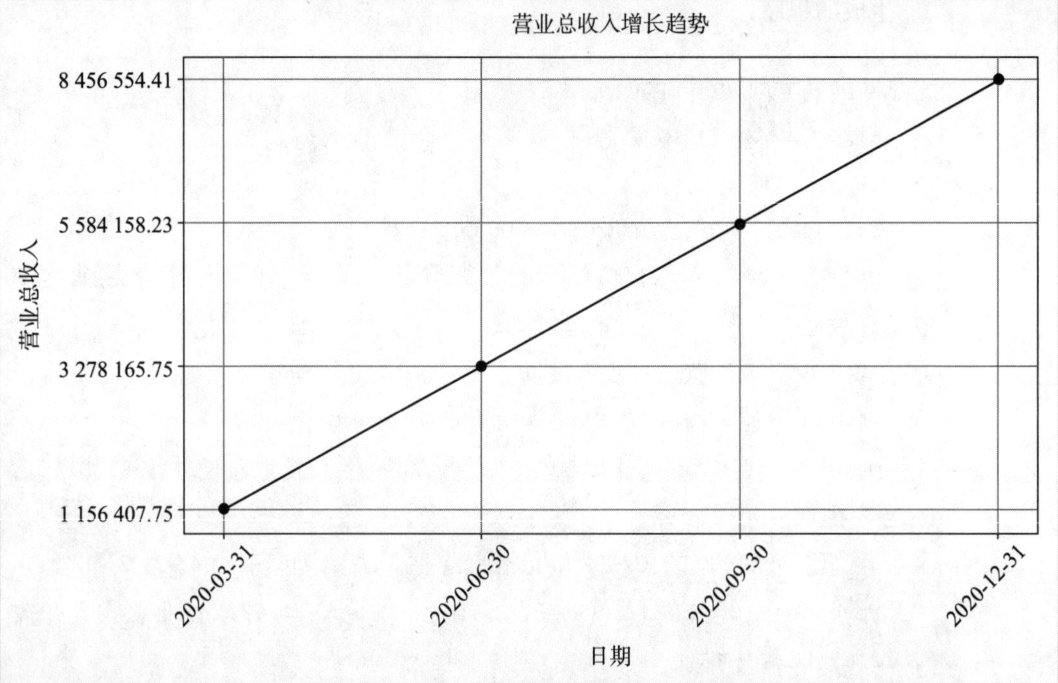

图 6-10　营业总收入增长趋势

6.6.3　基于综合的会计数据 AI 分析

1. 案例

在 6.6.2 节中爬取了 000625（长安汽车）的数据，Excel 文件名为：000625. xlsx，基于此数据进行分析。可以再爬取其他上市汽车行业的企业数据，进行行业数据分析。当然也可以通过有关数据中心提供的数据接口获取行业数据。

2. AI 自动分析过程

AI 助手提示词

基于上传的长安汽车 Excel 利润表 000625. xlsx 中的数据对相关指标进行常规分析。(1) 编写 Python 程序进行利润表分析，并列示分析结果。(2) 根据分析结果编写分析报告。

生成的结果（生成的 Python 程序略）：

说明：长安汽车的 Excel 利润表还有几个年份的数据，需要粘贴为独立文件，继续分析。

长安汽车利润表分析报告

一、数据概述

文件名为“000625.xlsx”，包含长安汽车利润表的相关数据。

数据内包含了报表2020—2023年不同季度的营业总收入、营业总成本以及各项成本构成等信息，部分年份数据存在缺失情况。

二、营业总收入与营业总成本趋势分析

1. 营业总收入与营业总成本趋势数据

报表日期	营业总收入	营业总成本
2020-03-31	1 156 407.75	1 272 297.95
2020-06-30	3 278 165.75	3 474 227.28
2020-09-30	5 584 158.23	5 821 610.48
2020-12-31	8 456 554.41	8 633 226.07

从这些数据中可以看出，从2020年第一季度到第四季度，营业总收入和营业总成本都呈现上升趋势。这可能表明企业在这一年中业务规模在不断扩大。然而，在每个时间点上，营业总成本都略高于营业总收入，这意味着企业在这几个季度可能都处于微亏或者利润非常微薄的状态。

2. 营业总收入与营业总成本趋势图

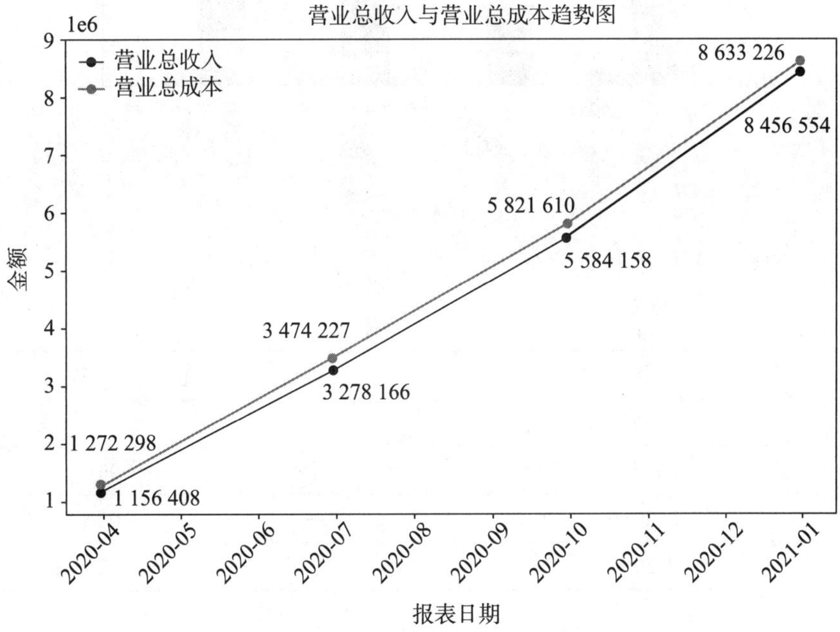

三、主要成本构成分析

1. 各成本项目占营业总成本的比例

成本项目	2020-12-31	2020-09-30	2020-06-30	2020-03-31
营业成本（%）	83.95	85.18	85.59	82.96
税金及附加（%）	3.74	3.57	3.47	3.49

从这些数据中我们可以推测，营业成本在营业总成本中占据了绝大部分的比例，在82.96%～85.59%波动，这表明营业成本是影响营业总成本最主要的因素。而税金及附加占比相对较小，在3.47%～3.74%，这可能意味着如果要控制营业总成本，重点应该放在对营业成本的管理上，例如，通过采取优化供应链、提高生产效率等措施来降低营业成本。

2. 各成本项目占营业总成本比例柱状图

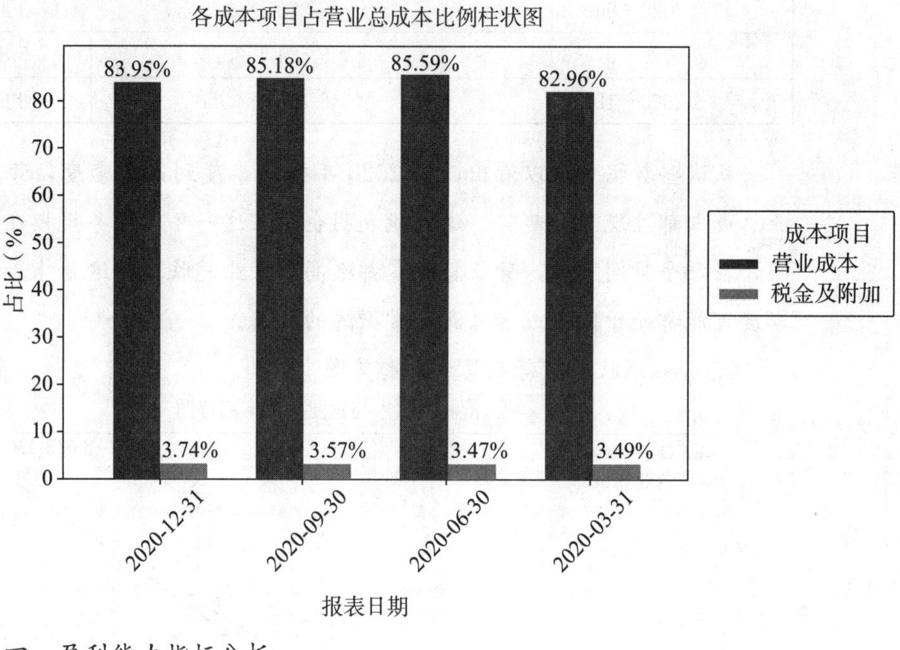

四、盈利能力指标分析

1. 毛利率数据

报表日期	毛利率（%）
2020-03-31	−0.10
2020-06-30	−0.06
2020-09-30	−0.04
2020-12-31	−0.02

从毛利率数据来看，在2020年各个季度长安汽车的毛利率均为负数，不过从第一季度到第四季度，毛利率呈现逐渐上升趋势。这表明企业在这一年里虽然整体处于亏损状态，但盈利能力在逐步改善，亏损幅度在不断减小。可能是企业采取了一系列的成本控制措施或者调整了市场销售策略等，使得营业总收入与营业总成本之间的差距逐渐缩小。

2. 毛利率趋势图

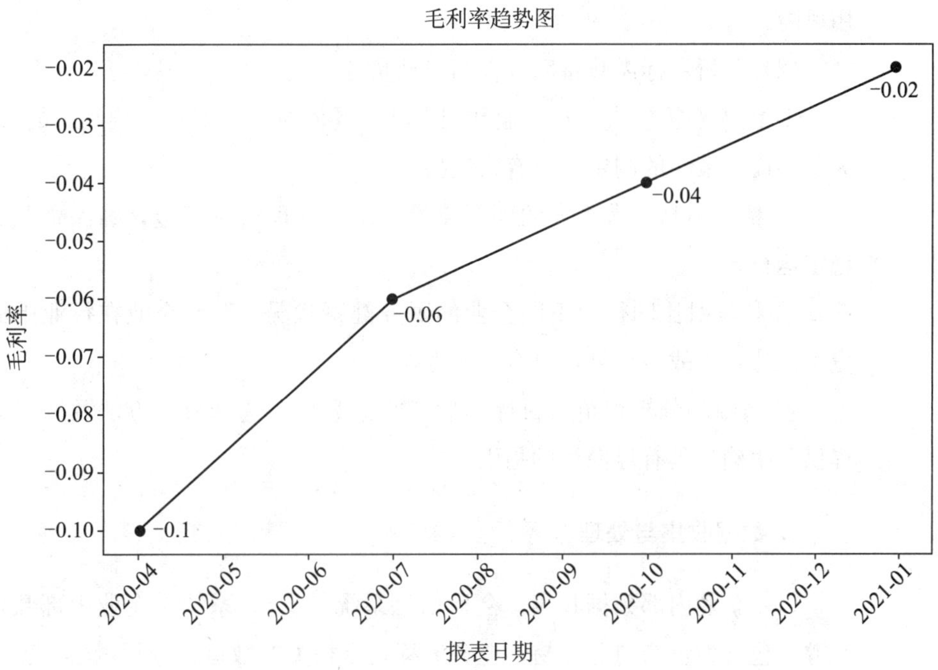

五、总结与建议（略）

---

3. 拓展分析

可以获取相同行业的数据，提交后通过提示词进行分析。根据不同的需要，进行各个维度的分析。分析不仅仅立足财务，还可以引入生产、客户、销售等方面的数据，进行专业性的剖析。

6.7　AI模式下的会计分析方法

1. 明确分析视角与目标界定

在启动会计分析工作时，首要任务是精确界定分析的视角与目标。

(1) 分析视角多样，核心涵盖以下几类。

① 企业内部管理视角。聚焦于各部门绩效的评估及成本结构的深度剖析，旨在通过优化资源配置，提升企业内部运营效率与经济收益。

② 投资者视角。着重考察企业的盈利能力及发展潜力，为投资决策提供坚实依据，确保投资的安全性与收益性。

③ 债权人视角。集中评估企业的偿债能力，以保障债权安全，有效降低信用风险。

(2) 分析目标需具备明确性与可衡量性。

① 深入剖析过去一年企业利润变动的具体原因，识别影响利润的关键因素，为利润提升策略的制定提供有力支持。

② 精确预测未来季度的现金流量状况，合理安排资金，确保企业资金链的稳定运行。

③ 科学对比同行业不同企业的财务健康状况，明确企业在行业中的地位及竞争优势，为战略规划提供有力参考。

④ 清晰的分析视角与目标为后续收集数据、选择分析方法及撰写分析报告提供了明确且具有导向性的指引。

2. 数据收集与处理

(1) 企业内部数据收集。会计信息系统与 ERP 系统是企业内部数据的核心来源，包含大量与财务交易、业务流程紧密相关的数据。数据内容广泛，涵盖财务报表数据（如资产负债表、利润表、现金流量表）、采购与销售数据、库存数据及成本核算数据等。在数据收集过程中，需确保数据的准确性与完整性，且数据应全面覆盖与分析目标相关的时间段，以保证数据的有效性与针对性。

(2) 外部数据收集。利用网络爬虫技术与 API 接口，可以有效收集与分析视角相关的外部数据。外部数据来源多元，包括行业协会网站、财经新闻平台、金融数据提供商等。数据类型丰富，涵盖行业整体数据、竞争对手数据、宏观经济数据、利率、汇率及股票价格等。在收集外部数据时，需严格遵守数据的合法性与合规性要求，切实遵循相关数据使用规定及隐私政策，规避法律风险。

3. 编写提示词与第一次分析

(1) 提示词的构成要素。

① 分析目标与视角。清晰、准确地阐述分析目标与所选视角，确保 AI 助手能够准确把握分析的方向与重点。

② 分析方法。详细、具体地说明期望采用的分析方法，如比率分析、趋势分析、回归分析等，为AI助手提供明确的分析路径。

③ 展示方式。明确期望的展示方式，具体指明图表类型，如折线图、柱状图、饼图等，以实现分析结果的直观呈现。

④ 报告写作风格。要求简洁明了、重点突出，便于相关人员迅速理解关键信息，提高信息传递效率。

（2）AI助手的选择与使用。精心挑选3个左右具有不同特点与优势的AI助手。这些AI助手在数据处理能力、分析算法准确性、图形设计美观度及语言表达流畅性等方面可能各有所长。将编写完善的提示词分别提交给这些AI助手，使其基于收集的数据开展数据分析与报告生成工作。

（3）学习新的知识和分析方法。AI助手生成的内容，可能以前没有学习过，或者理解不够深入。这就要利用AI进行学习，然后判断是否要采用新的方法或模型。要做到看得懂，能判断对错，这样才能确定取舍，从而提高自己的认知水平。

（4）报告整合与提炼。对各AI助手生成的报告进行细致对比，全面审视报告内容、观点及结论。综合考量各报告的优势，选取其中合理且准确的部分，同时充分考虑不同观点与分析角度，通过整合与提炼，形成第一版分析报告，确保报告内容的全面性、分析的深入性及逻辑的连贯性。

4. 数据补充与第二次分析

（1）数据补充。根据第一版报告的具体情况，深入识别可能存在的数据缺失或不足。针对这些问题，进一步从企业内部系统获取更详细的数据，或从外部渠道收集更多相关数据，以丰富和完善分析的数据基础。

（2）新提示词编写。根据新要求及补充的数据，重新编写具有针对性的提示词。同时，将第一版分析报告作为重要参考资料，必要时在报告中添加新增提纲及具有引导性的种子提示词，为AI助手提供更明确、有效的引导，使其生成更贴合需求的分析内容。

（3）多次迭代优化。反复进行数据补充与提示词调整，通过不断的优化与改进，实现分析报告的滚动式提升，使其在内容上更加完善、结论上更加准确，以满足不断变化的分析需求。

5. 内容审核与定稿修改

（1）内容审核与修改。

① 文字表述。严格检查文字表述的准确性与清晰度，避免歧义或模糊表达，

确保信息传达的精准性。

② 逻辑连贯。确保报告前后内容相互呼应，逻辑严密连贯，分析过程与结论高度一致，增强报告的逻辑性与说服力。

③ 数据核对。仔细核对数据的准确性，确认数据来源的可靠性，保证数据计算无误，为报告的科学性提供坚实保障。

（2）去除 AI 痕迹。

① 人工润色。对报告进行人工精心润色，使语言风格更加自然、流畅，契合人类阅读习惯与表达风格，提升报告的可读性。

② 过渡语句。适当增加过渡语句，使段落间衔接更加自然流畅，增强报告的整体连贯性。

③ 术语调整。对过于专业或生僻的术语进行合理调整，使其更易于理解，扩大报告的受众范围。

（3）格式调整。严格按照规范的报告格式要求对报告进行全面格式调整。确保图表排版科学合理，图表与文字对应关系清晰明确，提升报告的整体美观度与专业性。

6. 质量评估与经验总结

（1）质量评估。

① 准确性。着重检查数据计算的准确性及分析结论的正确性，确保报告内容的真实性与可靠性。

② 深度。全面评估是否对关键问题进行了深入挖掘与分析，判断分析的深度与广度是否满足需求。

③ 实用性。认真判断报告能否为相关决策提供有效支持，考量报告的实际应用价值。

④ 反馈意见。积极邀请企业内部专业人士及利益相关者对报告进行评价，广泛收集反馈意见，为改进报告提供参考。

（2）经验总结。系统总结本次 AI 模式下会计分析过程中的经验教训。对于成功经验，进行详细记录，以便在未来分析工作中加以应用与推广；对于存在的问题，比如数据是分析的核心问题，对本次数据的不足要深入剖析原因，提出切实可行的改进措施与解决方案，持续完善 AI 模式下的会计分析方法论，不断提升会计分析工作的质量与效率。

6.8 AI 助手拓展学习

(1) 解释会计大数据的概念，讲述分析方法，如数据挖掘、机器学习算法等，以从海量会计数据中提取有价值的信息。

(2) 分析管理会计与财务会计的区别，如服务对象、方法等，阐述二者之间的联系，如数据同源、共同助力企业经营管理。

(3) 说明 Python 利用第三方库，如 pandas、matplotlib 进行会计分析的步骤，涵盖数据处理、可视化展示等环节。

(4) 简述在 Spyder 中调试 Python 程序的方法，如设置断点、查看变量值等，方便定位和解决代码问题。

(5) 提供让 AI 助手对 Python 程序进行验证和改错的提示词思路，如说明程序功能、给出错误信息、进行逻辑检查等。

复习题

1. 思考题

(1) 怎样获取与本单位所处行业相关的数据？

(2) 财务趋势分析主要包含哪些方面？

2. 实验题

实验数据和要求。企业的资产负债表（保存在“C:\PYEXCEL \资产负债表.xls”中）和利润表（保存在“C:\PYEXCEL \利润表.xls”中）。

要求：按照后面的实验内容用 Python 编写程序。

实验内容。

● 数据读取与预处理。查看读取的数据是否完整、准确，检查数据类型是否符合要求。如有必要，进行数据清洗操作，如处理缺失值（可以选择合适的填充策略，如用 0 填充数值型缺失值）、删除重复值等。

● 计算偿债能力指标。

流动比率＝流动资产÷流动负债

速动比率＝(流动资产－存货)÷流动负债

资产负债率＝负债总额÷资产总额×100％

- 提交AI生成的程序设计说明书。

3. 即测即评

扫码查看判断题、单项选择题、多项选择题。

第6章　即测即评

第 7 章 管理会计应用

7.1 管理会计应用概述

1. 管理会计数字化的背景

在当今时代，信息技术正以前所未有的速度迅猛发展，一场深刻的数字化革命席卷全球各个领域。人工智能、大数据、云计算等前沿数字技术如雨后春笋般不断涌现，它们的出现为管理会计业务注入了全新的活力源泉，为管理会计数字化转型提供了坚实且强大的技术支撑架构。

与此同时，企业所处的市场环境发生了翻天覆地的变化，市场竞争的激烈程度与日俱增，呈现出白热化的态势。在这种高度竞争的格局下，企业对于管理会计的期望和要求也随之水涨船高。传统的管理会计方法，因其相对局限的信息处理能力、滞后的决策辅助功能以及缺乏深度和广度的数据分析手段，已经难以在复杂多变的市场环境中满足企业精细化管理、精准决策以及战略规划等多方面的需求。企业迫切需要一种更为高效、精准且具有前瞻性的管理会计模式来助力其在激烈的市场竞争中脱颖而出，赢得优势地位。因此，管理会计数字化作为适应时代发展潮流、契合企业实际需求的创新举措，自然而然地成为了企业提升自身核心竞争力、实现可持续发展的关键战略手段之一。

2. 管理会计数字化的特点

（1）数据驱动。管理会计数字化将数据置于核心地位，犹如构建一座宏伟建筑的基石。它不再局限于传统管理会计中相对有限的数据来源和简单的数据处理方式，而是广泛且深入地收集企业内部各个业务环节产生的海量数据，包括财务数据、生产数据、销售数据、人力资源数据等，以及从外部市场环境、行业动态、宏观经济形势等多渠道获取的丰富数据资源。然后运用先进的数据挖掘、清洗、整合与分析技术，对这些海量且繁杂的数据进行深度加工处理，从中提炼出有价值的信息，进而为企业的管理决策提供全面、精准且具有前瞻性的支持依据，使企业管理者能够基于翔实的数据依据制定科学合理的战略规划、资源配置方案以及业务决策，从而有效提升企业的运营效率和市场竞争力。

（2）实时性。数字技术的强大赋能使得管理会计信息的获取与更新突破了时间的限制，实现了前所未有的实时性。在传统管理会计模式下，信息的传递往往存在明显的滞后性，企业管理者获取的经营状况数据往往是过去一段时间的静态结果，这使得决策制定犹如在迷雾中摸索，难以精准把握当下的市场动态和企业运营实际情况。如今，借助云计算、物联网等数字技术手段，企业各个业务系统与管理会计信息平台实现了无缝对接与实时交互，无论是销售订单的实时生成、生产进度的动态更新，还是财务数据的即时核算，都能够第一时间反馈到管理会计信息系统中，并自动进行数据处理与分析，生成最新的管理会计报告。企业管理者只需轻点鼠标或查看移动终端，便能在瞬间了解企业的经营状况全貌，包括收入情况、成本变动、利润趋势、资金流动等关键指标的实时动态。这种实时性使得管理者能够在瞬息万变的市场环境中迅速做出反应，及时调整经营策略和决策方向，确保企业始终能够在市场竞争的浪潮中保持敏锐的洞察力和灵活的应变能力，从而最大限度地降低决策风险，抓住每一个潜在的商业机遇。

（3）智能化。随着人工智能技术在管理会计业务的深度应用，管理会计实现了从传统手工操作与简单自动化向智能化处理与分析的巨大飞跃。人工智能算法能够模拟人类的思维逻辑和分析判断能力，对海量的管理会计数据进行自动化处理和智能化分析。例如，通过机器学习算法对历史成本数据进行学习与分析，建立精准的成本预测模型，能够准确预测不同业务场景下的成本变动趋势，为企业成本控制提供前瞻性的决策依据；利用自然语言处理技术对企业内部的财务报告、业务文档以及外部的行业研究报告等非结构化数据进行智能识别与分析，提取关键信息并与结构化数据进行整合关联，为企业战略规划和风险评估提供更为全面和深入的信息支持；借助智能决策系统，根据企业设定的目标和约束条件，自动生成多种可行的决策方案，并通过模拟分析评估各方案的潜在风险与收益，辅助企业管理者快速筛选出最优决策路径。这种智能化的管理会计模式极大地提高了管理会计工作的效率和准确性，将会计人员从烦琐的手工计算和数据处理工作中解放出来，使其能够将更多的时间和精力投入到更高价值的数据分析、战略规划和决策支持工作中，从而显著提升企业整体的管理决策水平，使企业能够在复杂多变的市场环境中更加从容地应对各种挑战和机遇，实现可持续的高质量发展。

（4）可视化。数据可视化技术作为管理会计数字化的重要组成部分，犹如一座桥梁，将复杂晦涩的管理会计信息与企业管理者的直观理解和有效分析紧密连接起来。在传统的管理会计报告中，数据往往以冗长的表格和文字形式呈现，这对于忙碌的企业管理者来说，不仅阅读和理解难度较大，还难以快速从中捕捉关键信息和数据背后的内在规律与趋势。通过数据可视化技术，管理会计信息能够以丰富多彩、直观形象的图表形式呈现出来，如柱状图、折线图、饼图、雷达图等。这些图表能够将大量的数据信息进行高度浓缩和形象化展示，使管理者一眼便能清晰地看到企业各项关键绩效指标的数值大小、变化趋势、比例关系以及不同指标之间的相互关联与对比情况。例如，通过柱状图展示不同产品线的销售收入对比，管理者可以直观地了解各产品线的市场表现和贡献程度；利用折线图呈现企业近几年的利润走势，能够清晰地反映出企业的盈利能力变化趋势以及受市场波动影响的程度；借助饼图分析企业各项成本在总成本中的占比，有助于快速识别成本控制的重点业务和潜在优化空间。可视化的管理会计信息不仅便于管理者快速理解，而且能够激发管理者的思维灵感和决策洞察力，使其能够更加高效地基于数据信息开展战略规划、资源配置、绩效评估以及风险管控等一系列管理决策活动，从而有力地推动企业管理效率和决策质量的提升。

3. 管理会计数字化的应用

（1）预算管理。数字化工具的应用为企业带来了一场革命性的变革，实现了预算编制、执行和监控的全面自动化。传统的预算编制过程往往依赖手工操作和电子表格，不仅工作量巨大、效率低下，而且容易出现数据错误和版本混乱等问题。如今，借助专门的预算管理软件系统，企业能够轻松实现预算编制自动化。系统可以根据企业预设的预算模板和编制规则，自动从企业各个业务系统中提取相关数据，如历史销售数据、成本数据、费用数据等，并按照预定的算法进行数据整合与分析，快速生成初步的预算草案。同时，通过与企业内部各部门的协同工作平台集成，各部门可以在线实时参与预算编制过程，对预算草案进行讨论、调整和完善，大大提高预算编制的准确性和参与度。

在预算执行阶段，数字化系统能够实时跟踪企业各项业务活动的实际发生情况，并与预算数据进行自动比对分析。一旦发现实际数据与预算数据存在偏差，系统会立即发出预警通知，使管理者能够及时了解预算执行进度和偏差情况，采取相应的调整措施。例如，当某部门的费用支出超出预算限额时，系统会自动向该部门负责人和财务管理人员发送预警邮件或短信，提醒其关注并分析原因，及时采取措施控制费用支出，如暂停不必要的采购项目、优化业务流程以降低成本等。

在预算监控方面，数字化工具为企业提供了强大的可视化监控界面，管理者可以通过直观的图表和报表形式实时查看企业整体以及各部门、各项目的预算执行情况，包括收入完成进度、成本费用控制情况、利润达成情况等关键指标的动态变化。这种可视化监控不仅方便管理者及时发现预算执行过程中的问题和潜在风险，还能够为管理者提供决策支持依据，使其能够根据实际情况灵活调整预算策略和资源分配方案，确保企业预算目标的顺利实现。通过数字化预算管理，企业能够显著提高预算管理的效率和准确性，增强预算对企业经营活动的指导和控制作用，提升企业整体的运营管理水平和资源配置效率。

(2) 成本管理。在成本管理方面，大数据分析技术为企业开启了精细化管理的新纪元。传统的成本管理方法往往侧重于事后核算和简单的成本控制，缺乏对成本形成过程的深入分析和前瞻性预测能力。而大数据分析技术能够对企业生产经营过程中产生的海量成本数据进行全面、深入的挖掘与分析，从原材料采购、生产加工、产品销售到售后服务等各个环节，精准识别影响成本的关键因素和潜在的成本节约机会。

通过大数据分析，企业可以对供应商的成本结构、价格波动趋势以及市场供应情况进行详细分析，建立科学合理的采购成本模型，从而在采购环节实现成本的精细化控制。例如，利用大数据分析预测原材料价格的走势，企业可以在价格低谷期加大采购量，通过合理的库存管理降低采购成本；同时，通过对供应商的质量、交货期、价格等多维度数据进行综合评估，筛选出最优供应商，建立长期稳定的合作关系，进一步降低采购成本和供应风险。

在生产环节，大数据分析技术可以对生产过程中的设备运行数据、工艺参数、人员工时等数据进行实时监测与分析，识别生产过程中的效率瓶颈和成本浪费点。例如，通过对设备运行数据的分析，提前预测设备故障，安排预防性维护，减少设备停机时间和维修成本；通过对工艺参数的优化分析，提高产品质量合格率，降低废品损失成本；通过对人员工时数据的分析，合理安排生产任务和人员配置，提高劳动生产率，降低人工成本。

在销售和售后服务环节，大数据分析同样能够发挥重要作用。通过对市场需求数据、客户反馈数据以及竞争对手价格数据的分析，企业可以制定更加精准的产品定价策略，在保证产品市场竞争力的前提下，实现销售收入最大化和成本效益最优化。同时，通过对售后服务数据的分析，企业可以优化售后服务网络布局和服务流程，降低售后服务成本，提高客户满意度和忠诚度。总之，利用大数据分析技术进行成本管理，企业能够实现成本的精细化管理，深入挖掘成本降低潜力，提高企业的经济效益和市场竞争力。

(3) 绩效评价。建立数字化绩效评价体系是管理会计数字化在企业绩效管理业务中的重要应用。传统的绩效评价往往存在评价指标单一、评价周期长、数据收集困难以及评价结果滞后等问题，难以满足企业对绩效管理的实时性、全面性和准确性要求。而数字化绩效评价体系依托先进的信息技术平台，能够实时跟踪企业的绩效指标，实现绩效评价的全面化、动态化和精准化。

数字化绩效评价体系首先建立了一套多维度、多层次的绩效评价指标体系，涵盖了财务指标、非财务指标、内部运营指标、客户满意度指标以及创新与学习成长指标等多个方面，全面反映企业的经营业绩和发展潜力。例如，除了传统的财务指标如营业收入、净利润、资产回报率等，还纳入了客户投诉率、产品创新率、员工满意度、市场份额增长率等非财务指标，从不同角度对企业的绩效进行综合评价。

在数据收集方面，数字化绩效评价体系通过与企业各个业务系统的无缝对接，实现了绩效数据的自动采集和实时更新。无论是财务系统中的财务数据、销售系统中的销售业绩数据、生产系统中的生产效率数据，还是人力资源系统中的员工绩效数据，都能够实时传输到绩效评价系统中，并自动进行数据清洗、整合和分析。这大大提高了绩效数据的准确性和及时性，避免了传统绩效评价中人工收集数据可能出现的错误和遗漏。

基于实时更新的绩效数据，数字化绩效评价体系能够实时生成绩效评价报告和可视化分析图表，为企业管理者提供直观、全面的绩效评价结果。管理者可以随时登录系统查看企业整体以及各部门、各岗位的绩效表现，及时发现绩效问题和潜在风险点，并采取针对性的改进措施。例如当发现某部门的某项关键绩效指标连续下滑时，管理者可以深入分析相关数据，找出问题根源，如市场需求变化、内部管理流程不畅、员工技能不足等，并及时调整经营策略、优化管理流程、加强员工培训等，以提升该部门的绩效水平。

此外，数字化绩效评价体系还为企业的激励机制提供了科学合理的依据。通过将绩效评价结果与员工的薪酬调整、奖金发放、晋升机会等直接挂钩，能够充分调动员工的工作积极性和创造性，形成良好的绩效导向文化，促进企业整体绩效的持续提升。

（4）风险管理。管理会计数字化通过数据分析和风险预警模型的应用，为企业构建了一道坚实的风险防范屏障。在当今复杂多变的市场环境中，企业面临着各种各样的风险，如市场风险、信用风险、财务风险、运营风险等，这些风险相互交织、相互影响，稍有不慎就可能给企业带来巨大的损失。传统的风险管理方法主要依赖于人工经验判断和事后分析，难以对风险进行全面、及时、准确的识别和预警，往往在风险发生后才采取应对措施，导致企业处于被动应对局面。

管理会计数字化借助先进的数据分析技术，能够对企业内外部海量数据进行深度挖掘和分析，从纷繁复杂的数据中识别出潜在的风险因素和风险信号。例如，通过对市场价格数据、汇率数据、利率数据等宏观经济数据的分析，预测市场波动趋势，提前评估企业面临的市场风险；通过对客户信用数据、交易数据、财务报表数据等的分析，建立客户信用风险评估模型，准确识别客户的信用风险等级，及时采取信用控制措施，防范应收账款坏账风险；通过对企业财务数据的实时监测与分析，如资产负债率、流动比率、速动比率等财务指标的变化趋势，提前发现企业可能面临的财务风险，如资金链断裂风险、偿债能力下降风险等，并制定相应的财务风险应对策略，如优化资本结构、拓宽融资渠道、加强资金预算管理等。

同时，管理会计数字化还建立了完善的风险预警模型，根据企业设定的风险阈值和预警规则，对风险数据进行实时监测和分析。一旦风险指标超过预警阈值，系统会立即自动发出风险预警通知，通过多种方式及时告知企业管理者和相关风险责任人，使他们能够第一时间了解风险状况，启动风险应对预案。

此外，管理会计数字化还能够对风险应对措施的效果进行实时跟踪和评估，根据评估结果及时调整风险应对策略，确保风险得到有效控制。通过应用数据分析和风险预警模型，管理会计数字化使企业能够在风险发生前及时发现并预警风险，在风险发生过程中迅速采取有效的应对措施，将风险损失降到最低限度，从而保障企业的稳健运营和可持续发展。

7.2　货币时间价值

1. 复利终值

复利终值是指一定量的本金按复利计算若干期后的本利和。复利是指不仅本金要计算利息，利息也要计算利息，也就是“利滚利”。其计算公式为：

$$FV = PV \times (1 + r)^n$$

其中，FV 是复利终值，PV 是本金（现值），r 是利率，n 是期数。

应用举例：

某企业有一笔资金 500 000 元用于理财投资，该企业选择了一款理财产品，预计年化收益率（可近似看作年利率）为 4.5%，投资期限为 3 年，企业想计算到期时的复利终值情况。

计算过程：

本金 PV=500 000 元，年利率 r=4.5%，期数 n=3 年。按照复利终值公式进行计算：$FV = 500\,000 \times (1 + 0.045)^3$。

AI 助手提示词

根据后面所附案例，请用 Python 编程计算复利终值。具体内容为：[上述案例内容]。

生成的程序：

```
# 定义初始本金、年利率和投资期限
PV = 500000    # 初始本金 500000 元
r = 0.045      # 年利率 4.5%
n = 3          # 投资期限 3 年
# 计算复利终值
FV = PV * (1 + r) ** n
# 输出结果
print(f"初始本金: {PV} 元")
print(f"年利率: {r * 100}%")
print(f"投资期限: {n} 年")
print(f"复利终值: {FV:.2f} 元")
```

运行结果：

```
初始本金: 500000 元
年利率: 4.5%
投资期限: 3 年
复利终值: 570583.06 元
```

2. 复利现值

复利现值是复利终值的逆运算，是指未来一定时间的特定资金按复利计算的现在价值。其计算公式为：

$$PV = FV/(1+r)^n$$

其中，PV 是复利现值；FV 是复利终值，即未来某一时刻的资金价值；r 是利率（每一期的利息率，计算时将百分数转化为小数）；n 是期数，代表从现在到未来资金收付的期间数。

应用举例：

假设未来某一时刻的资金价值 $FV=10\ 000$ 元，年利率 $r=5\%$（即 0.05），期数 $n=10$ 年。现值是多少？

AI助手提示词

根据后面所附案例，请用 Python 编程计算每年的复利现值。具体内容为：[上述案例内容]。

生成的程序：

```
# 定义未来资金价值、年利率和期数
FV = 10000    # 未来资金价值 10000 元
r = 0.05      # 年利率 5%
n = 10        # 期数 10 年
# 计算每年的复利现值
print(f"未来资金价值: {FV} 元")
print(f"年利率: {r * 100}%")
print(f"期数: {n} 年")
print("----------------------------------------")


for year in range(1, n + 1):
    PV = FV / (1 + r) ** year  # 复利现值公式
    print(f"第 {year} 年的复利现值: {PV:.2f} 元")
```

程序运行结果：

```
未来资金价值: 10000 元
年利率: 5%
期数: 10 年
----------------------------------------
第 1 年的复利现值: 9523.81 元
第 2 年的复利现值: 9070.29 元
第 3 年的复利现值: 8638.38 元
第 4 年的复利现值: 8227.02 元
第 5 年的复利现值: 7835.26 元
第 6 年的复利现值: 7462.15 元
第 7 年的复利现值: 7106.81 元
第 8 年的复利现值: 6768.39 元
第 9 年的复利现值: 6446.09 元
第 10 年的复利现值: 6139.13 元
```

3. 年金终值与年金现值

（1）普通年金终值。普通年金终值是指一定时期内，每期期末等额收付的系列款项的终值之和。简单来说，就是在相等的间隔时间（如每年、每月等）期末收到或支付一笔固定金额的款项，经过若干期后，这些款项及其所产生的利息的总和。普通年金终值（FV）的计算公式为：

$$FV = P \times [(1+r)^n - 1/r]$$

其中，P 是每期等额收付金额，r 是利率，n 是期数。

应用举例：

AI助手提示词

一个人每年年末在银行存1 000元，年利率为5%，存了3年，3年后这些存款及其利息的总和就是普通年金终值。请用Python编程计算普通年金终值。

生成的程序：

```
# 定义每期存款金额、年利率和期数
P = 1000   # 每期存款金额 1000 元
r = 0.05   # 年利率 5%
n = 3      # 期数 3 年
# 计算普通年金终值
FV = P * ((1 + r) * * n - 1) / r
# 输出结果
print(f"每期存款金额：{P} 元")
print(f"年利率：{r * 100}%")
print(f"期数：{n} 年")
print(f"普通年金终值：{FV:.2f} 元")
```

运行结果：

```
每期存款金额：1000 元
年利率：5%
期数：3 年
普通年金终值：3152.50 元
```

（2）普通年金现值。普通年金现值是指将在一定时期内按相同时间间隔在每期期末收付的相等金额（年金），折算到第一期期初的现值之和。也就是说，考虑货币的时间价值，把未来一系列等额收付的款项，按照一定的利率，换算成现在一次性收付的金额。普通年金现值（PV）的计算公式为：

$$PV=P\times[1-(1+r)^{-n}]/r$$

其中，P 是每期等额收付金额，r 是利率，n 是期数。

应用举例：

AI助手提示词

如果预计未来3年每年年末都能收到1 000元，在利率为5%的条件下，这3笔未来的收入相当于现在一次性收到多少钱，这个金额就是普通年金现值。请用Python编程计算普通年金现值。

生成的程序：

```
#定义每期收入金额、年利率和期数
P = 1000   # 每期收入金额1000元
r = 0.05   # 年利率5%
n = 3      # 期数3年
#计算普通年金现值
PV = P * (1 - (1 + r) ** -n)/r
#输出结果
print(f"每期收入金额:{P}元")
print(f"年利率:{r * 100}%")
print(f"期数:{n}年")
print(f"普通年金现值:{PV:.2f}元")
```

运行结果：

```
每期收入金额:1000元
年利率:5%
期数:3年
普通年金现值:2723.25元
```

（3）预付年金终值与现值。预付年金是指在每期期初收付的年金。与普通年金在每期期末收付不同，预付年金是在每期期初收付。例如在租赁业务中，如果租金是在每个租赁期开始时支付，这种情况就属于预付年金。由于收付时间提前了一期，相比普通年金，预付年金在相同的年金金额、利率和期数下，其终值和现值的计算结果都会有所不同。因为预付年金的每一笔款项都比普通年金早一期进入资金的积累或折现过程，所以其终值会更大，现值也会更大。

AI助手探秘

请给出一个计算预付年金终值与现值的实际案例，并编写Python程序实现计算。

（4）递延年金现值。递延年金是指第一次收付发生在第二期或第二期以后的年金。递延年金现值就是指将递延年金按照一定的利率折现到第一期期初的价值。例如，企业预计从第3年开始，连续5年每年年末都会收到一笔固定金额的租金收入。要计算这些未来租金收入在现在（第1年年初）的价值，就是计算递延年金现值。

AI助手探秘

请给出一个计算递延年金现值的实际案例，并编写Python程序实现计算。

（5）永续年金现值。永续年金是指无限期等额收付的特种年金。由于永续年金没有终止的时间，所以没有终值。永续年金的特点如下：

① 无限期收付。与普通年金、递延年金等不同，永续年金没有明确的结束期限，会一直等额收付下去。例如，某些国家发行的永久债券，债券持有者可以永久性地定期获得利息，这就类似于永续年金的概念。

② 等额性。每次收付的金额是相等的。就像一个慈善基金会每年固定拿出一笔相同金额的资金用于资助贫困学生，且计划一直持续下去，这种每年固定金额的资助模式可以看作是永续年金。

AI助手探秘

请给出一个计算永续年金年金现值的实际案例，并编写Python程序实现计算。

7.3 项目投资决策

1. 净现值法

净现值（NPV）是指特定方案未来现金流入的现值与未来现金流出的现值之间的差额。计算净现值需要先确定项目的现金流量，包括初始投资（现金流出）和未来各期的现金流入（如销售收入、节约的成本等），然后选择合适的折现率将未来现金流量折现到当前时点。计算公式为：

$$NPV=\sum_{t=0}^{n}\frac{C_t}{(1+r)^t}$$

式中，NPV 是净现值；C_t 是第 t 期的现金流量；C_0 是初始投资（通常为负值，表示现金流出）；C_1，C_2，…，C_n 是未来各期的现金流量（正值表示现金流入，负值表示现金流出）；r 是折现率；t 是时间期数；n 是总期数。

AI 助手提示词

请举一个净现值法的项目案例，并用 Python 编程实现计算。

生成的内容：

案例：
某公司计划投资一个新项目，具体信息如下：
初始投资：100 000 元（第 0 年）
未来 5 年的现金流量：
第 1 年：30 000 元；第 2 年：40 000 元；第 3 年：50 000 元；第 4 年：60 000 元；第 5 年：70 000 元。
折现率：8%

生成的程序：

```
def net_present_value(initial_investment,cash_flows,discount_rate):
    npv = - initial_investment   # 初始投资为负数,因为是现金流出
    for t,cash_flow in enumerate(cash_flows,start = 1):   # 从第 1
年开始计算
```

```
        npv += cash_flow / ((1 + discount_rate) ** t)
    return npv
if __name__ == "__main__":
    # 初始投资
    initial_investment = 100000
    # 未来 5 年的现金流量
    cash_flows = [30000,40000,50000,60000,70000]
    # 折现率
    discount_rate = 0.08
    # 计算净现值
    result = net_present_value(initial_investment,cash_flows,dis-
count_rate)
    print(f"该项目的净现值为:{result:.2f}元")
```

运行结果：

```
该项目的净现值为:93505.56 元
```

2. 内部收益率法

内部收益率（IRR）是使项目的净现值等于零时的折现率，它反映了项目本身的实际收益率。如果大于或等于企业的资本成本率或要求的最低报酬率，项目在经济上是可行的；如果小于企业的资本成本率或要求的最低报酬率，项目不可行。

3. 获利指数法

获利指数（PI）是指投产后按基准收益率或设定折现率折算的各年现金流入量的现值合计与原始投资的现值合计之比。如果项目未来现金流入的现值大于初始投资的现值，则项目在经济上是可行的。

4. 投资回收期法

投资回收期（PP）是指收回初始投资所需要的时间，分为静态投资回收期和动态投资回收期。静态投资回收期不考虑货币的时间价值，计算公式为：静态投资回收期＝初始投资/每年现金净流量（当每年现金净流量相等时）；如果每年现金净流量不相等，则需要逐年累计现金净流量，直到累计现金净流量等于初始投资，此时的年份即为静态投资回收期。动态投资回收期考虑货币的时间价值，是在考虑折现后现金流量的基础上计算收回初始投资的时间。

应用实例：

AI助手提示词

一个项目初始投资为 100 万元，未来 5 年每年的净现金流量分别为 25 万元、30 万元、20 万元、35 万元和 40 万元。基于 Python 用投资回收期法计算这个项目的静态投资回收期。

生成的程序：

```
def calculate_payback_period(initial_investment,cash_flows):
    """
    计算静态投资回收期。
    参数:
    initial_investment(float): 初始投资金额。
    cash_flows(list of float): 未来每年的净现金流量。
    返回:
    float: 静态投资回收期(以年为单位)。
    """
    cumulative_cash_flow = 0.0
    year = 0
    for cash_flow in cash_flows:
        cumulative_cash_flow + = cash_flow
        year + = 1
        if cumulative_cash_flow> = initial_investment:
            # 如果本年累计现金流量首次超过或等于初始投资,则计算
精确回收期
            if cumulative_cash_flow>initial_investment:
                # 计算部分年份内的回收期(精确到年)
                excess = cumulative_cash_flow - initial_investment
                remaining_year_fraction = excess/cash_flow
                return year - remaining_year_fraction
```

```
            else:
                return year
        # 如果循环结束都没有收回全部投资,返回 None
        return None
    # 初始投资
    initial_investment = 1000000.0    # 100 万元
    # 未来 5 年的每年净现金流量
    cash_flows = [250000.0, 300000.0, 200000.0, 350000.0, 400000.0]    # 分别对应 25 万元、30 万元、20 万元、35 万元和 40 万元
    # 计算静态投资回收期
    payback_period = calculate_payback_period(initial_investment, cash_flows)
    print(f"静态投资回收期: {payback_period:.2f} 年")
```

运行结果：

```
静态投资回收期: 3.71 年
```

5. 会计收益率法

会计收益率（ARR）是指项目达到设计生产能力后正常年份的年平均净利润与项目总投资的比率。年平均净利润是项目寿命周期内各年净利润的平均值。

$$ARR = (\text{年平均净利润}/\text{项目总投资}) \times 100\%$$

企业可以将项目的会计收益率与预定的最低收益率进行比较，当大于或等于预定的最低收益率时，项目可行。例如，企业预定的最低收益率为 10%，一个项目的会计收益率为 12%，则该项目可行。

应用举例：

AI 助手提示词

根据以下项目资料，基于 Python 按照会计收益率法进行项目评价。

项目寿命周期：5 年；各年净利润：100 万元，120 万元，150 万元，180 万元，200 万元；项目总投资：500 万元；企业预定的最低收益率：10%。

生成的程序：

```
# 项目寿命周期(年)
project_life = 5
# 各年净利润(万元)
annual_profits = [100,120,150,180,200]
# 项目总投资(万元)
total_investment = 500
# 计算年平均净利润
average_annual_profit = sum(annual_profits)/project_life
# 计算会计收益率(ARR)
ARR = (average_annual_profit/total_investment) * 100
# 企业预定的最低收益率
minimum_acceptable_rate = 10
# 输出会计收益率
print(f"会计收益率(ARR):{ARR:.2f}%")
# 评价项目
if ARR> = minimum_acceptable_rate:
    print("项目评价:该项目满足企业预定的最低收益率要求,是可行的。")
else:
    print("项目评价:该项目未达到企业预定的最低收益率要求,是不可行的。")
```

运行结果：

```
会计收益率(ARR):30.00%
项目评价:该项目满足企业预定的最低收益率要求,是可行的。
```

7.4　量本利分析

1. 量本利分析的基本方法

量本利分析基本公式是：

利润=(单价-单位变动成本)×销售量-固定成本

这个公式是量本利分析的核心，通过给定不同的变量值，可以计算出其他变量，从而进行各种决策分析。

应用示例：

AI助手提示词

根据下面的案例，基于Python按照量本利分析进行计算。

假设一家生产智能手机的企业生产的某款手机单位售价为3 000元，单位变动成本为2 000元（包括原材料、直接人工等直接随着产量变动的成本），固定成本为每月500 000元（包括厂房租金、设备折旧等不随产量短期变化的成本）。

量本利分析的基本公式：利润=(单价-单位变动成本)×销售量-固定成本。

生成的程序：

```
# 定义参数
unit_price = 3000  # 单位售价(元)
unit_variable_cost = 2000  # 单位变动成本(元)
fixed_cost = 500000  # 固定成本(元/月)
# 量本利分析的基本公式:利润 = (单价 - 单位变动成本) * 销售量 - 固定成本
# 计算盈亏平衡点
# 盈亏平衡点销售量 = 固定成本/(单价 - 单位变动成本)
BEP_sales_volume = fixed_cost/(unit_price - unit_variable_cost)
# 输出盈亏平衡点销售量
print(f"盈亏平衡点销售量:{BEP_sales_volume:.0f} 台")
# 分析不同销售量下的利润情况(示例)
sales_volumes = [0, 100, 200, 500, 1000, BEP_sales_volume, BEP_sales_volume + 100]  # 示例销售量列表
# 计算并输出不同销售量下的利润
for volume in sales_volumes:
    profit = (unit_price - unit_variable_cost) * volume - fixed_cost
    print(f"销售量:{volume}台,利润:{profit:.0f}元")
```

运行结果：

```
盈亏平衡点销售量:500台
```

2. 边际贡献法

(1) 边际贡献的计算。边际贡献是指销售收入减去变动成本后的余额，可以分为单位边际贡献和边际贡献总额。边际贡献是量本利分析中的一个重要概念，它反映了产品为企业利润所做的贡献。

相关公式如下：

边际贡献＝销售收入－变动成本

其中，销售收入是指企业通过销售产品或提供服务所获得的总收入；变动成本是指随销售量变化而变化的成本，如原材料成本、直接人工成本等。

单位边际贡献＝销售单价－单位变动成本

其中，销售单价是指每个产品或每项服务的售价；单位变动成本是指生产或提供每个产品或每项服务所需的变动成本。

边际贡献总额＝销售收入总额－变动成本总额

其中，销售收入总额是指企业在一定时期内通过销售所有产品或提供服务所获得的总收入；变动成本总额是指企业在同一时期内因销售所有产品或提供服务而产生的总变动成本。

(2) 盈亏平衡点分析。盈亏平衡点是指企业利润为零时的销售量或销售额。

(3) 应用举例。

AI助手提示词

根据下面的案例，基于Python按边际贡献法进行计算评估。

企业有两种产品A和B，其销售单价、变动成本和固定成本如下：

产品A：销售单价10元，变动成本6元，固定成本100元；

产品B：销售单价20元，变动成本12元，固定成本200元。

计算每种产品的单位边际贡献、边际贡献总额，并分析盈亏平衡点。

生成的程序：

```
# 定义产品A和B的参数
```

```
    products = {
        'A':{'selling_price':10,'variable_cost':6,'fixed_cost':100},
        'B':{'selling_price':20,'variable_cost':12,'fixed_cost':200}
    }
    # 计算单位边际贡献和边际贡献总额的函数
    def calculate_margin(product):
        unit_contribution_margin = product['selling_price'] - product
['variable_cost']
        # 假设销售量为 100 单位(为了简化计算,假设一个销售量,实际中应
根据实际销售数据来计算)
        # 在实际应用中需要根据具体的销售量来计算边际贡献总额
        contribution_margin_total = unit_contribution_margin * 100
        return unit_contribution_margin,contribution_margin_total
    # 分析盈亏平衡点的函数
    def break_even_point(product):
        unit_contribution_margin,_ = calculate_margin(product)
        break_even_units = product['fixed_cost']/unit_contribution_margin
        break_even_sales = break_even_units * product['selling_price']
        return break_even_units,break_even_sales
    # 计算并输出结果
    for product_name,product_params in products.items():
    unit_contribution_margin, contribution_margin_total = calculate_
margin(product_params)
        break_even_units,break_even_sales = break_even_point(product_
params)
        print(f"产品 {product_name}:")
        print(f"单位边际贡献:{unit_contribution_margin}元")
        print(f"边际贡献总额(假设销售量为 100 单位):{contribution_mar-
gin_total}元")
        print(f"盈亏平衡点(销售量):{break_even_units:.2f}单位")
        print(f"盈亏平衡点(销售额):{break_even_sales:.2f}元\n")
```

程序运行结果:

```
产品A:
  单位边际贡献: 4元
  边际贡献总额(假设销售量为100单位): 400元
  盈亏平衡点(销售量): 25.00单位
  盈亏平衡点(销售额): 250.00元
产品B:
  单位边际贡献: 8元
  边际贡献总额(假设销售量为100单位): 800元
  盈亏平衡点(销售量): 25.00单位
  盈亏平衡点(销售额): 500.00元
```

3. 盈亏平衡图法

盈亏平衡图法是一种在企业管理中非常重要的财务分析工具，它通过在图表上绘制总成本线和总收入线，直观地展示出企业的盈亏平衡点。

盈亏平衡图通常包括以下几个关键元素：

(1) 总成本线。表示企业生产和销售一定数量产品所需的总成本。总成本线通常由固定成本和变动成本两部分组成。固定成本是不随销售量变化的成本，如租金、设备折旧等；变动成本是随销售量变化的成本，如原材料、直接人工等。

(2) 总收入线。表示企业销售一定数量产品所获得的总收入。总收入线通常是一条直线，其斜率为销售单价。

(3) 盈亏平衡点。总收入线和总成本线的交点即为盈亏平衡点。在这个点上，企业的总收入等于总成本，利润为零。

应用举例：

AI助手提示词

请基于下面的案例，基于盈亏平衡图在Python中以作图的方式展现，图形中的文字用中文显示。

假设某小型服装制造企业生产一款T恤，每件T恤的单价为50元，单位变动成本（包括布料、辅料、直接人工等随产量变动的成本）为30元，企业每月的固定成本（如厂房租金、设备折旧、管理人员工资等）为20 000元。保本销售量＝固定成本÷(单价－单位变动成本)＝20 000/(50－30)＝1 000(台)。

生成的程序：

```
import matplotlib.pyplot as plt
import numpy as np
import matplotlib
# 设置matplotlib以支持中文显示
# 指定字体为SimHei(黑体),这个字体通常包含中文字符
matplotlib.rcParams['font.sans-serif'] = ['SimHei']   # 用来正常显示中文标签
matplotlib.rcParams['axes.unicode_minus'] = False    # 用来正常显示负号
# 定义变量
单价 = 50  # 每件T恤的单价(元)
单位变动成本 = 30  # 每件T恤的变动成本(元)
固定成本 = 20000  # 每月的固定成本(元)
保本销售量 = 固定成本 /(单价 - 单位变动成本)  # 计算保本销售量
# 生成销售量范围
销售量 = np.arange(0,2000,10)
# 计算总成本和总收入
总成本 = 固定成本 + 单位变动成本 * 销售量
总收入 = 单价 * 销售量
# 绘制盈亏平衡图
plt.figure(figsize = (10,6))
plt.plot(销售量,总成本,label = '总成本',color = 'blue')
plt.plot(销售量,总收入,label = '总收入',color = 'green')
plt.axvline(x = 保本销售量,color = 'red',linestyle = '--',label = f'保本销售量({int(保本销售量)}件)')
plt.axhline(y = 固定成本,color = 'orange',linestyle = '--',label = '固定成本线')
# 添加标题和标签
plt.title('盈亏平衡图',fontsize = 16)
plt.xlabel('销售量(件)',fontsize = 14)
plt.ylabel('金额(元)',fontsize = 14)
plt.legend()  # 添加图例
# 显示网格
```

```
plt.grid(True)  # 显示网格
plt.show()  # 显示图形
```

显示的图形如图7-1所示。

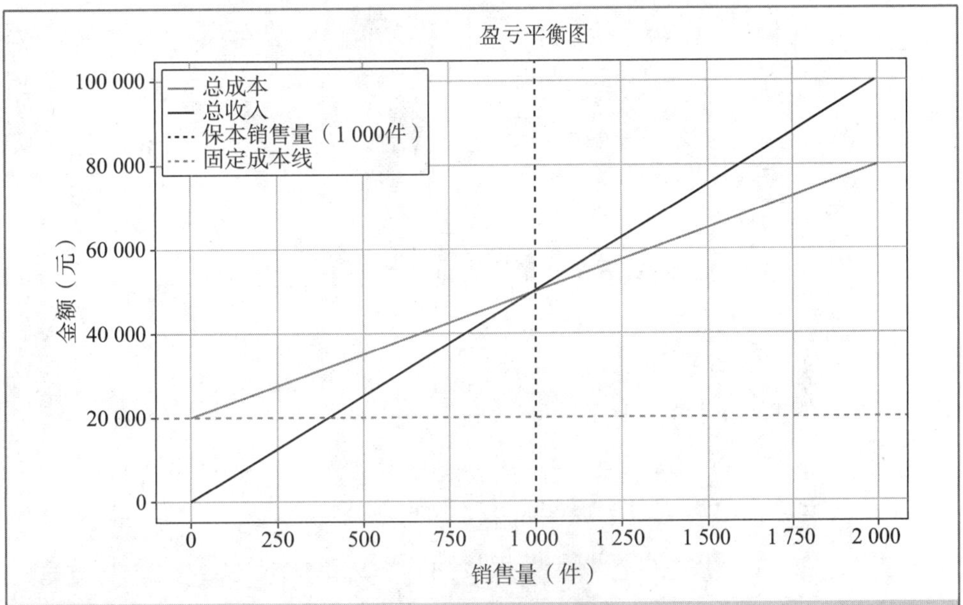

图7-1　盈亏平衡图

4. 多品种量本利分析方法

(1) 加权平均边际贡献率法。当企业生产多种产品时，需要考虑各产品的销售组合。首先计算各产品的边际贡献率，然后根据各产品的销售比重计算加权平均边际贡献率，最后计算盈亏平衡点销售额。

AI助手提示词

请基于下面的案例，基于多品种量本利分析方法用Python进行计算完成。

企业有三种产品A、B和C，其销售单价、变动成本和销售量如下：

产品A：销售单价10元，变动成本6元，销售量1 000件；

产品B：销售单价20元，变动成本12元，销售量500件；

产品C：销售单价30元，变动成本20元，销售量300件。

总固定成本为10 000元。计算每种产品的边际贡献率，然后根据各产品的销售比重计算加权平均边际贡献率，最后计算盈亏平衡点销售额。

生成的程序：

```
#定义产品数据
products = [
    {"name": "A","price": 10,"variable_cost": 6,"quantity": 1000},
    {"name": "B","price": 20,"variable_cost": 12,"quantity": 500},
    {"name": "C","price": 30,"variable_cost": 20,"quantity": 300}
]
#总固定成本
fixed_cost = 10000
#计算边际贡献率和销售比重
margin_contributions = []
sales_weights = []
for product in products:
    margin_contribution_rate = (product["price"] - product["variable_cost"]) / product["price"]
    margin_contributions.append(margin_contribution_rate)
    sales_weight = product["quantity"] / sum(p["quantity"] for p in products)
    sales_weights.append(sales_weight)
#计算加权平均边际贡献率
weighted_average_margin_contribution = sum(mc * sw for mc, sw in zip(margin_contributions, sales_weights))
#计算盈亏平衡点销售额
break_even_sales = fixed_cost / weighted_average_margin_contribution
#输出结果
print("每种产品的边际贡献率:")
for i,product in enumerate(products):
    print(f"{product['name']}: {margin_contributions[i]:.2%}")
print(f"\n加权平均边际贡献率: {weighted_average_margin_contribution:.2%}")
print(f"\n盈亏平衡点销售额: {break_even_sales:.2f} 元")
```

运行结果：

```
每种产品的边际贡献率:
A: 40.00%
B: 40.00%
C: 33.33%
加权平均边际贡献率: 38.89%
盈亏平衡点销售额: 25714.29 元
```

（2）分别计算法。在能够将固定成本合理分配给各产品的情况下，可以分别计算各产品的盈亏平衡点。先将固定成本分配到各产品上，如按产品的销售额、销售量、生产工时等比例分配。然后按照单一产品的量本利分析方法分别计算各产品的盈亏平衡点。这种方法适用于各产品之间固定成本分配比较明确的情况，但实际操作中固定成本的分配可能比较复杂，需要根据企业的实际情况选择合适的分配标准。

AI助手提示词

请基于下面的案例，基于多品种量本利分析方法用 Python 进行计算完成。

企业有三种产品 A、B 和 C，其销售单价、变动成本、预计销售量和预计销售额如下：

产品 A：销售单价 10 元，变动成本 6 元，预计销售量 1 000 件，预计销售额 10 000 元；

产品 B：销售单价 20 元，变动成本 12 元，预计销售量 500 件，预计销售额 10 000 元；

产品 C：销售单价 30 元，变动成本 20 元，预计销售量 400 件，预计销售额 12 000 元。

根据产品的销售额比例来分配固定成本。总固定成本为 15 000 元，分别计算每种产品的盈亏平衡点。

生成的程序：

```
# 定义产品信息
products = {
    "A":{"price":10,"variable_cost":6,"quantity":1000,"sales":10000},
    "B":{"price":20,"variable_cost":12,"quantity":500,"sales":10000},
```

```
    "C":{"price":30,"variable_cost":20,"quantity":400,"sales":12000},
}
total_fixed_cost = 15000  # 总固定成本
# 计算总销售额
total_sales = sum(data["sales"] for data in products.values())
# 分配固定成本(按销售额比例)
for product,data in products.items():
    fixed_cost_allocated = (data["sales"]/total_sales) * total_fixed_cost
    data["fixed_cost_allocated"] = fixed_cost_allocated
# 计算各产品的盈亏平衡点
for product,data in products.items():
    contribution_margin = data["price"] - data["variable_cost"]  # 边际贡献
    break_even_quantity = data["fixed_cost_allocated"]/contribution_margin  # 盈亏平衡销售量
    break_even_sales = break_even_quantity * data["price"]  # 盈亏平衡销售额
    data["break_even_quantity"] = break_even_quantity
    data["break_even_sales"] = break_even_sales
# 输出结果
print("=== 固定成本分配及盈亏平衡点计算 ===")
for product,data in products.items():
    print(
        f"产品{product}: "
        f"分配固定成本 = {data['fixed_cost_allocated']:.2f}元,"
        f"盈亏平衡销售量 = {data['break_even_quantity']:.2f}件,"
        f"盈亏平衡销售额 = {data['break_even_sales']:.2f}元"
    )
```

运行的结果：

```
=== 固定成本分配及盈亏平衡点计算 ===
产品A:分配固定成本 = 4687.50元,盈亏平衡销售量 = 1171.88件,盈亏平衡销售额 = 11718.75元
```

产品 B:分配固定成本 = 4687.50 元,盈亏平衡销售量 = 585.94 件,盈亏平衡销售额 = 11718.75 元

产品 C:分配固定成本 = 5625.00 元,盈亏平衡销售量 = 562.50 件,盈亏平衡销售额 = 16875.00 元

7.5 成本分析和预测

成本预测是根据企业未来的发展目标和经营方针，充分考虑各种相关因素，运用一定的科学方法，对未来一定时期内的成本水平和成本趋势开展分析后进行的测算过程。它是企业进行成本管理和决策的重要依据，有助于企业合理安排资源、制定成本控制目标和经营计划。成本预测有很多方法，不同方法预测的结果会有一些差异，需要根据实际情况和要求来选择。下面的案例采用多元线性回归法进行预测。

1. 案例数据与要求

ZF 机械制造公司 2024 年按照季度排列的生产成本相关数据如下：

2024 年第一季度：

直接材料成本：150 万元；直接人工成本：55 万元；制造费用：85 万元；产量：550 台；原材料价格指数：105；劳动力工资指数：102；能源价格指数：101。

2024 年第二季度：

直接材料成本：150 万元；直接人工成本：55 万元；制造费用：85 万元；产量：550 台；原材料价格指数：115；劳动力工资指数：106；能源价格指数：109。

2024 年第三季度：

直接材料成本：170 万元；直接人工成本：60 万元；制造费用：90 万元；产量：600 台；原材料价格指数：118；劳动力工资指数：110；能源价格指数：115。

2024 年第四季度：

直接材料成本：220 万元；直接人工成本：75 万元；制造费用：110 万元；产量：800 台；原材料价格指数：134；劳动力工资指数：115；能源价格指数：128。

要求：

使用 ZF 机械制造公司 2024 年每季度生产成本的数据集，数据包括直接材料成本、直接人工成本和制造费用等。基于 Python 来分析成本趋势，预测 2025 年第一季度、第二季度的成本，保留 2 位小数。图形中的文字用中文显示。

2. 程序与结果

生成的程序：

```
import pandas as pd
import numpy as np
import matplotlib.pyplot as plt
from sklearn.linear_model import LinearRegression
#创建数据集
data = pd.DataFrame({
    'Quarter': ['2024 Q1', '2024 Q2', '2024 Q3', '2024 Q4'],
    'Direct_Materials': [150, 150, 170, 220],  #单位:万元
    'Direct_Labor': [55, 55, 60, 75],  #单位:万元
    'Overhead': [85, 85, 90, 110],  #单位:万元
    'Production': [550, 550, 600, 800],  #单位:台
    'Material_Index': [105, 115, 118, 134],
    'Labor_Index': [102, 106, 110, 115],
    'Energy_Index': [101, 109, 115, 128]
})
#计算总成本
data['Total_Cost'] = data['Direct_Materials'] + data['Direct_Labor'] +
data['Overhead']
#绘制成本趋势图
plt.figure(figsize = (10, 6))
plt.plot(data['Quarter'], data['Total_Cost'], marker = 'o', label = '总成本')
#添加数据标签
for i, cost in enumerate(data['Total_Cost']):
    plt.text(data['Quarter'][i], cost, f'{cost:.2f}', ha = 'center', va =
'bottom')
```

```
plt.xlabel('季度')
plt.ylabel('总成本（万元）')
plt.title('ZF 机械制造公司 2024 年季度总成本趋势')
plt.legend()
plt.grid(True)
plt.show()
#准备数据用于多元线性回归预测
X = data[['Material_Index', 'Labor_Index', 'Energy_Index']]
y = data['Total_Cost'].values
#训练线性回归模型
model = LinearRegression()
model.fit(X, y)
#预测 2025 年第一季度和第二季度的总成本
#假设 2025 年第一季度和第二季度的指数值
new_data = pd.DataFrame({
    'Material_Index': [140, 150],
    'Labor_Index': [120, 125],
    'Energy_Index': [135, 145]
})
predicted_costs = model.predict(new_data)
#输出预测结果
print(f"2025 年第一季度预测总成本：{predicted_costs[0]:.2f} 万元")
print(f"2025 年第二季度预测总成本：{predicted_costs[1]:.2f} 万元")
#绘制预测结果
plt.figure(figsize=(10, 6))
plt.plot(data['Quarter'], data['Total_Cost'], marker='o', label='实际总成本')
#设置未来季度的标签
future_quarters_labels = ['2025 Q1', '2025 Q2']
plt.plot(future_quarters_labels, predicted_costs, marker='o', linestyle='--', label='预测总成本')
#添加数据标签
for i, cost in enumerate(predicted_costs):
```

```
        plt.text(future_quarters_labels[i], cost, f'{cost:.2f}', ha =
'center', va = 'bottom')
    #添加预测注释
    plt.annotate('预测基于多元线性回归模型', xy = (0.5, 0.1), xycoords =
'axes fraction', xytext = (0, -20), textcoords = 'offset points', ha = 'center')
    plt.xlabel('季度')
    plt.ylabel('总成本 (万元)')
    plt.title('ZF 机械制造公司 2024—2025 年季度总成本趋势与预测')
    plt.legend()
    plt.grid(True)
    plt.xticks(rotation = 45)
    plt.show()
```

程序运行的结果：

```
预测结果:2025 年第一季度预测总成本: 375.71 万元
2025 年第二季度预测总成本: 422.14 万元
```

显示的预测图，如图 7-2 所示。

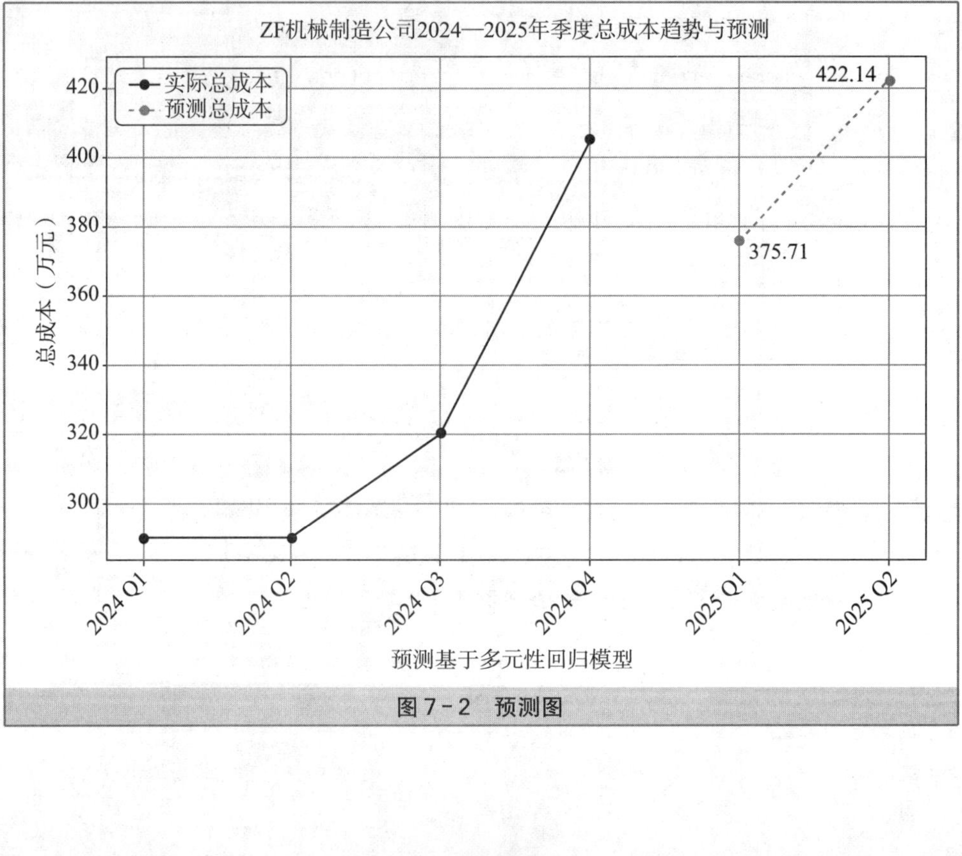

图 7-2　预测图

如果希望了解其他程序的编程思路和实现方式，可以用以下提示词实现“请解读这个程序使用的预测方法和过程：[需要解读的程序]”。

3. 程序解读

这个程序使用的预测方法是多元线性回归，预测过程如下：

（1）数据准备阶段。

① 创建数据集。程序首先使用 pandas 库的 DataFrame() 函数创建一个包含多列数据的数据集。这些数据列包括季度（Quarter）、直接材料成本（Direct_Materials）、直接人工成本（Direct_Labor）、制造费用（Overhead）、产量（Production）、原材料价格指数（Material_Index）、劳动力工资指数（Labor_Index）和能源价格指数（Energy_Index）。这些数据反映了 ZF 机械制造公司 2024 年四个季度生产成本的相关信息。

② 计算总成本。通过将直接材料成本、直接人工成本和制造费用相加，在数据集中新增 Total_Cost 列，表示每个季度的总成本。这一步是为后续的分析和预测提供目标变量。

（2）数据可视化阶段。利用 matplotlib 库的 plot() 函数，绘制 2024 年各季度总成本的趋势图。x 轴为季度，y 轴为总成本，每个数据点用圆形标记（marker='o'）表示，并且添加了数据标签，显示每个季度的具体总成本数值，方便直观观察数据变化趋势。同时，为图表添加了轴标签（xlabel 和 ylabel）、标题（title）和图例（legend），并开启了网格线（grid（True）），增强图表的可读性。

（3）模型训练阶段（多元线性回归）。

① 选择自变量和因变量。准备用于多元线性回归的数据，选择原材料价格指数（Material_Index）、劳动力工资指数（Labor_Index）和能源价格指数（Energy_Index）作为自变量 X，将总成本（Total_Cost）作为因变量 y。这种选择基于经济学原理，这些指数通常与生产成本密切相关，是影响成本变化的重要因素。

② 训练模型。使用 sklearn 库中的 LinearRegression 类创建一个线性回归模型对象 model。然后调用模型的 fit 方法，将自变量 X 和因变量 y 作为参数传入，模型会根据这些数据学习自变量和因变量之间的线性关系，从而完成模型的训练。训练后的模型会确定出各个自变量对应的系数以及截距，这些参数描述了自变量对因变量的影响程度和方式。

（4）预测阶段。

① 准备数据。假设 2025 年第一季度和第二季度的原材料价格指数、劳动力

工资指数和能源价格指数的值，并将这些数据整理成 pandas 的 DataFrame 格式，命名为 new_data。这些假设值是预测未来成本的基础数据。

② 进行预测。调用训练好的模型的 predict 方法，将 new_data 作为参数传入。模型会根据训练得到的线性关系，对 new_data 中的数据进行计算，预测出 2025 年第一季度和第二季度的总成本，并将结果存储在 predicted_costs 中。

(5) 结果展示阶段。

① 输出预测结果。使用 print() 函数输出 2025 年第一季度和第二季度预测的总成本，保留两位小数，方便查看和记录预测数据。

② 绘制预测结果图。再次使用 matplotlib 库绘制图表，展示 2024 年实际总成本和 2025 年预测总成本的趋势。在图表中，将 2024 年各季度的实际总成本用圆形标记的折线表示，将 2025 年第一季度和第二季度的预测总成本用圆形标记的虚线表示，并添加数据标签显示具体预测成本数值。同时，为图表添加注释，说明预测基于多元线性回归模型，还对轴标签、标题、图例进行设置，并旋转 x 轴标签，以便更好地展示图表内容。通过这个图表，用户可以直观地对比实际成本和预测成本的变化趋势。

7.6 在 Spyder 中编译 Python 程序

7.6.1 增强程序健壮性

在会计业务中，Python 程序被广泛应用于财务数据处理、报表生成等任务。在 Python 程序开发的过程中，往往首先关注实现业务功能，确保程序能够满足基本需求。例如，在会计系统中，可能会开发一个程序来读取 Excel 格式的财务报表，对其中的数据进行分析和处理。然而，在程序开发的后期阶段，同样需要高度重视程序的健壮性。

健壮性是指软件对于规范要求以外的输入情况的处理能力，它直接关系到软件的稳定性和可靠性。在会计业务中，数据的准确性和完整性至关重要，程序崩溃或产生不可预测的结果可能会导致财务数据处理错误，影响决策的正确性。在打开存储会计凭证信息的 Excel 文件之前检测文件是否存在，或者对用户输入的会计科目代码进行严格的验证，都是增强程序健壮性的重要措施，可以有效避免程序崩溃或产生不可预测的结果。

增强程序的健壮性，主要有以下方法。

1. 增强输入验证

在会计业务中，输入的数据往往具有严格的格式和范围要求。例如，会计日期必须符合特定的日期格式，会计金额必须为正数等。对输入数据进行严格的验证是增强程序健壮性的基础。在函数设计时，应明确输入参数的类型、范围和格式要求，并在函数内部进行验证。

示例：

```
import os
import re
def validate_file_path(file_path):
"""
    验证文件路径的有效性,并确保文件存在。
    :param file_path:文件路径
    :return:如果文件存在,返回 True;否则返回 False 并抛出异常
    """
    # 检查文件路径是否为字符串类型
    if not isinstance(file_path, str):
        raise ValueError("文件路径必须是字符串类型")
    # 检查文件是否存在
    if not os.path.exists(file_path):
        raise FileNotFoundError(f"文件{file_path}不存在")
    return True
def validate_account_code(account_code):
    """
    验证会计科目代码的格式是否正确。
    假设会计科目代码为 4 位数字。
    :param account_code: 会计科目代码
    :return:如果格式正确,返回 True;否则返回 False 并抛出异常
    """
    if not isinstance(account_code, str):
        raise ValueError("会计科目代码必须是字符串类型")
    # 使用正则表达式验证代码格式
```

```
    pattern = r'\d{4} $'
    if not re.match(pattern, account_code):
        raise ValueError(f"会计科目代码{account_code}格式不正确,
应为4位数字")
    return True
```

可以使用正则表达式、类型检查、范围检查等方法来确保输入数据符合规范要求。在会计业务中，还可以结合会计规则和业务需求进行更细致的验证。

2. 使用异常处理机制

在会计程序中，可能会遇到各种异常情况，如文件损坏、数据格式错误等。在代码中添加异常处理逻辑，以便在程序遇到异常情况时能够给出合理的处理方式。

使用 try-except 语句捕获并处理异常，可以防止程序因未处理的异常而崩溃。同时，可以记录异常信息，以便后续分析和修复问题。

示例：

```
import pandas as pd
def read_excel_file(file_path):
    """
    尝试打开 Excel 文件并读取数据。
    :param file_path:文件路径
    :return: DataFrame 对象,包含 Excel 文件中的数据
    """
    try:
        validate_file_path(file_path)  # 验证文件路径
        df = pd.read_excel(file_path)  # 读取 Excel 文件
        return df
    except ValueError as ve:
        print(f"值错误:{ve}")
    except FileNotFoundError as fnf:
        print(f"文件未找到错误:{fnf}")
    except Exception as e:
        print(f"发生未知错误:{e}")
    return None
```

在会计业务中，异常处理不仅要处理技术层面的错误，还要考虑业务逻辑上的异常，如会计分录借贷不平衡等。

3. 编写健壮的单元测试

在会计程序中，数据的准确性和业务逻辑的正确性至关重要。为代码编写全面的单元测试，确保在各种边界条件和异常情况下程序都能正常运行。

单元测试应包括正常输入、边界输入和异常输入等多种情况，以充分验证程序的健壮性。

示例：

```
import unittest
class TestFileReading(unittest.TestCase):
    def test_valid_file_path(self):
        # 假设有一个有效的 Excel 文件路径
        valid_path = "valid_file.xlsx"
        df = read_excel_file(valid_path)
        self.assertIsNotNone(df)
    def test_invalid_file_path(self):
        # 无效的文件路径
        invalid_path = "invalid_file.xlsx"
        df = read_excel_file(invalid_path)
        self.assertIsNone(df)
    def test_non_string_file_path(self):
        # 非字符串类型的文件路径
        non_string_path = 12345
        with self.assertRaises(ValueError):
            read_excel_file(non_string_path)
    def test_valid_account_code(self):
        # 有效的会计科目代码
        valid_code = "1001"
        self.assertTrue(validate_account_code(valid_code))
    def test_invalid_account_code(self):
        # 无效的会计科目代码
```

```
            invalid_code = "123"
            with self.assertRaises(ValueError):
                validate_account_code(invalid_code)
    if __name__ == "__main__":
        unittest.main()
```

在会计业务的单元测试中，要特别关注会计规则和业务逻辑的验证，如会计报表的平衡性、会计分录的合法性等。

4. 关注系统监控和日志记录

在会计系统中，及时发现和解决问题对于保证财务数据的安全和准确至关重要。为系统添加监控和日志记录功能，以便在出现问题时能够快速定位和解决。

监控功能可以实时检测系统状态，及时发现潜在问题。日志记录功能可以记录程序运行过程中的关键信息和异常信息，为后续分析和修复问题提供重要线索。

示例：

```
import logging
# 配置日志记录
logging.basicConfig(level = logging.INFO, format = '%(asctime)s - %(levelname)s - %(message)s')
def read_excel_file_with_logging(file_path):
    """
    尝试打开 Excel 文件并读取数据,同时记录日志。
    :param file_path: 文件路径
    :return: DataFrame 对象,包含 Excel 文件中的数据
    """
    try:
        validate_file_path(file_path)  # 验证文件路径
        logging.info(f"开始读取文件: {file_path}")
        df = pd.read_excel(file_path)  # 读取 Excel 文件
        logging.info(f"文件读取成功,数据行数:{len(df)}")
        return df
```

```
    except ValueError as ve:
        logging.error(f"值错误:{ve}")
    except FileNotFoundError as fnf:
        logging.error(f"文件未找到错误:{fnf}")
    except Exception as e:
        logging.error(f"发生未知错误:{e}")
    return None
```

在会计业务中，日志应详细记录与财务数据处理相关的信息，如数据的来源、处理时间、处理结果等，以便进行审计和追溯。

在具体编写实际项目的时候，可以在提示词中要求增强程序的健壮性。

7.6.2 准备 pyinstaller 环境

1. 安装 pyinstaller

Python 程序的打包发布，就是将 .py 代码文件打包成可以直接自运行的 .exe 文件。Python 本身没有提供打包的程序，因此需要第三方模块来实现。实现打包的第三方程序有很多，常用的是 pyinstaller。通过以下步骤在 Anaconda Prompt 中安装 pyinstaller：

在 Anaconda Prompt 中（以管理员模式）输入“pip install pyinstaller”命令来安装 pyinstaller。

2. 准备 Python 程序

首先启动 Spyder 应用程序。在 Spyder 的界面中，可以通过点击“文件”（File）菜单，然后选择“新建文件”（New file）来创建一个新的 Python 脚本文件或者选择“打开”来打开一个已有的文件。

确保 Python 程序在 Spyder 中能够正确运行。例如，你有一个 Python 程序 main.py，内容如下：

```
print("Python 助力管理会计")
```

在实际应用中，你的程序可能会更复杂，包括多个模块、外部资源（如图像、配置文件等）的引用。

AI助手探秘

如何使用 pyinstaller 创建一个包含多个 Python 脚本的可执行文件?

3. 准备 pyinstaller 使用环境

进入 Spyder 的控制台，如图 7－3 所示。

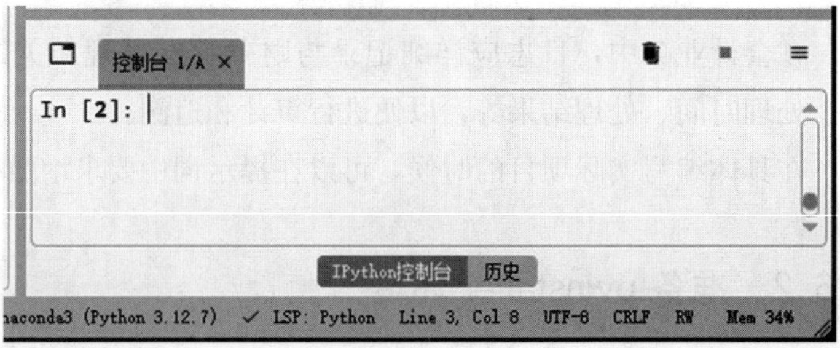

图 7－3 控制台

也可以建立新的控制台，选择菜单“控制台”|“新建控制台”完成。

导入 os 模块，才可以使用相关命令：import os。

查看当前目录：os. getcwd()。

列示当前目录的文件：os. listdir()。

进入某目录：os. chdir（'c:/Python 会计应用'）。

需要注意的是“'”是英文引号。

AI助手探秘

请列示 Spyder 控制台下的 os 命令说明。

4. 使用 pyinstaller 打包程序

(1) 常用。切换到 Python 程序所在的目录。然后，使用 pyinstaller 命令来打包程序。基本的命令格式为：

```
pyinstaller --F main.py
# 或者 pyinstaller --onefile main.py
```

(2) 窗口化运行。如果希望生成的应用程序在运行时没有命令行窗口（仅适用于GUI应用），可以添加-w参数：

```
pyinstaller --onefile --windowed main.py
```

（3）设置程序图标。若需为生成的.exe文件添加自定义图标，应先准备好.ico格式的图标文件（例如my_icon.ico），并将它与main.py放在同一目录下，然后在打包命令中包含-i选项：

```
pyinstaller --onefile --windowed --icon=my_icon.icomain.py
```

（4）打包数据文件。如果程序引用了外部数据文件（如图片、配置文件或字体），需要确保这些文件也被包含在打包中。可以使用--add-data选项指定文件及其在打包后的位置：

```
pyinstaller --onefile --windowed --icon=my_icon.ico --add-data "data
_file.dat;relative_path_in_dist" main.py
```

这里的--add-data "data_file.dat;relative_path_in_dist"表示将data_file.dat从当前目录复制到输出目录的relative_path_in_dist下。

AI助手探秘

请列示pyinstaller的命令说明。

5. 运行生成的可执行文件

打包完成后，在dist目录下会找到生成的.exe文件（对于这个例子，文件名为main.exe）。可以将这个文件复制到其他Windows机器上运行（这台机器上的操作系统环境与打包时的兼容即可）。

6. 注意事项和可能的问题

（1）文件路径问题。如果Python程序在运行时依赖于某些外部文件（如配置文件、数据文件等），在打包后可能会出现找不到这些文件的情况。这是因为打包后的可执行文件的工作目录可能发生了变化。可以在程序中使用相对路径或者通过代码来动态获取文件的正确位置。

（2）第三方库的兼容性。有些第三方库可能在打包过程中出现问题，这时可能需要对这些库进行特殊的处理或者调整打包的参数。

7.6.3 应用举例

1. 进入程序所在的目录及相关操作

在Spyder的控制台中运行。

(1) 引入OS模块（import os）。

(2) 进入项目目录。

进入目录：os. chdir（'c:/Python会计应用'）。

查看当前目录：os. getcwd()。

显示结果：'c:\\Python会计应用'。

列示当前目录的文件：os. listdir()。

显示结果（当前目录中存在的文件）：

```
['.spyproject',
'利润表.xlsx',
'工资_个税计算.py',
'工资_实发工资.py',
'工资_计算合计.py',
'工资_计算基本项目.py',
'现金流量表.xlsx']
```

2. 使用pyinstaller打包

在Windows应用中选择“Anaconda Prompt”（以管理员模式）进入到命令提示符下。

进入程序所在的目录：CD C:\Python会计应用。

进入“C:\Python会计应用”后，执行打包命令：pyinstaller --onefile 工资_实发工资.py。

打包程序如图7-4所示。

图7-4 打包程序

程序打包完成后，输入“dir”命令，可以查看当前的文件和目录，如图 7－5 所示。

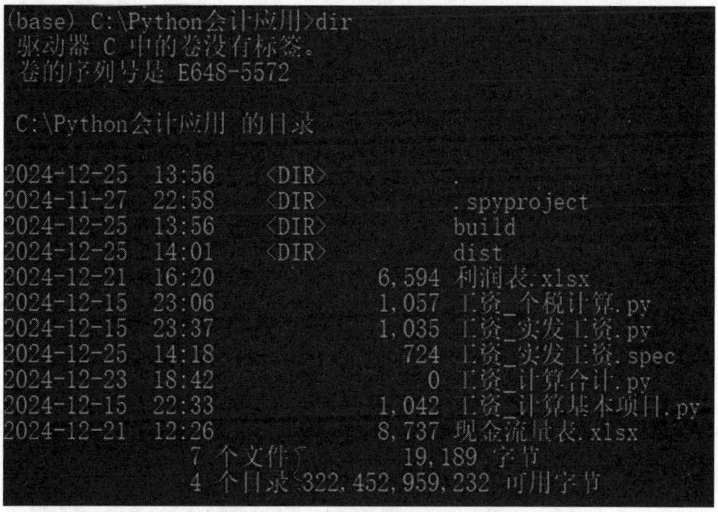

```
(base) C:\Python会计应用>dir
 驱动器 C 中的卷没有标签。
 卷的序列号是 E648-5572

 C:\Python会计应用 的目录

2024-12-25  13:56    <DIR>          .
2024-11-27  22:58    <DIR>          .spyproject
2024-12-25  13:56    <DIR>          build
2024-12-25  14:01    <DIR>          dist
2024-12-21  16:20             6,594 利润表.xlsx
2024-12-15  23:06             1,057 工资_个税计算.py
2024-12-15  23:37             1,035 工资_实发工资.py
2024-12-25  14:18               724 工资_实发工资.spec
2024-12-23  18:42                 0 工资_计算合计.py
2024-12-15  22:33             1,042 工资_计算基本项目.py
2024-12-21  12:26             8,737 现金流量表.xlsx
               7 个文件         19,189 字节
               4 个目录 322,452,959,232 可用字节
```

图 7－5　Python 会计应用的目录和文件

“工资_实发工资.py”生成后，将编译后的程序放入“dist”目录中。输入“cd\dist”，进入 dist 目录，然后用 dir 命令显示文件，可以看到“工资_实发工资.exe”程序，这就是打包生成的程序，如图 7－6 所示。

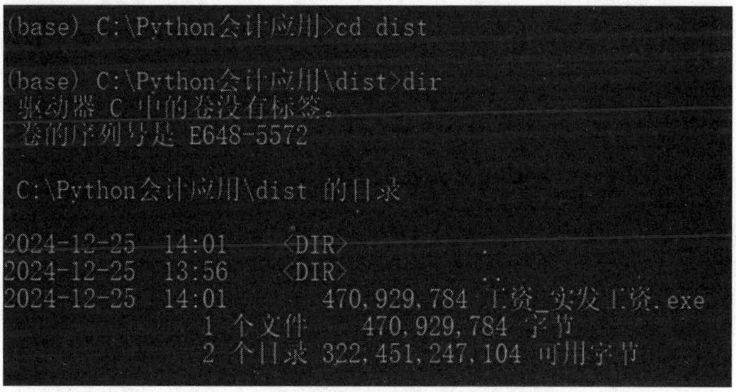

```
(base) C:\Python会计应用>cd dist

(base) C:\Python会计应用\dist>dir
 驱动器 C 中的卷没有标签。
 卷的序列号是 E648-5572

 C:\Python会计应用\dist 的目录

2024-12-25  14:01    <DIR>          .
2024-12-25  13:56    <DIR>          ..
2024-12-25  14:01       470,929,784 工资_实发工资.exe
               1 个文件    470,929,784 字节
               2 个目录 322,451,247,104 可用字节
```

图 7－6　打包生成的程序

这个程序可以在 Windows 下运行。其他的打包参数可以根据需要来选择。

7.7　Spyder 对 Python 项目的管理方法

Spyder 是一款在科学计算与数据分析业务中广泛应用的集成开发环境，为

Python 项目的全流程管理提供了完善的支持。以下将详细阐述 Spyder 对 Python 项目的管理，包括项目创建、项目打开、项目结构管理、代码运行与调试、环境管理。

1. 项目创建

创建项目是 Python 项目管理初始且关键的环节。在 Spyder 中，以下是创建新项目的操作步骤：

启动 Spyder，双击 Spyder 应用程序图标，待其界面完整呈现，开启 Python 项目的开发流程。

选择“项目”（Projects）菜单，再选择“新建项目”，将出现一个项目创建窗口，如图 7－7 所示。

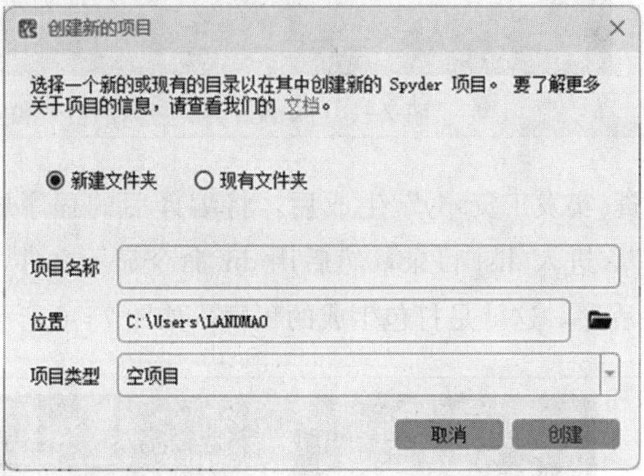

图 7－7　创建新的项目

具体根据自己的需要选择或新建文件夹，并填入项目名称，完成上述信息配置后，点击“创建”创建项目。

2. 项目打开

对于已有的项目，Spyder 提供了简便的打开操作：进入“项目”菜单，选择“打开项目”进入项目目录。在文件浏览窗口中，依据项目的存储路径，找到相应的项目文件夹，随后点击“选择文件夹”，将项目加载到 Spyder 界面，为后续的开发操作做好准备。

3. 项目结构管理

合理的项目结构对于项目的高效推进至关重要，Spyder 提供了多种功能以辅助项目结构管理。

(1) 项目根目录。此为项目的核心部分，包含各种元素，如代码文件，这些文件是实现项目功能的关键，相互协作构成项目的运行逻辑；数据资源，是进行数据分析和计算的数据基础；配置信息，对项目的开发过程和运行状态进行有效控制和协调，确保项目在不同阶段的一致性和稳定性。

(2) Python 文件。以“. py”为后缀的文件是开发人员进行代码编写的主要载体，通过编写代码逻辑实现项目功能的构建和拓展。

(3) 数据文件。包含如“. xlsx”“. csv”“. txt”等文件类型，它们存储着项目所需的数据，为代码执行提供必要的数据支持，使数据分析和处理得以顺利开展。

(4) 配置文件。“. spyproject”文件夹存储着项目的关键配置信息，对项目各个组件的运行参数进行设置和管理，保障项目在不同开发阶段都能稳定运行。

(5) 文件浏览器。开发人员可借助 Spyder 界面左侧的文件浏览器，进行文件的创建、重命名和删除操作，确保项目文件管理的便利性和高效性。

4. 代码运行与调试

在代码编写完成后，代码的运行和调试是保证项目质量的重要步骤，Spyder 提供了相应的便捷操作。

(1) 代码运行。打开目标 Python 文件，点击工具栏中的“▶”按钮或按 F5 键，代码将在控制台中运行并显示结果，开发人员可即时观察代码的执行效果。

(2) 代码调试。为检测代码中的潜在错误，可在关键代码位置设置断点，随后点击工具栏中的“调试”功能下的相关功能进入调试模式。利用调试工具栏的工具，可逐步执行代码，检查代码执行过程，精准定位并解决问题，提高代码的可靠性。

5. 环境管理

考虑到不同 Python 项目对运行环境的特殊要求，Spyder 支持与 Conda 和虚拟环境的集成。

(1) 环境配置。在 Spyder 的“工具”|“偏好”下，选择“Python 解释器”选项卡，根据项目需求挑选合适的 Python 解释器，确保项目在适宜的环境中运行。

(2) 依赖包安装。在选定的环境中，确保项目所需的依赖包安装完备，为项目的顺利运行提供所需的功能支持。

通过上述操作流程，Spyder 为 Python 项目管理提供了从创建、开发到维护的全过程，其丰富的功能和便捷的操作有助于开发人员高效完成 Python 项目的开发和维护工作。

还有其他 Python 的集成开发环境，可以根据自己的需要选择。

AI 助手探秘

请介绍 Python 常用的集成开发环境，并说明其优缺点。

7.8 AI 助手拓展学习

（1）说明管理会计采用的数学方法，如线性规划、回归分析、概率统计等，用于成本预测、决策优化等。

（2）简述 AI 在管理会计中的应用，如自动化财务报告、智能成本分析、风险预测预警，提升管理效率与准确性。

（3）列举管理会计主要分析方法，包括比较分析、比率分析、趋势分析等，助力企业评估经营绩效。

（4）说明使用 pyinstaller 打包软件的步骤，包括安装工具、执行打包命令、处理依赖等，生成可执行文件。阐述 pyinstaller 打包含第三方模块 Python 程序的方法，确保正确指定模块路径与依赖，避免打包错误。

（5）概括 Python 项目管理方法，如使用版本控制、制订计划、分工协作、定期测试，保障项目顺利推进。

复习题

1. 思考题

（1）管理会计怎样应用财务软件的数据来进行决策分析？

（2）管理会计与会计数字化的关系是什么？

（3）智能体与管理会计的关系是什么？

2. 实验题

AI助手提示词

你是一个管理会计专家，请基于下面的案例，采用管理会计项目进行投资决策。投资期6年，采用投资回收期法来评估以下三个方案。

方案A：初始投资为100万元，未来6年的现金流量分别为10万元、20万元、30万元、40万元、50万元、60万元。

方案B：初始投资为150万元，未来6年的现金流量分别为20万元、30万元、40万元、50万元、60万元、70万元。

方案C：初始投资为200万元，未来6年的现金流量分别为25万元、35万元、45万元、55万元、65万元、75万元。

用Python设计程序实现决策分析，除显示相关决策数据外，用柱状图展示，图中文字用中文显示。

提交AI生成的程序设计说明书。

3. 即测即评

扫码查看判断题、单项选择题、多项选择题。

第7章　即测即评

中国人民大学出版社　管理分社

教师教学服务说明

中国人民大学出版社管理分社以出版工商管理和公共管理类精品图书为宗旨。为更好地服务一线教师，我们着力建设了一批数字化、立体化的网络教学资源。教师可以通过以下方式获得免费下载教学资源的权限：

★ 在中国人民大学出版社网站 www.crup.com.cn 进行注册，注册后进入“会员中心”，在左侧点击“我的教师认证”，填写相关信息，提交后等待审核。我们将在一个工作日内为您开通相关资源的下载权限。

★ 如您急需教学资源或需要其他帮助，请加入教师 QQ 群或在工作时间与我们联络。

中国人民大学出版社　管理分社

教师 QQ 群：648333426(工商管理)　114970332(财会)　648117133(公共管理)
教师群仅限教师加入，入群请备注(学校+姓名)

联系电话：010-62515782，82501868，82501048，62514760

电子邮箱：glcbfs@crup.com.cn

通讯地址：北京市海淀区中关村大街甲 59 号文化大厦 1501 室(100872)

管理书社　人大社财会　公共管理与政治学悦读坊